ČESKO-ANGI

LEDA

ČESKO-ANGLICKÁ KONVERZACE

Ludmila Kollmannová
Jarmila Janešová
Libuše Prokopová

LEDA 2000

Tato příručka pomůže všem, kdo se chtějí dorozumět anglicky v základních situacích turistického, společenského nebo obchodního styku. Obsahuje tematicky uspořádaný souhrn obratů a vět určených především pro aktivní použití.

Vybrané dialogy a konverzační výrazy jsou nahrány na audiokazetě a v textu označeny svislou čarou.

Jazyková úprava Mary Hawker
Odpovědná redaktorka Jana Jindrová
Obálka Marek Jodas
Sazba PAGE-DTP, Jana Růžičky 1, 148 00 Praha 4
Vytiskla Těšínská tiskárna, a. s., Štefánikova 2, 737 36 Český Těšín
Vydala LEDA, spol. s r. o., 263 01 Voznice 64
http://www.leda.cz
400 stran
Dotisk 1. vydání, 2003

© PhDr. Ludmila Kollmannová, PhDr. Jarmila Janešová, CSc. (podklady pro český text kapitol 1–7 a 12–18), PhDr. Libuše Prokopová (podklady pro český text kapitol 8–11).
© LEDA 2000

ISBN 80-85927-71-3

OBSAH
CONTENTS

Úvod	14	
ANGLICKÁ VÝSLOVNOST	15	**ENGLISH PRONUNCIATION**
Mluvnické minimum	20	
1. NÁPISY – ZKRATKY		**PUBLIC NOTICES – ABBREVIATIONS**
Nápisy	40	Public notices
Zkratky	45	Abbreviations
2. OBECNÉ ÚDAJE		**GENERAL DATA**
Čísla	48	**Numbers**
Základní číslovky	48	Cardinal numbers
Matematické úkony	49	Mathematical calculations
Řadové číslovky	50	Ordinal numbers
Zlomky	51	Fractions
Desetinná čísla	52	Decimal numbers
Kolikrát?	52	How many times?
Kolik procent?	52	How many per cent?
Míry – Váhy	53	**Weights – Measures**
Tvary a rozměry	55	**Shapes and sizes**
Barvy	56	**Colours**
Určení místa a směru	57	**Place and direction**
Kde?	57	Where?
Kam? Kudy?	58	Where (to)? Which way?
Určení času	58	**Fixing the time**
Kdy? V kolik hodin?	59	When? What time?
Kolik je hodin?	60	What's the time?
Týden – Dny	64	Week – Days
Den – Noc	66	Day – Night
Měsíce – Rok – Století	68	Months – Year – Century
Datum	69	Date

OBSAH
CONTENTS

Roční období	70	*Seasons*
Svátky	70	*Holidays*
Znamení zvěrokruhu	71	**Signs of the zodiac**
Světové strany	72	**Cardinal points**
Světadíly	73	**Continents**
Země, jejich obyvatelé a hlavní města	73	**Countries, their inhabitants and capitals**

3. BĚŽNÉ OBRATY / CONVERSATIONAL PHRASES

Pozdravy – Loučení	78	Greetings – Farewells
Oslovení	78	Modes of address
Poděkování	80	Thanks
Omluva	80	Apology
Žádost – Upozornění	81	Request – Drawing attention
Otázky	83	Questions
Souhlas	85	Agreement
Nesouhlas	86	Disagreement
Vyhýbavá odpověď	87	Evasive answer
Lítost	87	Regret
Spokojenost – Radost	87	Satisfaction – Pleasure
Nespokojenost – Rozhořčení	88	Dissatisfaction – Indignation
Obavy	88	Anxiety
Omyl, chyba	89	Error, mistake
Pochyby – Překvapení	89	Doubts – Surprise
Ujištění – Slib	90	Assurance – Promise
Rady – Mínění	90	Advice – Opinion

4. SPOLEČENSKÝ ŽIVOT / SOCIAL LIFE

Představování	91	Introductions
Mluvíte anglicky?	92	Do you speak English?
Jak se máte?	96	How are you?
Pozvání	96	Invitation
Návštěva	97	Visit

OBSAH
CONTENTS

U stolu	99	At the table
Loučení	100	Saying Goodbye – Parting
Přání – Blahopřání	101	Wishes – Congratulations
Soustrast	102	Condolences
Zasahujeme do hovoru	103	Interrupting a convesation
Na konferenci – Na recepci	103	At a conference – At a reception
Přípitky	105	Toasts

5. OSOBNÍ ÚDAJE – POVAHOVÉ RYSY
PERSONAL DATA – PERSONALITY TRAITS

Osobní údaje	106	Personal data
Dotazník	106	*Questionnaire*
Věk	108	*Age*
Fyzický vzhled	109	Appearance
Lidské tělo	109	Human body
Charakterové vlastnosti	111	Personality traits

6. RODINA – BYDLENÍ
FAMILY – LIVING

Rodina a příbuzní	113	Family and relatives
Svatba – Manželství	113	*Wedding – Marriage*
Děti	114	*Children*
Úmrtí	114	*Death*
Bydlení	118	Living

7. VZDĚLÁNÍ – POVOLÁNÍ
EDUCATION – PROFESSION

Jaké máte školní vzdělání?	126	What education did you receive?
Žádost	133	*Application form*
Doporučující posudek	134	*Reference*
Kde pracujete?	134	Where do you work?

OBSAH
CONTENTS

8. CESTOVÁNÍ		TRAVELLING
Na hranicích	143	**At the frontier**
Pasová kontrola	143	Passport control
Celní kontrola	143	Customs control
Zavazadla	144	**Baggage, luggage**
Kde je úschovna zavazadel?	144	Where's the left luggage office?
Auto	146	**Car**
Máte auto?	147	Have you got a car?
Pokyny při jízdě	147	Driving directions
Půjčovna aut	148	Car hire
Dotazy na cestu	148	Asking the way
Autostop	149	Hitchhiking
Čerpací stanice	149	Petrol station, Amer. gas station
Parkování – Garáž	150	Parking – Garage
Servis – Autoopravna	150	Service – Car repair shop
Dopravní přestupky	152	Motoring offences
Nehody	153	Accidents
Vlak	161	**Train**
Nápisy	161	Public notices
Jízdenkový automat	162	Ticket machine
Informace	162	Information
Jízdenky	163	Tickets
Na nástupišti	164	On the platform
Ve vlaku	165	On the train
Letadlo	168	**Plane**
Letecká společnost	168	Airlines, airline company
Na letišti	170	At the airport
Hlášení	170	Announcements
Veřejné nápisy na letišti v New Yorku	171	Public notices at the airport in New York
V letadle	172	On the plane
Přílet – Tranzit	173	Arrival – Transit
Loď	175	**Boat**
Na molu	175	On the pier

OBSAH
CONTENTS

Na lodi	175	*Aboard the ship*
Městská doprava	178	**Municipal transport**
Taxi	179	*Taxi*
Město	180	**Town**
Dotazy na cestu	180	*Asking one's way*
Prohlídka města	182	*Sightseeing*
Cestovní kancelář	187	**Travel agency**
Banka	189	**Bank**
Směnárna	189	*Bureau de change, exchange office*
V bance	191	*At a bank*
Peníze	192	*Money*

9. UBYTOVÁNÍ — ACCOMMODATION

Rezervace	196	**Reservations**
V hotelu	196	**At the hotel**
Stížnosti	198	*Complaints*
Služby	199	*Services*
Odhlášení – Odjezd	199	*Checking out*
Ubytování v soukromí	200	**Accommodation in lodgings**
Kempink	204	**Camping**

10. RESTAURACE – JÍDLA — RESTAURANT – MEALS

Máš hlad?	207	**Are you hungry?**
V restauraci	207	**In a restaurant**
Snídaně	208	*Breakfast*
Oběd – Večeře	208	*Lunch – Dinner*
Při jídle	210	*At meals*
Stížnosti	211	*Complaints*
Placení	212	*Paying the bill*
Kuchyně – Stolování	212	**Kitchen – Laying the table**
Ryby – Drůbež – Zvěřina	220	*Fish – Poultry – Venison*
Uzeniny	221	*Sausages*
Zelenina – Luštěniny	221	*Vegetables – Pulses*

OBSAH
CONTENTS

Ovoce	222	Fruit
Nápoje	223	Beverages, drinks
Jídla z anglických a amerických jídelních lístků	225	Dishes from English and American menus
Hlavní chody	227	Main courses
Minutky	227	Dishes made to order
Zákusky, moučníky	228	Desserts
Lihoviny	229	Spirits

11. NÁKUPY – SLUŽBY / SHOPPING – SERVICES

Názvy obchodů a služeb	230	**Names of the shops and services**
Nakupování	232	**Shopping**
V obchodě	233	In the shop
Cena	234	Price
Výměna	235	Exchange
Oprava	236	**Repair**
Potraviny	236	**Foods**
Prodej tabáku	239	**Tobacconist's**
Knihkupectví	240	**Bookshop, bookseller's**
Novinový stánek	240	**Newsstand**
Papírnictví	241	**Stationer's**
Dárky – Klenoty	242	**Gifts – Jewels**
Látky – Látky na šaty	244	**Fabrics – Dress materials**
Galanterie	246	**Haberdasher's**
Konfekce – Pletené zboží – Prádlo	247	**Ready-made clothes – Knitwear – Underwear**
Obuv	251	**Footwear**
Kožené zboží	253	**Leather goods**
Květiny	254	**Flowers**
Fotografie	255	**Photography**
Optik	257	**Optician**
Hodinář	257	**Watchmaker**
Holič – Kadeřník	258	**Barber – Hairdresser**
Pánské oddělení	259	Men's hairdresser
Dámské oddělení	259	Women's hairdresser

OBSAH
CONTENTS

Parfumerie	260	Cosmetics	
Čistírna – Prádelna	263	Dry cleaner's – Laundry, laundromat, launderette	

12. POŠTA – TELEFON
POST OFFICE – TELEPHONE

Kde je pošta, prosím vás?	264	**Where's the post office, please?**	
Dopisy – Doporučené zásilky	264	*Letters – Registered & Recorded deliveries*	
Poste restante	265	*Post restante, Amer. general delivery*	
Balíky	265	*Parcel post*	
Telegramy	266	*Telegrammes*	
Poštovní poukázky	266	*Postal orders*	
Filatelistická služba	266	*Philately service*	
Poštovní schránka	267	*Postbox*	
Pohlednice – Dopisy	267	**Postcards – Letters**	
Pozdravy	267	*Greetings*	
Oslovení v dopise	268	*Forms of address*	
Úvodní fráze	268	*Opening phrases*	
Závěrečné fráze	269	*Closing phrases*	
Na obálce	269	*On the envelope*	
Adresa	270	*Address*	
Telefon	273	**Telephone**	
Dá se odtud telefonovat?	273	*Is it possible to phone from here?*	
Veřejný telefon	276	*Public phone*	
Záznamník	276	*Answering machine*	

13. KULTURA
CULTURE

Divadlo	279	**Theatre**	
U pokladny	279	*At the box office/ ticket office*	
V divadle	280	*At the theatre*	
Kino	284	**Cinema**	

OBSAH
CONTENTS

Hudba	286	Music
Rozhlas	291	Radio
Televize	292	Television
Magnetofon – Gramofon – CD-přehrávač	293	Cassette recorder – Record player – CD player
Četba	296	Reading
V knihovně	297	In the library
Výtvarné umění	300	The fine arts

14. VOLNÝ ČAS – SPORT / LEISURE TIME – SPORT

Kam jdete dnes večer?	307	**Where are you going tonight?**
Hry	307	*Games*
Tanec	308	*Dance*
Záliby	308	*Hobbies, interests*
Sport	314	**Sport**
Atletika	314	*Athletics, track and field events*
Fotbal	315	*Football, soccer*
Volejbal	316	*Volleyball*
Zimní sporty	316	*Winter sports*
Na pláži	317	*On the beach*

15. ZDRAVÍ – NEMOC / HEALTH – DISEASE

Co je vám?	327	**What's the matter with you?**
Co se vám stalo?	327	**What's wrong with you? What's the trouble?**
U lékaře	329	At the doctor's
U zubního lékaře	332	At the dentist
V lékárně	342	At the chemist's In the pharmacy

16. PŘÍRODA – ZEMĚDĚLSTVÍ / NATURE – AGRICULTURE

Předpověď počasí	346	Weather report

OBSAH
CONTENTS

Jak je dnes venku?	346	What's it like outside? What's the weather like?
Teplota	347	Temperature
Příroda	348	**Nature**
Zemědělství	355	**Farming**

17. VEŘEJNÝ ŽIVOT — PUBLIC LIFE

Stát	361	**The State**
Církev	362	**Church**
Sociální problémy	363	**Social problems**
Armáda	364	**Army**
Kriminalita	365	**Criminality**
Ztráta – Krádež – Oznámení policii	365	Loss – Theft – Reporting to the police

18. OBCHOD – EKONOMIE — BUSINESS – ECONOMICS

Obchodní jednání	373	**Business deals**
Obchodní korespondence	374	**Business correspondence**
U notáře	375	**At the notary**
Informatika	376	**Computer Science**

Abecední rejstřík	388	

Zkratky použité v této příručce:

Amer.	americký výraz	***sb***	(= somebody) (ně)kdo
Brit.	britský výraz	***sth***	(= something) (ně)co
GB, GB	Velká Británie	*form.*	formálně
USA, USA	Spojené státy americké	*neform.*	neformálně
ČR	Česká republika	*hov.*	hovorový výraz
j. č.	jednotné číslo	*slang.*	slangový výraz
mn. č.	množné číslo	*dosl.*	doslova
		zkr.	zkratka

ÚVOD

Hlavním cílem této příručky je pomoci všem, kdo se chtějí dorozumět anglicky v základních situacích turistického, společenského nebo obchodního styku. Obsahuje proto tematicky uspořádaný soubor obratů a vět určených především pro aktivní použití. Některá témata jsou zpracována podrobněji, než vyžaduje nutnost běžného porozumění. Budou užitečná pro ty čtenáře, kteří mají o angličtinu hlubší zájem. V rámci jednotlivých tematických okruhů získá uživatel i užitečné informace o britských a amerických zdravotních, kulturních a turistických zařízeních, o běžně používaných nápisech na veřejných prostranstvích, o názvech obchodů a často užívaných zkratkách a seznámí se se zajímavostmi o společenském a hospodářském životě ve Velké Británii a v USA.

Podrobný obsah konverzačního materiálu je v úvodní části příručky doplněn přehledem výslovnosti anglických hlásek a anglickou abecedou. Dále jsou uvedena základní mluvnická pravidla, přehled slovesných časů a běžných nepravidelných sloves pod názvem Mluvnické minimum. Věcný rejstřík na konci knihy urychlí orientaci uživatele.

Vybrané anglické obraty a věty v interpretaci rodilých mluvčích nalezne zájemce na audiokazetě, která byla k této příručce vydána. Nahrané fráze nebo celé partie jsou označeny svislou barevnou linkou vedle textu.

Redakce

ANGLICKÁ VÝSLOVNOST
ENGLISH PRONUNCIATION

1. Samohlásky

a) Samohlásky krátké

- [a] **cup** [kap] šálek
- [e] **yes** [jes] ano
- [i] **ill** [il] nemocný, **lady** [leidi]*
- [o] **not** [not] ne, **hot** [hot] horký
- [u] **put** [put] položit, **look** [luk] dívat se
- [æ] Tento znak označuje hodně otevřené, široké a důrazně vyslovené krátké [e], které nemá v češtině obdobu. Vyslovuje se tak, že se ústa otevřou, jako bychom chtěli vyslovit [a], ale vyslovíme [æ]. Vyskytuje se v přízvučných slabikách zpravidla končících na souhlásku:
- [æ] **map** [mæp] mapa, **bad** [bæd] špatný
- [ə] tuto samohlásku vyslovujeme v češtině jen tehdy, když odříkáváme jednotlivé hlásky abecedy, např. b [bə], d [də], g [gə]. V angličtině se samohlásky a, e, o, u v nepřízvučných slabikách na konci i uprostřed slov oslabují na [ə]
- [ə] **cinema** [sinəmə] kino, **better** [betə] lépe

b) Samohlásky dlouhé

Délka samohlásek je v přepisu výslovnosti označena dvojtečkou:

- [a:] **ask** [a:sk] ptát se
- [i:] **he** [hi:] on, **Pete** [pi:t]
- [o:] **for** [fo:] pro, **more** [mo:] více
- [u:] **student** [stju:dənt]
- [ə:] **her** [hə:] její, **girl** [gə:l] dívka

2. Dvojhlásky

- [ei] **name** [neim] jméno, **take** [teik] vzít
- [iə] **near** [niə] blízko, **here** [hiə] zde
- [ai] **like** [laik] mít rád, **my** [mai] můj
- [eə] **where** [weə] kde, **care** [keə] péče
- [oi] **boy** [boi] chlapec, **oil** [oil] olej
- [uə] **sure** [šuə] jistě, **cure** [kjuə] léčba

---

* V anglických slovech se píše na konci **-y**, např. **baby** [beibi] dítě, **foggy** [fogi] mlhavo.

ANGLICKÁ VÝSLOVNOST
ENGLISH PRONUNCIATION

[au] **now** [nau] nyní, **house** [haus] dům
[əu] **no** [nəu] ne, **home** [həum] domov

3. Souhlásky

Většina anglických souhlásek se vyslovuje stejně jako v češtině. Následující souhlásky v češtině neexistují. Skupina „th" se vyslovuje zněle [ð] nebo nezněle [θ].

[ð] Znělé „th" se vysloví tak, že špičku jazyka zvedneme směrem k horním zubům a snažíme se vyslovit [z], přičemž rty jsou pasivní:
father [fa:ðə], **mother** [maðə] matka, **with** [wið] s, **this** [ðis] tento.

[θ] Nezněléʹ „th" se vyslovuje stejně, ale po zvednutí jazyka k horní dásni se snažte vyslovit [f]:
Smith [smiθ], **thanks** [θæŋks] díky, **think** [θiŋk] myslet.

[w] Dvojité „w" se vysloví tak, že se rty stáhnou do kroužku, jako by se vyslovovalo [u], ale vyslovujete [w]:
we [wi:] my, **wine** [wain] víno, **what** [wot] co.

[ŋ] Nosové „n" se sice v češtině ve skupině -nk-, -ng- vyskytuje, ale jen uprostřed slov. V angličtině se [ŋ] též často vyskytuje na konci slov ve skupině -ng, kde se však koncové -g již nevysloví:
pudding [pudiŋ], **morning** [mo:niŋ] ráno, dopoledne, **reading** [ri:diŋ] čtení.

Přídech u souhlásek [p], [t], [k]

Souhlásky [p], [t], [k] mají přídech, který je nejsilnější u [k], téměř jako v němčině (kommen), např. **come** [kʰam] přijít, **Paul** [pʰo:l] Pavel, **Tom** [tʰom]. Začíná-li slovo skupinou sp-, st-, sk-, přídech odpadá, např. **sport** [spo:t], **stand** [stænd] stát.

ANGLICKÁ VÝSLOVNOST
ENGLISH PRONUNCIATION

4. Anglická abeceda

a [ei]	**g** [dži:]	**m** [em]	**s** [es]	**y** [wai]
b [bi:]	**h** [eič]	**n** [en]	**t** [ti:]	**z** [zed]
c [si:]	**i** [ai]	**o** [əu]	**u** [ju:]	
d [di:]	**j** [džei]	**p** [pi:]	**v** [vi:]	
e [i:]	**k** [kei]	**q** [kju:]	**w** [dablju:]	
f [ef]	**l** [el]	**r** [a:]	**x** [eks]	

5. Různá výslovnost samohlásek, souhlásek a některých skupin souhlásek

a [æ] V přízvučné slabice zakončené souhláskou nebo skupinou souhlásek: **Pam** [pæm], **lamp** [læmp] lampa.
[ei] V přízvučné slabice zakončené na -a: **make** [meik] dělat, **take** [teik] brát.
[o:] Následuje-li -l: **all** [o:l] všichni, **small** [smo:l] malý, **always** [o:lwəz] vždy.
[a:] Následuje-li -r: **park** [pa:k], **market** [ma:kət] trh.
[ə] V nepřízvučné slabice: **sofa** [səufə] pohovka, **Africa** [æfrikə] Afrika

c [s] Následuje-li -e, -i: **centre** [sentə], **cinema** [sinəmə] kino.
[k] Následuje-li -a, -o, -u, souhláska nebo je-li -c na konci slova: **call** [ko:l] volat, **come** [kam] přijít, **clip** [klip], **picnic** [piknik].

c+h [č] Ve většině slov: **much** [mač] mnoho, **chess** [čes] šachy, **chicken** [čikin] kuře.
[k] Ve slovech latinského nebo řeckého původu: **school** [sku:l] škola, **chemistry** [kemistri] chemie, **cholesterol** [kəˈlestərol].

e [e] V přízvučné slabice zakončené na souhlásku: **let** [let] nechat, **pen** [pen] pero.
[i:] V přízvučné slabice zakončené na -e: **me** [mi:] mne, mně, mě, **he** [hi:] on, **meter** [mi:tə] metr.

ANGLICKÁ VÝSLOVNOST
ENGLISH PRONUNCIATION

Ve skupině -ee-, -ea-: **see** [si:] vidět, **meet** [mi:t] potkat, **speak** [spi:k] mluvit

Ale: **ready** [redi] připravený, **head** [hed] hlava, **great** [greit] velký (významem).

g [dž] Následuje-li -e, -i, -y: **gym** [džim] tělocvična, **gentleman** [džentlmən].
[g] Následuje-li -a, -o, -u nebo souhláska: **gate** [geit] brána, **good** [gud] dobrý, **Prague** [pra:g] Praha, **glad** [glæd] rád.

i, y [ai] V přízvučné slabice zakončené na -i: **I** [ai] já, **my** [mai] můj, **like** [laik].
[i] V přízvučné slabice zakončené na souhlásku: **it** [it] to, **pill** [pil] prášek.
V nepřízvučné slabice: **lady** [leidi], **baby** [beibi].

o [əu] V přízvučné slabice zakončené na -o: **go** [gəu] jít, **no** [nəu] ne, **home** [həum] domů, domov.
[o] V přízvučné slabice zakončené na souhlásku: **hot** [hot] horký, **dog** [dog] pes.

r [r] Souhláska [r] se vysloví pouze tehdy, následuje-li vyslovovaná samohláska:
red [red] červený, **rose** [rəuz] růže, **pretty** [priti] hezký.
Předchází-li samohláska, **r** se nevysloví: **park** [pa:k], **more** [mo:] více.

s+h [š] **she** [ši:] ona, **English** [iŋgliš], **short** [šo:t] krátký

u [u:, ju:] Je-li na konci přízvučné slabiky: **super** [su:pə] bezva, **student** [stju:dənt], **pupil** [pju:pl] žák, **use** [ju:z] užívat.
[u, a] V přízvučné slabice končící na souhlásku: **put** [put], **pull** [pul]; **butter** [batə] máslo, **duck** [dak] kachna.

ANGLICKÁ VÝSLOVNOST
ENGLISH PRONUNCIATION

6. Přepis výslovnosti
a) Slovní přízvuk
Přepis výslovnosti se udává v hranatých závorkách. Měkké slabiky di, ti, ni angličtina nemá. Proto výslovnost **Dick** [dik], **Nick** [nik], **Tim** [tim] budeme číst jako „dyk, nyk, tym". Délka samohlásek se označuje dvojtečkou, např. **pass** [pa:s]. Slovní přízvuk může být v angličtině nejen na první slabice, jako je tomu v češtině. Je-li na první slabice, v přepisu výslovnosti se neoznačuje, např. **student** [stju:dənt]. Je-li na druhé slabice, označuje se malou kolmičkou umístěnou nahoře před přízvučnou slabikou, např. **hello** [həˈləu]. Delší slova mohou mít přízvuky dva, hlavní a vedlejší (méně důrazný), který se označuje kolmičkou umístěnou dole před příslušnou slabikou, např. **information** [ˌinfəˈmeišn].

b) Větný přízvuk
Ve větě kladou Angličané důraz na slova nesoucí hlavní informace. Jsou to především podstatná jména a významová slovesa. Členy, předložky, pomocná slovesa, spojky a osobní zájmena větný přízvuk nemají, až na výjimečné případy, kdy je třeba příslušné slovo obzvláště zdůraznit. V přepisu výslovnosti celé věty jsou slova mající větný přízvuk označena kolmičkou, a to i v případě, že přízvuk slova je na první slabice.

MLUVNICKÉ MINIMUM

PODSTATNÁ JMÉNA

Podstatná jména mají v angličtině člen. Členy jsou dva:

a) Určitý člen **the** [ðə], např. **the book** [ðə buk] kniha, **the orange** [ði: orindž] pomeranč.

Výslovnost je dvojí:
[ðə] Začíná-li slovo vyslovovanou souhláskou: **the book** [ðə buk].

[ði:] Začíná-li slovo vyslovovanou samohláskou [a], [e], [i], [o]:
the apple [ði: æpl], **the English** [ði: iŋgliš] **student, the orange** [ði: orindž].

b) Neurčitý člen má dva tvary:

a [ə] Začíná-li slovo vyslovovanou souhláskou: **a book**.
an [ən] Začíná-li slovo vyslovovanou samohláskou: **an orange**.

ALE: **a young** (vyslovujeme [jaŋ]) **boy**

Podstatná jména se nesklorňují. V množném čísle přibírají koncovku **-s** nebo **-es**, např.:
the book – the books [buks] knihy
the bus [bas] **– the buses** [basiz]

Neurčitý člen v množném čísle odpadá: **a bus – buses** autobusy

Výslovnost koncového **-s** je trojí:
[s] po neznělých souhláskách [p], [t], [k], [f]: **books** [buks], **cups** [kaps], **bits** [bits]
[z] po všech samohláskách a znělých souhláskách kromě sykavek: **boys** [boiz], **pens** [penz]
[iz] po sykavkách: **classes** [kla:siz], **blouses** [blauziz], **bridges** [bridžiz]

MLUVNICKÉ MINIMUM

Jen několik podstatných jmen tvoří množné číslo nepravidelně, např. **man, woman** a jejich složeniny a **child**:
man [mæn] muž, člověk – **men** [men] muži
woman [wumən] žena – **women** [wimin] ženy
child [čaild] dítě – **children** [čildrən] děti

PŘIVLASTŇOVACÍ PÁD

Tvoří se pomocí apostrofu a **s**, v množném čísle pouze přidáním apostrofu, např.:
Nick's sister [ˌniks ˈsistə] Nikova sestra, **Mr Hill's car** [ˌmistə ˌhilz ˈka:] auto pana Hilla, **George's book** [ˌdžo:džiz ˈbuk] Jiřího kniha, **my friend's name** [ˌmai ˌfrendz ˈneim] jméno mého přítele, **my friends' names** [ˌmai ˌfrendz ˈneimz] jména mých přátel.
Výslovnost **s** je stejná jako výslovnost plurálového **-s**, tj. [z, s] nebo po sykavkách [iz].

ROD PODSTATNÝCH JMEN

Jména osob jsou buď rodu mužského nebo ženského a odkazujeme na ně zájmeny **he** [hi:] on, **she** [ši:] ona. Ostatní podstatná jména jsou rodu středního, tedy i zvířata (kromě domácích mazlíčků), a odkazujeme na ně pomocí zájmena **it** [it] to, ono, např.:

my **father** můj otec	He is at home.
my **mother** moje matka	She is at home.
the **house** (ten) dům	It is in Prague.
the **garden** (ta) zahrada	It is in Prague.

PŘÍDAVNÁ JMÉNA

Mají pouze jeden tvar v jednotném i množném čísle:

a **new boy** nový chlapec	**new boys** noví chlapci
a **new book** nová kniha	**new books** nové knihy
a **new pen** nové pero	**new pens** nová pera

MLUVNICKÉ MINIMUM

STUPŇOVÁNÍ PŘÍDAVNÝCH JMEN

Jednoslabičná a dvouslabičná přídavná jména zakončená na souhlásku + **y** (**happy**) se stupňují pomocí koncovek **-er** a **-est**, např.:

small malý **smaller** [smo:lə] menší **the smallest** [smo:list] nejmenší

happy šťastný **happier** [hæpiə] šťastnější **the happiest** [hæpiist] nejšťastnější

Dvouslabičná a víceslabičná přídavná jména se stupňují pomocí **more** [mo:] *více* a **most** [məust] *nejvíce*, např.:

important [im'po:tənt] důležitý **more important** důležitější
most important nejdůležitější

SLOVESA

U sloves nelze vynechat osobní zájmena (**I, you, he, she, it, we, they**), jako je tomu v češtině. Zájmeno **I** *já* se píše vždy s velkým písmenem.

SLOVESO *BE* BÝT

Sloveso **be** [bi:] tvoří přítomný čas nepravidelně, otázku přehozením podmětu a slovesa a zápor přidáním **not**.

	Otázka:	Zápor:
I am [ai ӕm] jsem	**am I?**	**I am not** nejsem
you are [ju: a:] jsi, jste	**are you?**	**you are not** nejsi, nejste
he/ she/ it is [hi: iz] je	**is he/ she/ it?**	**he/ she/ it is not** není
we are [wi: a:] jsme	**are we?**	**we are not** nejsme
they are [ðei a:] jsou	**are they?**	**they are not** nejsou

V hovoru se uprostřed věty tvary **am, are, is** zkracují:

	Záporné zkrácené tvary:
I'm [aim] **busy.**	**I'm not** [aim not] nejsem
You're [jo:] **busy.**	**you aren't** [a:nt] nejsi, nejste

MLUVNICKÉ MINIMUM

He's [hi:z] busy.	he isn't [iznt] není
She's [ši:z] busy.	she isn't
It's [its] new.	it isn't
We're [wiə] busy.	we aren't [a:nt] nejsme
They're [ðeiə] busy.	they aren't [a:nt] nejsou

V kladných stručných odpovědích jsou vždy tvary plné: **Yes, I am** [æm]. – **Yes, he is.** V záporných stručných odpovědích jsou vždy tvary zkrácené: **No, I'm not.** – **No, he isn't.**

SLOVESO *HAVE* MÍT

Sloveso **have** [hæv] má ve všech osobách stejný tvar až na 3. osobu jednotného čísla, kde je nepravidelný tvar **has** [hæz]. Otázku tvoří přehozením podmětu a slovesa a zápor pomocí **not**.

	Otázka:	*Zápor:*
I have [hæv] mám	have I?	I have not nemám
you have máš, máte	have you?	you have not nemáš, nemáte
he has [hæz] má	has he?	he has not nemá
she has	has she?	she has not nemá
it has	has it?	it has not nemá

Záporný zkrácený tvar: **I haven't** [hævnt]
he hasn't [hæznt]

V hovoru se užívá **have** ve významu „mít" ve zkrácené podobě a přidává se slůvko **got**:

I've got [aiv got] mám	I've got a sister. Mám sestru.
you've got [ju:v got] máš, máte	You've got a new car. Máte nové auto.
he's [hi:z] got má	He's got a sister. Má sestru.
she's [ši:z] got má	She's got a house. Má dům.
it's [its] got má	It's got a nice name. Má hezké jméno.
we've [wi:v] got máme	We've got time now. Máme teď čas.
they've [ðeiv] got mají	They've got a son. Mají syna.

MLUVNICKÉ MINIMUM

V otázce se **got** klade za podmět:
Have <u>you</u> got a sister? Máte sestru?
Has <u>she</u> got a bike? Má kolo?

V záporu se **not** klade před **got**:
I haven't got a car. Nemám auto.
Mike hasn't got a brother. Míša nemá bratra.

SLOVESA *CAN, MAY, MUST*

Tato slovesa mají stejný tvar ve všech osobách jednotného i množného čísla:
Otázku tvoří přehozením podmětu a slovesa a zápor přidáním **not**. Jsou to modální slovesa, tj. nemají plný význam a spojují se s neurčitým způsobem významového slovesa bez **to**.

I CAN [kæn] mohu, umím

	Otázka:	Zápor:
I can [kən] **come** můžu přijít	**can I come?**	**I cannot come**
you can stay můžeš, můžete zůstat	**can you stay?**	**you cannot stay**
he can go může jít	**can he go?**	**he cannot go**
we can sit můžeme sedět		
they can walk mohou jít pěšky		

Záporný zkrácený tvar: **I can't** [ka:nt] **come**
                                   he can't stay

I MUST [mast] musím

	Otázka:	Zápor:
I must come musím přijít	**must I come?**	**I need not come** nemusím přijít
he must come musí přijít	**must he come?**	**he need not come**
we must stay musíme zůstat		

MLUVNICKÉ MINIMUM

Záporný zkrácený tvar: **I needn't** [ni:dnt] **come**

I MAY [mei] mohu, smím

Ve významu „smím" se užívá **may** jenom v otázce, žádáme-li zdvořile o dovolení: **may I?, may we?** Jinak znamená možnost.

I may come. Možná že přijdu.
He may come. Možná že přijde.
We may do it. Možná že to uděláme.
We may not do it. Možná že to neuděláme.
He may not come. Možná že nepřijde.

Otázka:
May I come in? Mohu vstoupit?
May we come in? Smíme jít dál?

Zápor:
I must not do it. Nesmím to udělat.
I mustn't [masnt] **do it.** Nesmím to udělat.

PŘÍTOMNÝ ČAS PROSTÝ VÝZNAMOVÝCH SLOVES

Významová slovesa (**come, go, read** atd.) přibírají ve 3. osobě jednotného čísla -(e)s. Výslovnost koncového -s je stejná jako -s v množném čísle podstatných jmen. Přítomný čas prostý vyjadřuje: a) děj, který se opakuje, b) děj, který má obecnou platnost a c) činnost, kterou obvykle (často, pravidelně, zřídkakdy) děláme.

I call [ko:l] volám	**I watch** [woč] pozoruji
you call voláš	**you watch** pozoruješ
he calls [ko:lz] volá	**he watches** [wočiz] pozoruje
we call voláme	**we watch** pozorujeme
you call voláte	**you watch** pozorujete
they call volají	**they watch** pozorují

Otázka a zápor se tvoří pomocí **do/ does** (ve 3. os. j. č.) a základního tvaru významového slovesa.

MLUVNICKÉ MINIMUM

Otázka:
do you speak? mluvíš?
does he speak? mluví?

Zápor:
I do not speak nemluvím
he does not speak nemluví

Záporný zkrácený tvar:
I don't speak
he doesn't [daznt] **speak**

PŘÍTOMNÝ ČAS PRŮBĚHOVÝ

Tvoří se pomocným slovesem **be** (**I am, you are** atd.) + základní tvar významového slovesa (**call**) + **-ing**: **I am calling** volám.

Vyjadřuje děj, který právě probíhá, tj. teď, dnes, tento týden, letos, nebo bude probíhat v blízké budoucnosti.

Otázku tvoří přehozením podmětu a tvaru slovesa **be**, zápor přidáním **not** za tvar slovesa **be**.

	Otázka:	*Zápor:*
I am calling volám	**am I calling?**	**I am not calling**
he is calling volá	**is he calling?**	**he is not calling**

MINULÝ ČAS PROSTÝ PRAVIDELNÝCH SLOVES

Minulý čas prostý se u pravidelných sloves tvoří přidáním **-ed**, např. **I watched** [wočt] pozoroval jsem. Výslovnost koncového **-ed** je trojí:

a) [d], končí-li sloveso na znělou hlásku kromě -d:
  call – I called [ko:ld] volal jsem
b) [t], končí-li sloveso na neznělou souhlásku kromě -t:
  finish – I finished [finišt]
c) [id], končí-li sloveso na -t, -d:
  need – I needed [ni:did] potřeboval jsem, **want – I wanted** [wontid] chtěl jsem

Tento minulý tvar – **watched, needed, finished** – je ve všech osobách stejný. Otázka a zápor se tvoří pomocí **did** a základního tvaru slovesa.

MLUVNICKÉ MINIMUM

		Otázka:	*Zápor:*
I called [ko:ld] volal jsem		**did I call?**	**I did not call** nevolal jsem
he worked [wə:kt] pracoval		**did he work?**	**he did not work** nepracoval

Záporný zkrácený tvar: **I didn't work**

MINULÝ ČAS PROSTÝ SLOVES *BE, HAVE, CAN, MAY*

Sloveso **be** má v minulém čase dva nepravidelné tvary **was** a **were**. Slovesa **have, can** a **may** mají pro všechny osoby prostého minulého času jeden nepravidelný tvar.

BE
I was [woz]	byl jsem	**we were**	byli jsme
you were [wə:]	byl jsi	**you were**	byli jste
he was	byl	**they were**	byli

Otázka:	*Zápor:*	*Záporný zkrácený tvar:*
was I?	**I was not**	**I wasn't** [woznt]
were you?	**you were not**	**you weren't** [wə:nt]
was he?	**he was not**	**he wasn't** [woznt]

HAVE **I/ you/ he/ we/ you/ they had** měl jsem/ měl jsi/ měl/ měli jsme/ měli jste/ měli

Otázka:	*Zápor:*	*Záporný zkrácený tvar:*
did I have?	**I did not have**	**I didn't have**
did he have?	**he did not have**	**he didn't have**

CAN **I/ you/ he/ we/ they could** [kud] mohl jsem/ mohl jsi/ mohl/ mohli jsme/ mohli

Otázka:	*Zápor:*	*Záporný zkrácený tvar:*
could I?	**I could not**	**I couldn't** [kudnt]
could you?	**you could not**	**you couldn't** [kudnt]

MAY **I/ you/ he/ we/ they might** [mait] mohl jsem/ mohl jsi/ mohl/ mohli jsme/ mohli
he might come mohl by přijít, snad by přišel

MLUVNICKÉ MINIMUM

Otázka: **might I?** *Zápor:* **I might not** *Záporný zkrácený tvar:* **I mightn't** [maitnt]

MINULÝ ČAS PROSTÝ NEPRAVIDELNÝCH SLOVES

Většina nejužívanějších významových anglických sloves tvoří minulý čas nepravidelně, např. **come** [kam] přijít – **I came** [keim] přišel jsem, **sleep** [sli:p] spát – **I slept** [slept] spal jsem atd. Tento nepravidelný tvar je ve všech osobách stejný a vyskytuje se pouze v kladných větách oznamovacích. Otázka a zápor se tvoří pomocí **did** + základní tvar významového slovesa, tedy stejně jako u sloves pravidelných, např.: **Did he come? He did not come.** Zde je uvedeno jen několik sloves. Seznam běžných nepravidelných sloves najdete na str. 35–36.

DO [du:] dělat — **I did** [did] dělal jsem
Otázka: **did I do?**
Zápor: **I did not do**
Záporný zkrácený tvar: **I didn't do**

BEGIN [bi'gin] začít — **I began** [bi'gæn] začal jsem
Otázka: **did I begin?**
Zápor: **I did not begin**
Záporný zkrácený tvar: **I didn't begin**

BRING [briŋ] přinést — **I brought** [bro:t] přinesl jsem
Otázka: **did I bring?**
Zápor: **I did not bring**

SAY [sei] říci — **I said** [sed] řekl jsem
Otázka: **did I say?**
Zápor: **I did not say**

MLUVNICKÉ MINIMUM

MINULÝ ČAS PRŮBĚHOVÝ

Tvoří se u pravidelných i nepravidelných sloves pomocí minulého času pomocného slovesa **be** (**I was, you were** atd.) + **základní tvar slovesa + -ing**:   **I was calling** volal jsem
                              you were doing dělal jsi
                              he was speaking mluvil

Otázka se tvoří **přehozením** podmětu a pomocného slovesa (**was I?, were you?**) a zápor přidáním **not** za tvar pomocného slovesa (**I was not, you were not**). Vyjadřuje děj, který v dané minulé době právě probíhal nebo probíhal po delší dobu v minulosti.

I was calling volal jsem	*Otázka:*
you were calling volal jsi	**was I calling?**
he was calling volal jsi	**were you calling?**
we were calling volali jsme	**was he calling?**
you were calling volali jste	
they were calling volali	

Zápor: *Záporný zkrácený tvar:*
I was not calling nevolal jsem   **I wasn't** [woznt] **calling**
you were not calling nevolal jsi   **you weren't** [wə:nt] **calling**

PROSTÉ PERFEKTUM PRAVIDELNÝCH SLOVES

Tvoří se pomocí přítomného času slovesa **have** a příčestí minulého významového slovesa. U pravidelných sloves má příčestí minulé koncovku **-ed**, tj. stejný tvar jako prostý minulý čas, např. **called**, **played**. Otázka se tvoří přehozením podmětu a **have** a zápor přidáním **not** za **have**. Prosté perfektum vyjadřuje stav, který začal v minulosti a trvá až do přítomnosti, nebo děj, který se odehrál v blíže neurčené době minulé.

MLUVNICKÉ MINIMUM

I have played hrál jsem

Zkrácený tvar:	**I've played**
Otázka:	**have I played?**
Zápor:	**I have not played**
Záporný zkrácený tvar:	**I haven't played**

PROSTÉ PERFEKTUM NEPRAVIDELNÝCH SLOVES

Tvoří se pomocí přítomného času slovesa **have** a minulého příčestí významového slovesa. Minulé příčestí má buď stejný tvar jako minulý čas, např. **have**, minulý čas **I had**, příčestí minulé **had**, nebo tvar zcela odlišný, např. **do**, minulý čas **I did**, příčestí minulé **done** [dan]. V seznamu běžných nepravidelných sloves na str. 35–36. jsou uvedeny tři tvary: neurčitý způsob, minulý čas a příčestí minulé, např. **do, did, done**.
Zde uvádíme jen několik příkladů perfekta.

DO [du:] dělat		**I have done** [dan] dělal jsem
		he has done dělal
Zkrácený tvar:		**I've** [aiv] **done**
		he's [hi:z]**done**
Otázka:		**have you done?**
		has he done?
Zápor:		**I have not done**
		he has not done
Záporný zkrácený tvar:		**I haven't** [hævnt] **done**
		he hasn't [hæznt] **done**
BEGIN [bi'gin] začít		**I have begun** [bi'gan] začal jsem
		he has begun začal
Zkrácený tvar:		**I've begun**
		he's begun
Otázka:		**have I begun?**
		has he begun?
Zápor:		**I have not begun**
Záporný zkrácený tvar:		**I haven't begun**

MLUVNICKÉ MINIMUM

COME [kam] přijít	**I have come** přišel jsem
	he has come přišel
Zkrácený tvar:	**I've come**
Otázka:	**has he come?**
Zápor:	**I have not come**
	he has not come
Záporný zkrácený tvar:	**I haven't come**
	he hasn't come

PRŮBĚHOVÉ PERFEKTUM

Tvoří se pomocí perfekta pomocného slovesa **be** (**I have been**) + základní tvar významového slovesa (**read**) + **-ing**: **I have been reading, he has been living**. Vyjadřuje děj, který začal v minulosti, probíhal až do současnosti a trvá dosud, tj. probíhá víceméně nepřetržitě, a bude pravděpodobně ještě trvat i nadále, např. **We have been living here since 1995.** Bydlíme zde od r. 1995. V češtině je v těchto typech vět přítomný čas.

LIVE [liv] bydlet, žít	**I have been living**
	he has been living
Zkrácený tvar:	**I've been living**
	he's been living
Otázka:	**have I been living?**
	has he been living?
Zápor:	**I have not been living**
	he has not been living
Záporný zkrácený tvar:	**I haven't been living**
	he hasn't been living

PŘEDMINULÝ ČAS PROSTÝ

Předminulý čas prostý se tvoří pomocí **had** + příčestí minulé: **I had prepared** připravil jsem, *dosl.* měl jsem připraveno, **I had written** napsal jsem. Vyjadřuje minulý děj, který se stal před jiným dějem minulým.

MLUVNICKÉ MINIMUM

PLAY [plei] hrát (si) **I had played** hrál jsem
 he had played hrál

Zkrácený tvar: **I'd** [aid] **played**
 he'd [hi:d] **played**

Otázka: **had I played?**
 had he played?

Zápor: **I had not played**
 he had not played

Záporný zkrácený tvar: **he hadn't** [hædnt] **played**

PŘEDMINULÝ ČAS PRŮBĚHOVÝ

Tvoří se pomocí předminulého času pomocného slovesa **be** + základní tvar významového slovesa (**play**) + **-ing**: **I had been playing**. Vyjadřuje minulý děj, který probíhal před jiným dějem minulým.

 I had been playing hrál jsem
 he had been playing hrál

Zkrácený tvar: **I'd been playing**
 he'd been playing

Otázka: **had I been playing?**
Zápor: **I had not been playing**
Záporný zkrácený tvar: **I hadn't been playing**

BUDOUCÍ ČAS PROSTÝ

Tvoří se pomocí **will/ shall** + základní tvar významového slovesa, např. **I will come** přijdu. **Shall** [šæl] lze užít v 1. osobě jednotného i množného čísla, ale **will** je běžnější. Tvar **shall** se užívá v otázce **shall I?, shall we?** ve významu „mám, máme? (něco udělat)". České „budu" je nutno vyjádřit **I will be**, např. Zítra budu doma. = **I will be at home tomorrow.**

 Zkrácený tvar:
I will come přijdu **I'll** [ail] **come**
he will stay zůstane **he'll** [hi:l] **stay**

MLUVNICKÉ MINIMUM

it will be bude	*Otázka:*
we will stay zůstaneme	**will it be?**
	shall we stay? máme zůstat?
	Zápor:
they will come přijdou	**they will not come** nepřijdou
	Záporný zkrácený tvar:
I will come přijdu	**I won't** [wəunt] **come**

BUDOUCÍ ČAS PRŮBĚHOVÝ

Tvoří se pomocí budoucího času pomocného slovesa **be** (**I will be**) + základní tvar významového slovesa + **-ing**, např. **I will be working** budu pracovat. Vyjadřuje děj, který bude v určenou dobu v budoucnosti právě probíhat, např. **At 3 o'clock on Monday I will be working at home.** – V pondělí ve tři hodiny (to už) budu pracovat doma.

	Zkrácený tvar:
I will be working budu pracovat	**I'll be working**
he will be writing bude psát	**he'll be writing**
they will be waiting budou čekat	

Otázka:	**will they be waiting?**
Zápor:	**they will not be waiting**
Záporný zkrácený tvar:	**they won't** [wəunt] **be waiting**

PODMIŇOVACÍ ZPŮSOB PŘÍTOMNÝ

Tvoří se pomocí **would/ should** + základní tvar významového slovesa, např. **I would come** přišel bych. Tvar **should** lze užít v 1. osobě jednotného a množného čísla, např. **I should** [šəd] **like to see you.** – Rád bych vás navštívil., ale **would** je běžnější. **Should** lze užít ve všech osobách ve významu „měl by (něco udělat)", např. **He should do it.** – Měl by to udělat.

MLUVNICKÉ MINIMUM

	Zkrácený tvar:
I would wait počkal bych	**I'd** [aid] **wait**
he would come přišel by	**he'd** [hi:d] **come**

Otázka: **should I wait?** Měl bych počkat?
would he come? přišel by?
should he come? měl by přijít?

	Zápor:
we would stay zůstali bychom	**we would not stay** nezůstali bychom
we should stay měli bychom zůstat	**we should not stay** neměli bychom zůstat
they would be happy byli by rádi	

Záporné zkrácené tvary: **wouldn't** [wudnt]
shouldn't [šudnt]

PODMIŇOVACÍ ZPŮSOB MINULÝ

Tvoří se pomocí **would have** + minulé příčestí významového slovesa, např. **I would have waited** byl bych počkal, **I would have done** byl bych udělal. V češtině se může pro minulost použít podmiňovací způsob přítomný, zejména v mluvené řeči.

	Zkrácený tvar:
I would have waited byl/ býval bych počkal, počkal bych	**I'd have waited**
he would have come byl/ býval by přišel, přišel by *(včera)*	**he'd have come**

Otázka: **would he have come?** byl by přišel?

Zápor:	*Záporný zkrácený tvar:*
he would not have come	**he wouldn't have come**

MLUVNICKÉ MINIMUM

TRPNÝ ROD

Tvoří se pomocí slovesa **be** + příčestí minulé významového slovesa, tj. u pravidelných sloves tvar na **-ed** (**called** volaný), u nepravidelných sloves tzv. 3. tvar (**written** napsaný, **done** udělaný apod.).

PŘEHLED ČASŮ TRPNÉHO RODU

Přítomný čas prostý:	**I am called**	jsem volaný
Přítomný čas průběhový:	**I am being called**	jsem (právě) volaný
Minulý čas prostý:	**I was called**	byl jsem volaný
Minulý čas průběhový:	**I was being called**	byl jsem (právě) volaný
Perfektum prosté:	**I have been called**	byl jsem volaný
Budoucí čas prostý:	**I will be called**	budu volaný
Podmiňovací způsob přítomný:	**I would be called**	byl bych volaný
	I should be called	měl bych být volaný
	I could be called	mohl bych být volaný
Podmiňovací způsob minulý:	**I would have been called**	byl bych volaný

BĚŽNÁ NEPRAVIDELNÁ SLOVESA

NEURČITÝ ZPŮSOB	MINULÝ ČAS	MINULÉ PŘÍČESTÍ
be [bi:] být	**I was, you were** [wəz, wə:]	**been** [bi:n]
begin [bi'gin] začít	**I began** [bi'gæn]	**begun** [bi'gan]
bring [briŋ] přinést	**I brought** [bro:t]	**brought** [bro:t]
buy [bai] koupit	**I bought** [bo:t]	**bought** [bo:t]
choose [ču:z] vybrat	**I chose** [čəuz]	**chosen** [čəuzn]
come [kam] přijít	**I came** [keim]	**come** [kam]
cost [kost] stát *(o ceně)*	**it cost** [kost]	**cost** [kost]
do [du:] dělat	**I did** [did]	**done** [dan]
drink [driŋk] pít	**I drank** [dræŋk]	**drunk** [draŋk]

MLUVNICKÉ MINIMUM

drive [draiv] řídit, jet *(autem)*	**I drove** [drəuv]	**driven** [drivn]
eat [i:t] jíst	**I ate** [et, eit]	**eaten** [i:tn]
find [faind] najít	**I found** [faund]	**found** [faund]
forget [fə'get] zapomenout	**I forgot** [fə'got]	**forgotten** [fə'gotn]
get [get] dostat	**I got** [got]	**got** [got]
give [giv] dát *(někomu)*	**I gave** [geiv]	**given** [givn]
go [gəu] jít	**I went** [went]	**gone** [gon]
have [hæv] mít	**I had** [hæd]	**had** [hæd]
hear [hiə] slyšet	**I heard** [hə:d]	**heard** [hə:d]
know [nəu] znát, vědět	**I knew** [nju:]	**known** [nəun]
leave [li:v] odejít	**I left** [left]	**left** [left]
lend [lend] půjčit *(někomu)*	**I lent** [lent]	**lent** [lent]
lose [lu:z] ztratit	**I lost** [lost]	**lost** [lost]
make [meik] dělat	**I made** [meid]	**made** [meid]
meet [mi:t] potkat	**I met** [met]	**met** [met]
pay [pei] platit	**I paid** [peid]	**paid** [peid]
put [put] položit, dát *(někam)*	**I put** [put]	**put** [put]
read [ri:d] číst	**I read** [red]	**read** [red]
say [sei] říci *(co, jak)*	**I said** [sed]	**said** [sed]
see [si:] vidět	**I saw** [so:]	**seen** [si:n]
sell [sel] prodat	**I sold** [səuld]	**sold** [səuld]
send [send] poslat	**I sent** [sent]	**sent** [sent]
sleep [sli:p] spát	**I slept** [slept]	**slept** [slept]
speak [spi:k] mluvit	**I spoke** [spəuk]	**spoken** [spəukn]
spend [spend] strávit	**I spent** [spent]	**spent** [spent]
take [teik] vzít	**I took** [tuk]	**taken** [teikn]
tell [tel] říci *(někomu)*	**I told** [təuld]	**told** [təuld]
understand [ˌandə'stænd] rozumět	**I understood** [ˌandə'stud]	**understood** [ˌandə'stud]
write [rait] psát	**I wrote** [rəut]	**written** [ritn]

MLUVNICKÉ MINIMUM

ZÁJMENA OSOBNÍ

Mají dva tvary: podmětový (*kdo?* já = **I**) a předmětový (*koho?* mě, mne, *komu?* mně, mi = **me**). Předmětové tvary stojí po všech předložkách, např. **for me** pro mě, **with me** se mnou.

PODMĚTOVÝ TVAR	PŘEDMĚTOVÝ TVAR
I já	**me** [mi:] mě, mi, mnou atd.
you ty, vy	**you** [ju:] tě, tobě, tebou
he on	**him** [him] jeho, jemu, jím atd.
she ona	**her** [hə:] jí, ji atd.
it ono	**it** jeho, jemu, jím atd.
we my	**us** [as] nás, nám, námi
they oni, ony, ona	**them** [ðem] jich, jim, je, jimi atd.

ZÁJMENA PŘIVLASTŇOVACÍ

Mají dva tvary, nesamostatný, tj. ve spojení s podstatným jménem, např. **my book** moje kniha, a samostatný, tj. bez následujícího podstatného jména, např. **It's mine.** – To je moje.

NESAMOSTATNÁ	SAMOSTATNÁ
my book moje kniha	**mine** [main] můj, moje
your car tvoje/ vaše auto	**yours** [jo:z] tvoje, vaše
his pen jeho pero	**his** [hiz] jeho
her house její dům	**hers** [hə:z] její
its name jeho jméno	**its (own)** jeho (vlastní)
our room náš pokoj	**ours** [auəz] náš
their names jejich jména	**theirs** [ðeəz] jejich

MLUVNICKÉ MINIMUM

ZÁJMENA UKAZOVACÍ

Zájmena ukazovací **this** *tento, ten* a **that** *tamten, onen* mají v množném čísle nepravidelný tvar:
this tento – **these** [ði:z] tito, ti
that onen – **those** [ðəuz] tamti, oni, ti

POŘÁDEK SLOV V ANGLICKÉ VĚTĚ

Angličtina má pevný pořádek slov, tj. slova nelze ve větě libovolně přehazovat, jako je tomu v češtině, např. *Tu knihu má Petr./ Petr má tu knihu./ Petr tu knihu má.* atd. V angličtině je třeba začínat větu podmětem: **Peter** (*kdo?* podmět) **has got** (přísudek) **the book** (*koho? co?* předmět). Před podmět lze předsunout jen určení času vyjadřující určitou dobu, jako **today** *dnes,* **in the morning** *ráno,* **on Monday** *v pondělí.* Určení času vyjadřující frekvenci, jako např. **often** *často,* **usually** *obvykle,* **always** *vždy,* **never** *nikdy* apod., mají své pevné místo, a to před významovým slovesem.

Poznámka:
Podobně jako zde je výslovnost některých slov v příručce uváděna v hranatých závorkách.

MLUVNICKÉ MINIMUM

ZÁKLADNÍ POŘÁDEK SLOV V OZNAMOVACÍ VĚTĚ

1.	2.	3.	4.	5.	6.	7.
Podmět	Sloveso	Předmět	Místo	Čas		
We	**meet**	**Peter**	**here**	**every day.**		
Podmět (kdo? co?)	Určení času typu often (kdy?)	Významové sloveso		Místo (kde? kam?)	Čas	
John	**usually**	**comes**		**home**	**at six.**	
Podmět	Pomocné sloveso	Určení času	Významové sloveso	Předmět	Místo	Čas
John	**has**	**seldom**	**visited**	**England**		
We	**will**	**never**	**see**	**Peter**	**in London.**	**in spring.**
Mary	**doesn't**	**often**	**buy**	**books**	**there.**	

POŘÁDEK SLOV V OTÁZCE

1.	2.	3.	4.	5.	6.	7.	8.
Tázací výraz	Pomocné slovo	Podmět	Určení času typu often	Významové sloveso	Předmět	Místo	Čas
What	**are**	**you**		**doing**			**now?**
Where	**did**	**Jane**	**usually**	**buy**	**it?**		
What	**do**	**they**		**do**		**there**	**on Sunday?**

39

NÁPISY – ZKRATKY
PUBLIC NOTICES – ABBREVIATIONS

PUBLIC NOTICES	NÁPISY
Accommodation – Lodging	Ubytování
Adults	Dospělí
Admission (Fee)	Vstupné
Admission Free	Vstup volný
Airport	Letiště
Air Terminal	Konečná stanice aerolinek
Arrivals	Příjezdy, Přílety
Attention	Pozor
Bed and Breakfast	Pokoj se snídaní
Beware of Pickpockets	Pozor na kapsáře
Beware of the dog	Pozor zlý pes/ Pozor na psa
Blind Alley/ Cul-de-Sac/ Dead End	Slepá ulice
Boardinghouse/ Guest House	Penzion
Booking Office/ Ticket Office	Pokladna
Box Office	Pokladna *(divadla, kina)*
Bus Stop	Stanice autobusu
Bypass	Vnější dopravní okruh
Cable Railway	Lanovka *(kolejová)*
Cableway	Lanovka *(visutá)*
Car Hire	Půjčovna aut
Car Park, Parking Place/ *Amer.* Parking Lot	Parkoviště
Car Wash	Mytí auta
Car Repair Shop	Autodílna
Channel Ferry	Trajekt přes kanál La Manche
Cinema/ Picture House/ *Amer.* Movies/ Movie Theater	Kino
City Bypass	Objezd města
Cloakroom	Šatna
Closed	Zavřeno
Cold/ Hot	Studená/ Teplá
Controlled Parking Zone/ Meter Zone	Hlídané parkovací pásmo/ Hlídaná parkovací zóna

NÁPISY – ZKRATKY
PUBLIC NOTICES – ABBREVIATIONS

Cross now/ Go/ *Amer.* **Walk**	Přecházejte (světelné semafory na ulici)
Customs House	Celnice
Danger	Životu nebezpečno
Dead Slow	Jeďte krokem
Diversion/ *Amer.* **Detour**	Objížďka
Do Not Lean out of the Window	Nenahýbejte se z okna
Do Not Touch	Nedotýkat se
Don't Cross/ Don't Go/ *Amer.* **Don't Walk**	Nepřecházejte
Downtown *Amer.*	Centrum města/ Do centra města
Embarkation	Nalodění/ Vylodění
Emergency Brake	Záchranná brzda
Emergency Exit	Nouzový východ
Entrance	Vchod
Escape Lane/ Exit Lane	Jízdní pruh pro výjezd z dálnice
Exchange Bureau/ Exchange Office	Směnárna
Exit	Východ/ Výjezd z dálnice
Family Room	Místnost pro matky s dětmi
First Aid	První pomoc
Fixed Prices	Pevné ceny
For Hire	Půjčovna
Flyover/ *Amer.* **Overpass**	Nadjezd
Frontier	Hranice/ Státní hranice
Fuel/ Engine Fuel/ *Amer.* **Diesel and gasoline**	Pohonné hmoty
Garage/ *Amer.* **Service Station**	Autodílna/ Garáž
Heating	Topení
Hospital	Nemocnice
Hotel	Hotel
Hot/ Cold	Teplá/ Studená
Keep Clear	Nechte volný průjezd
Keep Clear of the Door	Uvolněte východ

NÁPISY – ZKRATKY
PUBLIC NOTICES – ABBREVIATIONS

L (= Learner)	Řidič začátečník
Lavatory/ WC/ Toilet	Záchod/ WC/ Toaleta
Lay-By 1 Mile Ahead/ *Amer.* **Rest Area**	Parkoviště na dálnici 1 míli vzdálené
Left Luggage (Office)/ *Amer.* **Baggage Room**	Úschovna zavazadel
Level Crossing	Železniční přejezd
Lift/ *Amer.* **Elevator**	Výtah
Litter	Odpadky
London Orbital	Objezd Londýna
Lost Property Office	Ztráty a nálezy
Men/ Gentlemen	Muži
Mind the Step	Pozor schod
Motel	Motel
Motorway/ *Amer.* **Freeway/** *Amer.* **Turnpike** *(kde se vybírá poplatek)*	Dálnice
Multistorey Car Park	Víceposchoďové parkoviště
Nappie Changing Facilities	Zařízení pro přebalování dětí
No Admittance Except for Business	Nepovolaným vstup zakázán
No Bathing/ No Swimming	Koupání zakázáno
No Crossing	Zákaz přecházení
No Entrance/ No Entry	Vstup zakázán
No Hard Road Shoulder	Nezpevněná krajnice
No Overtaking/ *Amer.* **No Passing**	Zákaz předjíždění
No Parking	Zákaz parkování
No Smoking – Penalty £50	Zákaz kouření – Pokuta 50 liber
No Stopping/ Clearway	Zákaz zastavení
No Thoroughfare	Průjezd zakázán
No Vacancies	Plně obsazeno *(žádné volné pokoje)*
No Way In	Vjezd/ Vstup zakázán
Occupied/ Vacant	Obsazeno/ Volno

NÁPISY – ZKRATKY
PUBLIC NOTICES – ABBREVIATIONS

Oil/ Fuel Oil/ *Amer.* **Diesel Fuel**	Nafta *(pohonná)*
One Way Traffic	Jednosměrný provoz
Open/ Closed	Otevřeno/ Zavřeno
Out/ In	Tam/ Sem
Parking Lot *Amer.*	Parkoviště
Pedestrian Crossing	Přechod pro chodce
Pedestrian Precinct	Pěší zóna
Platform No 1	1. nástupiště
Please give up this seat if a disabled person needs it	Uvolněte prosím toto sedadlo pro tělesně postiženou osobu
Poison	Jed
Police	Policie
Police Station	Policejní stanice
Post Office	Pošta
Press/ Push (the button)	Zmáčkněte/ Stiskněte (knoflík, tlačítko)
Private Property	Soukromý majetek
Pub/ Public House	Hospoda/ Hostinec
Public Footpath	Veřejná cesta pro pěší
Public Toilet	Veřejný záchodek/ Veřejná toaleta
Push/ Pull	Tam/ Sem
Railway	Železnice
Refreshment(s)	Občerstvení
Red Cross	Červený kříž
Reduce Speed Now	Ihned snižte rychlost
Request Stop	Zastávka na znamení
Reserved	Zadáno
Rest Room *Amer.*/ *Amer.* **Washroom**	Záchod/ Toaleta/ Umývárna
Ring Road *Amer.*/ *Amer.* **Beltway/ Belt Highway**	Vnější dopravní okruh
Road works	Práce na silnici
Roundabout/ *Amer.* **Rotary**	Křižovatka s kruhovým objezdem
Sale(s)	Výprodej

NÁPISY – ZKRATKY
PUBLIC NOTICES – ABBREVIATIONS

Seat Reservations	Místenky
Services (W.C., Bed etc.)	Služby (WC, ubytování apod.)
Shower	Sprcha
Slip Road/ *Amer.* **Access Road – Exit**	Nájezd na dálnici – Výjezd z dálnice
Smoking/ Smoker(s)	Kuřáci
Sold Out	Vyprodáno
Speed Cameras Control	Kontrola rychlosti skrytou kamerou
Stop/ Halt	Stůj
Stop/ Bus stop/ Tram Stop	Zastávka/ Stanice autobusu/ Stanice tramvaje
Subway *Amer.*	Podzemní dráha
Brit. **Subway/ Underground Passage**	Podchod
Taxi Rank/ *Amer.* **Taxi Stand**	Stanoviště taxi
Terminal/ Terminus	*místo (budova), kde končí autobus, vlak apod.*/ Konečná stanice
Ticket barrier/ This way to the trains	Příchod k vlakům
Ticket Office	Pokladna
Timetable	Jízdní řád
Toll [təul]	Dálniční poplatek
Trespassers Will Be Prosecuted	Zneužití se trestá
U (= Underground Station)	Stanice podzemní dráhy
Vacancies	Volné pokoje
Waiting Room	Čekárna
Watch Your Speed	Kontrolujte si rychlost
Way In	Vchod/ Vjezd
Way Out	Východ/ Výjezd
Wet Paint	Čerstvě natřeno
Wharf	Přístaviště
Women/ Ladies toilet	Ženy

(Viz též Názvy obchodů *str. 230)*

NÁPISY – ZKRATKY
PUBLIC NOTICES – ABBREVIATIONS

ABBREVIATIONS / ZKRATKY

art.	article	čl., článek
AA	Automobile Association	autoklub
AAA	American Automobile Association	americká automobilová asociace
AD	Anno Domini	po Kristu, našeho letopočtu
am	ante meridiem	dopoledne, ráno
apt	apartment	byt
Av/ Ave	Avenue	ulice, bulvár, třída
BBC	**British Broadcasting Corporation**	BBC, Britská rozhlasová společnost
BC	1. **before Christ**	před Kristem
	2. **British Council**	Britská rada
c	1. **cent** *(1 dolar = 100 centů)*	cent
	2. **century**	století
c/a	current account	běžný účet
CD	compact disk	kompaktní disk, *hov.* cédéčko
Co	1. **company**	společnost
	2. **and Co, and company**	a spol.
	3. **county**	hrabství
cf	confer	srov., sr., srovnej
cwt	hundredweight	50 kg
dept	department	oddělení
Dr	Doctor	Dr., dr.
DST	**Daylight Saving Time** *Amer.*	letní čas
E	East	východ
EC	European Community	Evropské společenství
ECU	European Currency Unit	ecu
EFL	English as a Foreign Language	angličtina jako cizí jazyk
EFTA	European Free Trade Association	Evropské sdružení volného obchodu

NÁPISY – ZKRATKY
PUBLIC NOTICES – ABBREVIATIONS

eg	**exempli gratia, for example**	např., například
ELT	**English Language Teaching**	výuka angličtiny *(jako cizího jazyka)*
ESL	**English as a Second Language**	angličtina jako druhý jazyk *(vedle jazyka domácího)*
EU	**European Union**	Evropská unie
F	**Fahrenheit**	Fahrenheit *(teplotní stupnice)*
ft	**feet, foot**	stopa *(30,4 cm)*
GB	**Great Britain**	VB, Velká Británie
GDP	**Gross Domestic Product**	HDP, hrubý domácí produkt
gm	**gram, gramme(s)**	gr., gram
GMT	**Greenwich Mean Time**	greenwichský čas
GP	**General Practitioner**	obvodní lékař, praktický lékař
GPO	**the General Post Office**	hlavní pošta, systém poštovních služeb
in	**inch**	palec, coul *(2,54 cm)*
L	**Learner Driver**	řidič v zácviku
lb	**pound**	libra *(0,45 kg)*
LP	**long-playing record**	LP-deska, *hov.* elpíčko
Ltd	**Limited (liability)**	spol. s r. o., společnost s ručením omezeným
LV	**luncheon voucher**	stravenka
MD	**Doctor of Medicine**	doktor lékařství
Miss		slečna
MO	**Money Order**	peněžní poukázka
MP	**Member of Parliament**	člen parlamentu, poslanec
mpg	**miles per gallon**	mil na galon
mph	**miles per hour**	mil za hodinu
Mr [mistə]	**Mr Brown** (***Mr** vždy se jménem*)	p./ pan Brown
Mrs [misiz]	**Mrs Brown** (***Mrs** vždy se jménem*)	pí/ paní Brownová

NÁPISY – ZKRATKY
PUBLIC NOTICES – ABBREVIATIONS

Ms [mz]	**Ms Brown** (**Ms** vždy se jménem) (označování ženy bez rozlišení Mrs/ Miss)	pí/ sl./ paní/ slečna Brownová
Mt	**Mount**	hora *(v názvech hor)*
N	**North**	S, sever
No, no	**number**	číslo
oz	**ounce**	unce *(2,8 dkg)*
p	**1) page**	strana
	2) penny, pence	pence
PC	**Personal Computer**	osobní počítač
pm	**post meridiem**	odpoledne, večer
POB	**post office box**	poštovní přihrádka
PS, ps	**postscript**	P.S., postskriptum, dodatek
pt	**pint**	pinta *(0,57 l)*
Rd	**Road**	silnice
S	**South**	J, jih
sec	**second**	vteřina, chvilka
St	**Saint**	sv., svatý
st	**stone**	jednotka váhy *(6,35 kg)*
TU	**Trade Union**	odborový svaz
U-film		film přístupný mládeži
UK	**United Kingdom**	Spojené království
UNO	**United Nations Organization**	Organizace spojených národů
USA	**United States of America**	USA, Spojené státy americké
VAT	**value-added tax**	DPH, daň z přidané hodnoty
W	**West**	Z, západ
WASP	*Amer.* **White Anglo-Saxon Protestant**	bílý protestant anglosaského původu
XL	**extra large**	velmi velký *(velikost oděvů)*
yd	**yard**	jard *(asi 91 cm)*

OBECNÉ ÚDAJE
GENERAL DATA

ČÍSLA

NUMBERS

ZÁKLADNÍ ČÍSLOVKY

CARDINAL NUMBERS

1 one	21 twenty-one
2 two	22 twenty-two
3 three	23 twenty-three
4 four	24 twenty-four
5 five	25 twenty-five
6 six	26 twenty-six
7 seven	27 twenty-seven
8 eight	28 twenty-eight
9 nine	29 twenty-nine
10 ten	30 thirty
11 eleven	31 thirty-one
12 twelve	33 thirty-three
13 thirteen	38 thirty-eight
14 fourteen	40 forty
15 fifteen	50 fifty
16 sixteen	60 sixty
17 seventeen	70 seventy
18 eighteen	80 eighty
19 nineteen	90 ninety
20 twenty	100 a hundred, one hundred
101 one hundred and one	300 three hundred
108 one hundred and eight	400 four hundred
180 one hundred and eighty	500 five hundred
200 two hundred	600 six hundred
202 two hundred and two	700 seven hundred

888 eight hundred and eighty eight
900 nine hundred
1,000 a thousand, one thousand
2,000 two thousand
3,000 three thousand

OBECNÉ ÚDAJE
GENERAL DATA

15,000 **fifteen thousand**
50,000 **fifty thousand**
100,000 **one hundred thousand**
130,000 **one hundred and thirty thousand**
500,000 **five hundred thousand**
908,000 **nine hundred and eight thousand**
1,000,000 **one million**
2,000,000 **two million(s)**
1,000,000,000 **a billion**
2,000,000,000 **two billion**

nula: **zero** *(na stupnici)*
o [əu] *(např. v telefonních číslech a při počítání)*
nought [no:t] *(v matematice)*
nil *(ve sportu)*
love *(v tenise)*

desítky knih	**dozens of books**
stovky lidí	**hundreds of people**

Čísla následující po **hundred** se připojují pomocí **and**, avšak v americké angličtině a v hovorové britské angličtině se **and** často vynechává. Číslovky **hundred** a **thousand** nepřibírají v množném čísle -s, předchází-li číselný výraz, např. **five hundred**. Nepředchází-li žádný číselný výraz, přibírají -s, např. **thousands/ hundreds of books** (tisíce/ stovky knih). U **million** lze užít v množném čísle tvar se -s i bez -s, např. **two millions/ two million people**.

MATEMATICKÉ ÚKONY **MATHEMATICAL CALCULATIONS**

sečítání	**addition**	$2 + 5 = 7$	**two plus five equals/ is/ makes seven**
odčítání	**subtraction**	$9 - 1 = 8$	**nine minus one equals eight**

OBECNÉ ÚDAJE
GENERAL DATA

násobení	**multiplication**	2 × 2 = 4	two multiplied by two makes four
dělení	**division**	6 : 3 = 2	six (divided) by three equals two

ŘADOVÉ ČÍSLOVKY / ORDINAL NUMBERS

- 1st the first
- 2nd the second
- 3rd the third
- 4th the fourth
- 5th the fifth
- 6th the sixth
- 7th the seventh
- 8th the eighth
- 9th the ninth
- 10th the tenth

- 11th the eleventh
- 12th the twefth
- 13th the thirteenth
- 14th the fourteenth
- 15th the fifteenth
- 16th the sixteenth
- 17th the seventecnth
- 18th the eighteenth
- 19th the nineteenth
- 20th the twentieth

- 21st the twenty-first
- 22nd the twenty-second
- 23rd the twenty-third
- 24th the twenty-fourth
- 25th the twenty-fifth
- 30th the thirtieth
- 31st the thirty-first
- 40th the fortieth
- 50th the fiftieth
- 60th the sixtieth
- 70th the seventieth

- 80th the eightieth
- 90th the ninetieth
- 100th the hundredth
- 101th the one hundred and first
- 200th the two hundredth
- 230th the two hundred and thirtieth
- 500th the five hundredth
- 1,000th the thousandth
- 2,000th the two thousandth
- 1,000,000th the millionth

Řadové číslovky na rozdíl od češtiny nemají za sebou tečku. Užívají se s určitým členem.

OBECNÉ ÚDAJE
GENERAL DATA

Bydlí ve druhém poschodí.	**He lives on the second floor.**
Stalo se to v patnáctém století.	**It happened in the fifteenth century/ in 15th c.**
Alžběta II.	**Elizabeth II** (čti: the second)
Karel IV.	**Charles IV** (čti: the fourth)
Jsem v Anglii poprvé.	**I'm in England for the first time.**
Jsem zde podruhé/ potřetí.	**I'm here for the second/ third time.**

Na rozdíl od češtiny se však v dalších uvedených případech místo řadových číslovek užívají v angličtině číslovky základní.

Je to na straně osmé/ na straně osm.	**It's on page eight.**
Přijď před osmou hodinou.	**Come before eight o'clock.**
Bylo to v roce devatenáctistém padesátém třetím/ v roce 1953.	**It was in 1953** (čti: nineteen fifty-three)
pátá lekce	**lesson five**
druhá část	**part two**
1) zaprvé	**first, firstly**
2) zadruhé	**second, secondly**
3) zatřetí	**third, thirdly**

ZLOMKY

1/2	**one half, a half**
1/3	**one third, a third**
2/3	**two thirds**
1/4	**one quarter, a quarter, one fourth, a fourth**
3/4	**three quarters**
1/5	**one fifth, a fifth**

FRACTIONS

1/8	**one eighth**
7/8	**seven eighths**
1/10	**one tenth, a tenth**
5/10	**five tenths**
1/100	**one hundredth**
1/1000	**one thousandth**

OBECNÉ ÚDAJE
GENERAL DATA

DESETINNÁ ČÍSLA   **DECIMAL NUMBERS**

0.5   **nought-point-five, o [əu]-point-five**
3.28   **three-point-two-eight**

> Desetinná čísla mají v angličtině desetinnou tečku. Čárkou se totiž oddělují tisíce *(viz základní číslovky)*.

KOLIKRÁT?   **HOW MANY TIMES?**

jednou/ dvakrát	**once/ twice**
třikrát	**three times**
čtyřikrát	**four times**
desetkrát/ stokrát	**ten times/ a hundred times**
jednou za rok	**once a year**
třikrát denně	**three times a day**
pětkrát týdně	**five times a week**
několikrát	**several times**
mnohokrát	**many times**
ještě jednou	**once more**
dvakrát tak velký	**twice as large**
dvakrát tolik lidí/ času	**twice as many people/ much time**

KOLIK PROCENT?   **HOW MANY PER CENT?**

1 %	**1 per cent, 1%**
5% nezaměstnanost	**5 per cent unemployment, 5% unemployment**
90 % obyvatel	**90 per cent of the inhabitants, 90% of the inhabitants**

OBECNÉ ÚDAJE
GENERAL DATA

MÍRY – VÁHY **WEIGHTS – MEASURES**

I když metrický systém byl již v Anglii zaveden v sedmdesátých letech, tři čtvrtiny Angličanů dávají přednost tradičním mírám a váhám. Výšku osob udávají stále ve stopách (**foot** = 30 cm), váhu osob v kamenech (**stone** = 6,35 kg) a benzin kupují na galony (**gallon** = 4,5 l). Většina tekutin se prodává v litrech, ale mléko a pivo tradičně na pinty (**pint** = 0,57 l). Na obalech se uvádí množství tekutiny jak v pintách, tak v litrech. Menší množství např. másla, šunky apod. kupují Angličané na gramy, nikoliv na deka, nebo tradičně na unce.

gram	**gram(me)**
deset gramů	**ten grams**
unce	**ounce** [auns] (= 2,8 dkg)
kilogram	**kilogramme** [kiləgræm], hov. **kilo**
kámen *(britská jednotka váhy)*	**stone** (= 6,35 kg = 14 liber)
britský cent	**hundredweight** [handrədweit], (1 cwt = 50,8 kg, Amer. 45,4 kg)
metrický cent	**metric centner**
tuna	**ton, metric ton,** (1 t = Brit. 1,016 kg, Amer. 907 kg)
čistá/ hrubá váha	**nett/ gross weight** [ˌgrəus ˈweit]
Kolik to váží?	**What's the weight?**
Je to lehké/ těžké.	**It's light/ heavy** [hevi]**.**
Zvažte mi to, prosím vás.	**Will you weigh it for me, please?**
Dejte mi kilo banánů	**I'd like a kilo of bananas**
půl kila pomerančů	**half a kilo of oranges**
čtvrt libry/ deset deka mandlí	**a quarter (of a pound)/ a hundred grams of almonds**

OBECNÉ ÚDAJE
GENERAL DATA

půl libry/ dvacet deka oříšků.	**half a pound/ two hundred grams of nuts.**
decilitr	**decilitre,** Amer. **deciliter**
litr	**litre,** Amer. **liter**
hektolitr	**hectolitre,** Amer. **hectoliter**
pinta	**pint** [paint] (1 pt = 0,57 l, Amer. 0,47 l)
galon	**gallon** (1 gal = 4,5 l, Amer. 3,7 l)
Chtěl bych litr/ pintu mléka	**I'd like a litre/ a pint of milk**
půl litru/ půl pinty piva	**half a litre/ half a pint/ a half of beer**
dva litry vína	**two litres of wine**
10 galonů benzinu.	**ten gallons of petrol/** Amer. **gas.**
milimetr	**millimetre,** Amer. **millimeter**
centimetr	**centimetre** [sentimi:tə], Amer. **centimeter**
metr	**metre,** Amer. **meter**
kilometr	**kilometre** [ˈkiləˌmi:tə], Amer. **kilometer**
palec, coul	**inch** (1 in = 2,54 cm)
stopa	**foot,** mn. č. **feet** (1 ft = 30,4 cm)
yard	**yard** (1 yd = 90,4 cm)
míle, dvě míle	**mile** (1 m = 1,6 km), **two miles**
akr	**acre** (1 acre = 4050 m^2)
hektar	**hectare** (1 ha = 0,41 akru)
čtvereční metr	**square metre**
krychlový metr	**cubic metre** [ˌkju:bik ˈmi:tə]
Změřte mi to.	**Will you measure it for me?**
Chtěl bych dva a půl metru této látky.	**I'd like two and a half metres of this material.**

OBECNÉ ÚDAJE
GENERAL DATA

Kolik měříte?	**What's your height?**
180 centimetrů.	**Six feet.**
Pokoj je velký 6 × 5 metrů.	**The size of the room's 6 by 5 (metres).**
Jak vysoká je ta hora?	**How high is the mountain?**
1239 m.	**1,239 metres.** *(= 4,064 ft)**
Kolik vážíte?	**What's your weight?**
63 kg.	**63 kg.** *(= 10 stone)*
Ujeli jsme 220 kilometrů.	**We made 220 kilometres.** *(= 354 miles)*

TVARY A ROZMĚRY — SHAPES AND SIZES

kruh	***circle***
čtverec	***square***
obdélník	***rectangle***
trojúhelník	***triangle*** [traiæŋgl]
krychle	***cube***
hranol	***prism***
koule	***sphere***
válec	***cylinder***
kulatý	***round***
čtvercový	***square***
obdélníkový	***rectangular***
oválný	***oval*** [əuvl]
špičatý	***pointed***
dlouhý/ krátký	***long/ short***
velký/ malý	***large*** *(na plochu),* ***tall*** *(na výšku),* ***big*** *(všemi směry)/* ***small, short*** *(u osob)*
široký/ úzký	***wide/ narrow***
vysoký/ nízký	***high*** [hai]**/ *low***

---

* Tisíce se v angličtině oddělují čárkou.

OBECNÉ ÚDAJE
GENERAL DATA

velikost	***size***
délka	***length***
šířka	***width***
výška	***height*** [hait]
tloušťka, síla	***thickness***
hloubka	***depth***

Jak vysoká je ta věž? — **How high is the tower?**
98 metrů. — **98 m.** *(= 321 ft)*
Jaké rozměry má tato místnost? — **What's the size of the room?**
Je 5 metrů dlouhá — **It's five metres long**
    4 metry široká — **4 metres wide**
    3 metry vysoká. — **3 metres high.**

BARVY — COLOURS

béžový	***beige*** [beiž]
bílý	***white***
černý	***black***
červený	***red***
fialový	***violet***
hnědý	***brown***
modrý	***blue***
oranžový	***orange***
rudý	***crimson, dark red***
růžový	***pink***
stříbrný	***silver***
šedý	***grey, gray***
zelený	***green***
zlatý	***gold, golden***
žlutý	***yellow*** [jeləu]
barva	***colour***
pastelové barvy	***pastel*** [pæstl] ***shades***
odstín	***shade***
světlý/ tmavý	***light*** [lait]***/ dark***

OBECNÉ ÚDAJE
GENERAL DATA

Jaká barva se vám líbí?	**What colour do you like?**
Nemám ráda křiklavé barvy.	**I don't like loud colours.**
Nemáte to v jiné barvě?	**Have you got it in another colour?**

(Viz též Látky str. 244)

URČENÍ MÍSTA A SMĚRU

PLACE AND DIRECTION

KDE?

WHERE?

Tady/ sem	**Here**
Tam/ tamhle	**There/ over there**
daleko/ blízko	**far** *(v otázce a záporu)*, **a long way** *(v kladné větě)*/ **near**
všude/ nikde	**everywhere/ nowhere, not anywhere**
Je to dva kilometry odtud	**It's two kilometres (away from here)**
deset minut pěšky	**ten minutes' walk**
tady poblíž	**near here**
napravo/ nalevo	**on the right/ on the left**
napravo od nádraží	**to the right of the railway station**
vpředu/ vzadu	**in front/ at the back**
nahoře/ dole	**up/ down**
venku/ uvnitř	**outside/ inside**
na rohu ulice	**on the corner of the street**
blízko parku	**near the park**
u zastávky autobusu	**at the bus stop**
před divadlem	**outside the theatre**
za *(o kousek dále)* mostem	**beyond the bridge**
za kostelem *(bezprostředně vzadu)*	**behind the church**
vedle školy	**next to the school building**
naproti radnici	**opposite the town hall**

OBECNÉ ÚDAJE
GENERAL DATA

v centru	in the centre/ *Amer.* downtown
uprostřed náměstí	in the middle of the square
pod podloubím	in the arcades [aːˈkeidz]
pod hradem	below the castle
nad řekou	above the river
na konci ulice	at the end of the street
na druhé straně	on the other side
uprostřed ulice (*směrem dopředu*).	halfway down the street.

KAM? KUDY? — WHERE (TO)? WHICH WAY?

Jdu domů/ do práce.	I'm going home/ to work.
Jedeme do Londýna/ do Anglie.	We're going to London/ to England.
Pojď sem.	Come (up) here.
Polož to tam/ kousek dál.	Put it there/ a bit further on.
Jděte tam.	Go there.
Přejděte tam naproti.	Cross over there.
Jděte stále rovně/ zpátky	Go straight ahead/ go back
směrem k věži	to the tower
až k semaforu	as far as the (traffic) lights
na druhý chodník	to the other side of the street/ cross the street
opačným směrem	in the opposite direction
nahoru	up
dolů	down
dovnitř	in/ inside
ven	out/ outside
podél řeky.	along the river.
Přejděte přes most.	Cross the bridge.

URČENÍ ČASU — FIXING THE TIME

Máte čas?	Are you free?
Dnes nemám čas.	I'm not free today.
Máme ještě čas si prohlédnout muzeum?	Is there time to see the museum?

OBECNÉ ÚDAJE
GENERAL DATA

Zbývá nám málo času.	There's little time left.
To je ztráta času.	It's a waste of time.
Je čas jít/ odejít.	It's time to go/ leave.
Je nejvyšší čas.	It's high time.
Počkejte chvíli.	Wait a moment, please./ Just a minute.
Odešel před chvílí.	He left a minute ago.
Vrátí se za okamžik.	He'll be back in a minute.
Nechá vše na poslední chvíli.	He's doing everything at the last minute.
Za chvíli se zavírá.	We'll be closing in a minute.
Jak dlouho se zdržíte?	How long will you stay?
Ne moc dlouho.	Not too long.

KDY? V KOLIK HODIN?
WHEN? WHAT TIME?

Kdy přijdeš?	When are you coming?
Dokdy se zdržíš?	How long will you stay?
Odkdy to víš?	How long have you known?
Je stále otevřeno?	Is it still open?
Teď je zavřeno.	It's closed now.
Chodíte často do kina?	Do you often go to the cinema/ to the pictures?
Zřídka	Seldom, rarely
občas	from time to time
někdy	sometimes
nikdy.	never.
Obvykle chodíme do kina v sobotu večer.	We usually go to the cinema on Saturday night.
Přijďte brzy/ co nejdříve.	Come soon/ as soon as possible.
Pospěšte si, nebo přijdete pozdě.	Hurry up or you'll be late.
Vrátí se (mnohem) později než obvykle.	He'll be back (much) later than usual.
Kdys ho viděl naposled?	When did you see him last?
Nedávno.	A short time ago./ Recently.
Přijdu jindy.	I'll come some other time.
Uděláme to potom.	We'll do it later/ afterwards.

OBECNÉ ÚDAJE
GENERAL DATA

Zatím se připravte.	In the meantime, you can get ready.
Hned se vrátím.	I'll be back in no time/ immediately/ at once.
Nejprve pojedeme do Manchestru.	We'll go to Manchester first.
Přijdeme včas?	Will we be in time?
Lépe pozdě než nikdy.	Better late than never.

(Viz též Otázky str. 83–85)

KOLIK JE HODIN? | **WHAT'S THE TIME?**

Angličané určují čas takto: Prvních 30 minut se připojuje k předcházející hodině pomocí **past**. Říkají „je deset minut po osmé, čtvrt po osmé, půl po osmé". Druhých 30 minut se připojuje pomocí **to**. Říkají např. „je dvacet pět minut k osmé". Den dělí na 2 × 12 hodin. Je-li třeba rozlišit, zda jde o 8 hodin ráno nebo večer, užívají buď zkratky **am** [ˌeiˈem] (ráno, dopoledne) a **pm** [ˌpiːˈem] (odpoledne, večer), nebo dodají **in the morning** (ráno, dopoledne), **in the afternoon** (odpoledne), **in the evening** (večer), např. **It's eight in the morning/ 8 am**.
U vlaků, letadel apod. se úředně časy udávají v jízdních řádech jako v češtině, např. 17.30, 18.20.
Při udávání času neužívají Angličané nikdy řadové číslovky; např. „před pátou hodinou, kolem šesté" vyjádří **before five o'clock**, **about six o'clock**.

Podívej se na hodiny. | Have a look at the clock.

It's five (minutes) past twelve. | It's ten (minutes) past one.

OBECNÉ ÚDAJE
GENERAL DATA

It's (a) quarter past eleven.

It's twenty past two.

It's twenty-five past ten.

It's half past three.

It's twenty-five to ten.

It's twenty to four.

It's quarter to eight.

It's ten to six.

OBECNÉ ÚDAJE
GENERAL DATA

It's five to seven.　　　　　　　　It's five o'clock.

Je jedna hodina.	It's one o'clock.
Jsou dvě hodiny.	It's two o'clock.
Je za pět minut půl čtvrté.	It's twenty-five past three.
Je půl páté a pět minut.	It's twenty-five to five.
Je za pět minut tři čtvrti na pět.	It's twenty to five.
Je za deset minut sedm.	It's ten to seven.
Je za pět minut osm.	It's five minutes to eight.
Je teprve devět hodin.	It's only nine o'clock.
Vlak odjíždí ve 22.30.	The train leaves at ten thirty pm.
Je dvanáct hodin čtyřicet pět minut.	It's twelve forty-five.
Je tři čtvrti na devět.	It's quarter to nine.
Bylo osm hodin ráno.	It was eight o'clock in the morning/ 8 am.
Je (právě) poledne.	It's (just) noon.
Bylo devět hodin večer.	It was nine in the evening/ 9 pm.
Je půlnoc.	It's midnight.
V kolik hodin se sejdeme?	What time shall we meet?
Ve čtvrt na dvě.	At (a) quarter past one.
V půl třetí.	At half past two.
Ve tři čtvrti na tři.	At (a) quarter to three.
Přesně ve čtyři.	At four o'clock sharp.
Před pátou.	Before five o'clock.

OBECNÉ ÚDAJE
GENERAL DATA

Po šesté.	After six o'clock.
Kolem sedmé.	Around/ About seven o'clock.
Mezi osmou a devátou.	Between eight and nine.
Budu tam od deseti do jedenácti.	I'll be there from ten to/ till eleven.
Do kolika hodin jsou otevřeny obchody?	What time do the shops close?
Od kolika hodin je otevřeno muzeum?	What time is the museum open?
Máme ještě deset minut času.	There's still ten minutes' time.
Mohu přijít	I can come
nejdříve v deset hodin	at ten at the earliest
nejpozději v jedenáct hodin.	at eleven at the latest.
Udělám to za/ během půl hodiny.	I'll do it in half an hour.
Odjel před hodinou.	He left an hour ago.
Vrátí se za hodinu	He'll be back in an hour
v jednu hodinu	at one o'clock
po jedné hodině.	after one o'clock.
Můžete mi říci, kolik je hodin?	Can you tell me the time, please?
Kolik máš hodin?	What's the time by your watch?
Já mám za dvě minuty tři.	It's two minutes to three by my watch.
Hodinky mi nejdou dobře/ přesně.	My watch doesn't keep the right time.*
Jdou napřed/ pozadu o pět minut.	It's five minutes fast/ slow.
Nařídil jsem si hodinky podle rádia/ podle časového znamení.	I set my watch by the radio/ by the time signal.
Nařídil jsem si budík na šest hodin.	I set my watch for six o'clock.
Nezapomněl jsi ho natáhnout?	Haven't you forgotten to wind it up?

---

* **Watch** není v angličtině pomnožné.

OBECNÉ ÚDAJE
GENERAL DATA

Tyto hodiny jdou špatně.	**This watch doesn't keep the right time.**
Hodiny stojí/ nejdou.	**It's stopped.**
Místní čas	**Local Time**
Britský letní čas	**BST = British Summer Time/** *Amer.* **DST = Daylight Saving Time**
Zimní čas	**Winter Time**
Každých pět minut.	**Every five minutes.**
Každé dvě hodiny.	**Every two hours.**

TÝDEN – DNY | WEEK – DAYS

Angličané vždy začínají týden nedělí. Dny v týdnu se užívají bez členu s předložkou **on** a píší se vždy s velkým počátečním písmenem, např. **on Monday** v pondělí. Užije-li se den v týdnu v množném čísle, znamená to každý ten den, např. **on Saturdays** každou sobotu, o sobotách.

neděle	**Sunday**
pondělí	**Monday**
úterý	**Tuesday**
středa	**Wednesday**
čtvrtek	**Thursday**
pátek	**Friday**
sobota	**Saturday**

Proč jsi nepřišel minulou neděli?	**Why didn't you come last Sunday?**
Vrátil jsem se teprve v pondělí.	**I didn't return until Monday.**
Uvidíme se v úterý.	**See you on Tuesday.**
Příští úterý nemohu přijít.	**I can't come next Tuesday.**
Sejdeme se tedy ve středu?	**Shall we meet on Wednesday then?**

OBECNÉ ÚDAJE
GENERAL DATA

Ne, raději ve čtvrtek.	**No, Thursday will suit me better.**
Který je dnes den?	**What day is it today?**
Dnes je už pátek.	**It's already Friday.**
Tato knihovna je otevřena každý den kromě soboty a neděle.	**This library is open daily except Saturdays and Sundays.**
Kolikrát týdně máte hodinu angličtiny?	**How many times a week do you have English classes?**
Dvakrát: ve středu a v pátek.	**Twice, on Wednesday(s) and Friday(s).**
Jedu na čtrnáct dní na dovolenou.	**I'm going for a fortnight's holiday.**
před dvěma dny	**two days ago**
před týdnem	**a week ago**
před čtrnácti dny	**a fortnight/** *Amer.* **two weeks ago**
za tři dny	**in three days**
během dvou dní/ po celou noc	**during two days/ during the night, throughout the night**
tento týden	**this week**
příští týden	**next week**
minulý týden	**last week**
koncem týdne	**towards the end of the week**
na konci týdne/ do konce týdne	**at the end of the week/ by the end of the week**
příští týden v pondělí	**on Monday next week**
za týden	**in a week**
za čtrnáct dní	**in a fortnight/** *Amer.* **in two weeks**
za půl roku	**in six months**

OBECNÉ ÚDAJE
GENERAL DATA

dnes	today
včera	yesterday
předevčírem	the day before yesterday
zítra	tomorrow
pozítří	the day after tomorrow

Dnes ne, až jindy.	Not today, some other time/ another time.
Snad zítra.	Perhaps tomorrow.
Pozítří večer odjíždím.	I'm leaving in the evening the day after tomorrow.
Kde jsi byl včera?	Where were you yesterday?
Přijeli jste včera nebo předevčírem?	Did you arrive yesterday or the day before?

DEN – NOC   DAY – NIGHT

ráno, dopoledne	morning
ráno, dopoledne *(kdy?)*	in the morning
poledne/ v poledne	noon/ at noon
odpoledne/ odpoledne *(kdy?)*	afternoon/ in the afternoon
večer/ večer *(kdy?)*	evening/ in the evening
noc/ v noci	night/ at night
půlnoc/ o půlnoci	midnight/ at midnight

Vstává brzy ráno.	He gets up early.
Zítra ráno odjíždíme.	We're leaving tomorrow morning.
Náš kurs angličtiny se koná odpoledne.	Our English classes are held in the afternoon.
Dopoledne rychle uteklo.	The morning passed quickly.
Přijdu dopoledne/ ráno	I'll come in the morning

OBECNÉ ÚDAJE
GENERAL DATA

odpoledne/ večer	in the afternoon/ in the evening
zítra v poledne	at midday tomorrow
k večeru.	towards the evening.
Kam jdeš dnes večer?	Where are you going tonight?
Večer nechodím ven.	I don't go out in the evening(s).
Dnes odpoledne jsem zadána.	I'm engaged for this afternoon.
Přijel dnes ráno.	He arrived this morning.
dnes v noci/ včera v noci.	tonight/ last night.
Dali jsme si schůzku na čtvrtek dopoledne.	We made a date* for Thursday morning.
Očekáváme vás v pátek odpoledne.	We're expecting you on Friday afternoon.
Včera večer jsme byli v divadle.	We were at the theatre last night.
Vrátili jsme se ve dvě v noci.	We returned at two in the morning/ at 2 am.
Šli jsme spát pozdě v noci.	We went to bed late at night.
Myslím na to ve dne v noci.	I think about it day and night.
Nemohu ve dne/ v noci spát.	I can't sleep during the day/ at night.
Usínám po půlnoci.	I fall asleep after midnight.
krásný den	a nice/ lovely/ beautiful day
každý den	every day
všední/ pracovní den	workday/ working day
sváteční den	holiday
státní svátek v GB	bank holiday
celý den	the whole day, all day
celou noc	the whole night, all night
obden, každý druhý den	every other day, every two days
několik dní	several days
kolikrát za den?	how many times a day?
od rána do večera	from morning till evening

---

* **Date** je též *schůzka chlapce s děvčetem,* hov. rande.

OBECNÉ ÚDAJE
GENERAL DATA

MĚSÍCE – ROK – STOLETÍ | **MONTHS – YEAR – CENTURY**

leden	**January**	červenec	**July**
únor	**February**	srpen	**August**
březen	**March**	září	**September**
duben	**April**	říjen	**October**
květen	**May**	listopad	**November**
červen	**June**	prosinec	**December**

Obvykle si beru dovolenou v červenci. | I usually take my holiday in July.
Strávil půl roku v zahraničí. | He spent six months abroad.
Kolik platíte měsíčně | How much do you pay monthly/ a month
   čtvrtletně | quarterly
   ročně? | yearly/ a year/ per year?

Letos byl únor velmi studený. | February was very cold this year.

v dubnu – v měsíci dubnu | in April – in the month of April
začátkem května | at the beginning of May
v půli června | in mid June
koncem července | at the end of July
do konce září | till the end of September

letos | this year
příští rok | next year
vloni, minulý rok | last year
před dvěma roky | two years ago
před několika lety | several/ a few years ago
za tři roky | in three years/ three years later
po pěti letech | five years later
přestupný rok | leap year
11. století | 11th c, the eleventh century

OBECNÉ ÚDAJE
GENERAL DATA

19. století	19th c, the nineteenth century
ve 20. století	in the 20th c, in the twentieth century
v minulém století	in the last century
koncem století	towards the end of the century
začátkem třetího tisíciletí	at the beginning of the third millennium

(Viz Výtvarné umění str. 300)

DATUM | DATE

1. ledna – prvního ledna	*píšeme:* 1st January – *čteme:* the first of January
2. června – druhého června	2nd June – the second of June
31. prosince	31st December – the thirty-first of December
Kolikátého je dnes?	What's the date today?
Dnes je pátého.	Today's the fifth.
Zítra bude 10. dubna.	Tomorrow will be 10th April (*čti:* the tenth of April).
Včera bylo 21. listopadu.	Yesterday was 21st November (*čti:* the twenty-first of November).
Od 15. do 30. srpna budeme v Anglii.	We'll be in England from 15th to 30th August (*čti:* the fifteenth to the thirtieth of August).
Já tam zůstanu až do 3. září.	I'll stay there till 3rd September (*čti:* the third of September)
Vyhovuje vám to datum?	Will the date suit you?
Máte kalendář?	Have you got a calendar?
Zmýlil jsem se v datu.	I mistook the date.
Stalo se to 2. května roku 2000.	It happened on 2nd May 2000.
Bude to 3. června 2002.	It'll be 3rd June 2002.

OBECNÉ ÚDAJE
GENERAL DATA

ROČNÍ OBDOBÍ | **SEASONS**

jaro	spring
léto	summer
podzim	autumn
zima	winter

na jaře — in (the) spring
v létě — in (the) summer
na podzim — in (the) autumn
v zimě — in (the) winter

letos na jaře — in the spring/ this spring
vloni na podzim — last autumn
letos v zimě — in the winter/ this winter
Letos je tuhá/ mírná zima. — We're having a severe/ mild winter this year.
Vloni bylo suché/ deštivé léto. — We had a dry/ rainy summer last year.

SVÁTKY | **HOLIDAYS**

V Anglii a v USA jsou tyto svátky:

New Year's Day – Nový rok (1. ledna)
Good Friday – Velký pátek (pohyblivý)
Easter Monday – Velikonoční pondělí (pohyblivé)
May Day Bank Holiday – státní svátek v GB (první pondělí v květnu)
Spring Bank Holiday – státní svátek v GB (poslední pondělí v květnu)
Independence Day – Den nezávislosti (4. července, slaví se v USA)
Summer/ August Bank Holiday – v GB (pohyblivý, jedno pondělí v srpnu)
Labour Day – Svátek práce (slaví se v USA první pondělí v září)

OBECNÉ ÚDAJE
GENERAL DATA

Halloween – předvečer svátku Všech svatých (31. října, slaven hlavně v USA)
Thanksgiving Day – Den díkůvzdání (slaví se v USA poslední čtvrtek v listopadu)
Christmas Day – 25. prosince, Hod boží vánoční
Boxing Day – 26. prosince, sv. Štěpána

Dnes je všední den.	Today's an ordinary day/ a workday.
Zítra je svátek.	Tomorrow's a holiday.
Slaví se výročí osvobození.	We celebrate the anniversary of the liberation.
Kde strávíte vánoční svátky?	Where will you spend Christmas?
Štědrý den připadne na středu.	Christmas Eve will fall on Wednesday.
Kde budete slavit Silvestra?	Where will you celebrate New Year's Eve?
Nový rok strávíme na horách.	We'll spend New Year's Day in the mountains.
Velikonoce jsou letos v dubnu.	Easter's in April this year.
Zítra je výročí naší svatby.	Tomorrow's our wedding anniversary.
Kdy máte narozeniny/ svátek?	When's your birthday?

(svátek se v GB ani v USA neslaví)
(Viz Blahopřání str. 101)

ZNAMENÍ ZVĚROKRUHU | SIGNS OF THE ZODIAC

Beran	**Aries** [eəri:z]
Býk	**Taurus** [to:rəs]
Blíženci	**Gemini** [džeminai]
Rak	**Cancer** [kænsə]

OBECNÉ ÚDAJE
GENERAL DATA

Lev	**Leo** [liːəu]
Panna	**Virgo** [vəːgəu]
Váhy	**Libra**
Štír	**Scorpio** [skoːpiəu]
Střelec	**Sagittarius** [ˌsædʒiˈteəriəs]
Kozoroh	**Capricorn** [kæprikoːn]
Vodnář	**Aquarius** [əˈkweəriəs]
Ryby	**Pisces** [paisiːz]

V jakém jsi znamení?	What sign of the zodiac are you?
Jsem Střelec. A ty?	I'm a Sagittarius. And you?
Já jsem Štír.	I'm a Scorpio.
Jana je ve znamení Blíženců.	Jane's in the sign of Gemini.
Můj bratranec se narodil začátkem října, ve znamení Vah.	My cousin was born at the beginning of October, under the sign of Libra.

SVĚTOVÉ STRANY
CARDINAL POINTS

východ	east
západ	west
sever	north
jih	south

jihovýchod	southeast
jihozápad	southwest
severovýchod	northeast
severozápad	northwest
na jihu	in the south
na východě	in the east
jižní Wales	South Wales
Severní Amerika	North America

OBECNÉ ÚDAJE
GENERAL DATA

východní země	eastern countries
západní Evropa	Western Europe
západní část Londýna	the West End
Jedeme k severu.	We're going north.
Bydlíme na západ od Prahy.	We live west of Prague.
Mám okna na východ.	My windows are facing east.
Zahrada je na jih.	The garden's facing south.
York je na severu Anglie.	York's in the north of England.

SVĚTADÍLY

CONTINENTS

Afrika, africký — **Africa, African**
Amerika, americký — **America, American**
Antarktida — **Antarctica** [ænˈtɑːktikə]
Asie, asijský — **Asia, Asian** [eišə, eišən]
Austrálie, australský — **Australia, Australian** [oˈstreiliə, oˈstreiliən]

Evropa, evropský — **Europe, European** [juərəp, ˌjuərəˈpiːən]

Latinská Amerika, latinskoamerický — **Latin America, Latin American**

ZEMĚ, JEJICH OBYVATELÉ A HLAVNÍ MĚSTA

COUNTRIES, THEIR INHABITANTS AND CAPITALS

Albánie – Albánec — **Albania – Albanian**
Tirana — **Tirana** [tiˈrɑːnə]
Alžírsko – Alžířan — **Algeria – Algerian** [ælˈdžiəriə – ælˈdžiəriən]
Alžír — **Algiers**
Anglie – Angličan – Angličanka – Angličané — **England – an Englishman – an Englishwoman – the English**

OBECNÉ ÚDAJE
GENERAL DATA

Londýn	**London**
Argentina – Argentinec	**the Argentine – Argentinian** [a:džantain – ˌa:džənˈti:niən]
Buenos Aires	**Buenos Aires** [ˌbweinos ˈairiz]
Belgie – Belgičan	**Belgium – Belgian**
Brusel	**Brussels** [braslz]
Bělorusko – Bělorus	**Belarus – Belarussian**
Minsk	**Minsk**
Bosna – Bosňan	**Bosnia – Bosnian**
Sarajevo	**Sarajevo** [ˌsa:rəˈjevəu]
Brazílie – Brazilec	**Brazilia – Brazilian**
Bulharsko – Bulhar	**Bulgaria – Bulgarian**
Sofia	**Sofia**
Česká republika	**the Czech Republic**
Čechy – Čech	**Bohemia – Czech**
Morava – Moravan	**Moravia – Moravian** [məˈreiviə – məˈreiviən]
Praha	**Prague**
Čína – Číňan	**China – Chinese** [čainə – ˌčaiˈni:z]
Peking	**Beijing** [ˌbeiˈdžiŋ]
Dánsko – Dán	**Denmark – Dane**
Kodaň	**Copenhagen** [ˌkəupnˈheign]
Egypt – Egypťan	**Egypt – Egyptian** [i:džipt – iˈdžipšn]
Káhira	**Cairo** [kairəu]
Estonsko – Estonec	**Estonia – Estonian**
Talin	**Tallin**
Finsko – Fin	**Finland – Finn**
Helsinki	**Helsinki**
Francie – Francouz – Francouzka – Francouzi	**France – a Frenchman – a Frenchwoman – the French**
Paříž	**Paris**
Holandsko – Holanďan – Holanďanka – Holanďané	**Holland – a Dutchman – a Dutchwoman – the Dutch**

OBECNÉ ÚDAJE
GENERAL DATA

Amsterodam	**Amsterdam**
Chorvatsko – Chorvat	**Croatia – Croat** [krəuˈeišə – krəuæt]
Záhřeb	**Zagreb**
Indie – Ind	**India – Indian**
Dillí	**Delhi** [deli]
Irsko	**Ireland** [aiələnd]
– Ir	**– an Irishman** [airišmən]
– Irka	**– an Irishwoman**
– Irové	**– the Irish** [ði: ˌairiš]
Dublin	**Dublin**
Island – Islanďan	**Iceland – Icelander**
Reykjavík	**Reykjavik** [reikjəvik]
Itálie – Ital	**Italy – Italian**
Řím	**Rome**
Izrael – Izraelec	**Israel – Israeli**
Jeruzalém	**Jerusalem** [džəˈru:sələm]
Japonsko – Japonec	**Japan – Japanese** [džəˈpæn – ˌdžæpəˈni:z]
Tokio	**Tokyo**
Jugoslávie	**Yugoslavia**
Srbsko – Srb	**Serbia – Serb**
Černá Hora – Černohorec	**Montenegro – Montenegrin** [ˌmontiˈni:grəu – ˌmontiˈni:grin]
Bělehrad	**Beograd**
Kanada – Kanaďan	**Canada – Canadian** [kænədə – kəˈneidiən]
Ottawa	**Ottawa**
Kuba – Kubánec	**Cuba – Cuban** [kju:bə – kju:bən]
Havana	**Havana** [həˈva:nə]
Libanon – Libanonec	**Lebanon – Lebanese**
Bejrút	**Beirut** [beiˈru:t]
Litva – Litevec	**Lithuania – Lithuanian** [ˌliθjuˈeiniə – ˌliθjuˈeiniən]
Vilnius	**Vilnius**

OBECNÉ ÚDAJE
GENERAL DATA

Lotyšsko – Lotyš	**Latvia – Latvian**
Riga	**Riga**
Lucembursko – Lucemburčan	**Luxemburg** [laksəmbə:g] **– Luxemburger**
Lucemburk	**Luxemburg**
Maďarsko – Maďar	**Hungary – Hungarian** [haŋgəri – haŋˈgeəriən]
Budapešť	**Budapest**
Maroko – Maročan	**Morocco – Morocan** [məˈrokəu – məˈrokən]
Rabat	**Rabat** [rəˈba:t]
Mexiko – Mexičan	**Mexico – Mexican**
Německo – Němec	**Germany – German**
Berlín	**Berlin**
Norsko – Nor	**Norway – Norwegian** [no:wei – no:ˈwi:džn]
Oslo	**Oslo** [ozləu]
Polsko – Polák	**Poland – Pole**
Varšava	**Warsaw** [wo:so:]
Portugalsko – Portugalec	**Portugal – Portuguese** [po:tjugl – ˌpo:tjuˈgi:z]
Lisabon	**Lisbon**
Rakousko – Rakušan	**Austria – Austrian** [ostriə – ostriən]
Vídeň	**Vienna** [viˈenə]
Rumunsko – Rumun	**Romania** [ruˈmeiniə] **– Romanian**
Bukurešť	**Bucharest** [ˌbu:kəˈrest]
Rusko – Rus	**Russia – Russian**
Moskva	**Moscow**
Řecko – Řek	**Greece – Greek**
Athény	**Athens**
Skotsko – Skot – Skotka – Skotové	**Scotland – a Scotsman – a Scotswoman –the Scots**
Slovensko – Slovák	**Slovakia – Slovak** [ˌsləuˈvækiə – sləuvæk]

OBECNÉ ÚDAJE
GENERAL DATA

Bratislava	**Bratislava**
Slovinsko – Slovinec	**Slovenia** [sləuˈviːniə] **– Slovene, Slovenian**
Lublaň	**Ljubljana**
Spojené království Velké Británie a Severního Irska – Brit – Britové	**the United Kingdom of Great Britain and Northern Ireland – British – the British**
Spojené státy americké – Američan	**the United States of America – American**
Washigton	**Washington**
Sýrie – Syřan	**Syria – Syrian**
Damašek	**Damask**
Španělsko – Španěl – Španělé	**Spain – a Spaniard – the Spanish** [spein – ə ˈspænjəd – ðə ˈspæniš]
Madrid	**Madrid** [məˈdrid]
Švédsko – Švéd	**Sweden – Swede**
Stockholm	**Stockholm** [stokhəum]
Švýcarsko – Švýcar	**Switzerland** [switsələnd] **– Swiss**
Bern	**Bern**
Tunisko – Tunisan	**Tunisia – Tunisian** [tjuˈniziə – tjuˈniziən]
Tunis	**Tunis** [tjuːnis]
Turecko – Turek	**Turkey – Turk**
Ankara	**Ankara** [ænkrə]
Ukrajina – Ukrajinec	**the Ukraine – Ukrainian** [juˈkrein – juˈkreiniən]
Kyjev	**Kiev**

Jméno obyvatel většiny zemí se v angličtině shoduje s přídavným jménem, které jako podstatné jméno označuje nejen obyvatele, ale i jazyk, např. **Russian** = Rus i ruština, **Chinese** = Číňan i čínština.

BĚŽNÉ OBRATY
CONVERSATIONAL PHRASES

POZDRAVY – LOUČENÍ | GREETINGS – FAREWELLS

Angličané pozdrav „dobrý den" neužívají. Formální pozdravy: **good morning** se užívá ráno a celé dopoledne, **good afternoon** se říká odpoledne a **good evening** po celý večer. Přátelé i obchodní partneři, ale i žáci s učiteli se zdraví **Hello**. **Hi** je méně formální. Při loučení – **farewells** – je běžné **goodbye**, *hov.* **bye** nebo **bye bye**, **cheerio**, **see you**. Při určení, který den se uvidíme/ sejdeme, použijeme předložku **on**, např. **See you on Saturday**. Na shledanou v sobotu.

Dobré jitro.	Good morning.
Dobré odpoledne.	Good afternoon.
Dobrý večer.	Good evening.
Ahoj. *(při setkání)*	Hi.
Ahoj. *(při loučení)*	Cheerio.
Dobrý den.	Hello.
Na shledanou.	See you./ Be seeing you./ So long.
Na shledanou zítra.	See you tomorrow.
Na shledanou ode dneška za týden.	See you today week.
Za chvíli/ Brzy na shledanou.	See you later/ soon.
Na shledanou v neděli.	See you on Sunday.
Měj se a sbohem.	Goodbye and take care.
Sbohem.	Good bye.
Dobrou noc.	Good night.

OSLOVENÍ | MODES OF ADDRESS

V oslovení „pane doktore, pane profesore" užívají Angličané pouhý titul: **"doctor"** (oslovení lékaře), **"professor"** (v GB a USA jen v případě, jde-li o univerzitního profesora). Oslovení „pane inženýre, pane řediteli" apod. se neužívá, oslovujeme je

BĚŽNÉ OBRATY
CONVERSATIONAL PHRASES

jménem, např. „pane řediteli Browne" = **"Mr Brown"**. Osoby s univerzitní hodností doktora filozofie nebo práv se oslovují zpravidla jménem, např. „pane doktore Greene" = **"Mr Green"** nebo **"Doctor Green"**. Oslovení **sir**, **madam** (pane, paní, slečno) se raději vyhýbejte. Užívají je osoby v podřízeném postavení jako projev úcty vůči svým představeným nebo zdvořilí prodavači v obchodech. Neznámá osoba se nejčastěji oslovuje pomocí **excuse me** = promiňte, pane/ paní/ slečno.

Pane Browne	**Mr Brown** *(Mr užíváme vždy se jménem)*
Paní Brownová	**Mrs Brown** *(Mrs užíváme vždy se jménem)*
Slečno Brownová	**Miss Brown** *(Miss zpravidla užíváme se jménem)*
Slečno	**Miss!** *(oslovení servírky nebo paní učitelky dětmi ve škole)*
Pane doktore Browne, paní doktorko Brownová	**Doctor Brown**
Pane profesore B., paní profesorko B.	**Professor B.**
Pane předsedo Paní předsedkyně	**Mr Chairman! Madam Chairman!**
Pane inženýre Browne	**Mr Brown**
Pane řediteli Parkere paní ředitelko Parkerová	**Mr Parker Mrs Parker**
Pane ministře/ senátore/ poslanče Williamsi	**Mr Williams**
Vaše excelence	**Your Excellency!**
Promiňte, pane/ paní/ slečno *(oslovení neznámé osoby)*	**Excuse me**
Dámy a pánové	**Ladies and Gentlemen!**
Vážení přátelé	**Dear friends**

(Oslovení v dopise viz str. 268)

BĚŽNÉ OBRATY
CONVERSATIONAL PHRASES

PODĚKOVÁNÍ

THANKS

Děkuji.
Prosím.
Děkuji mnohokrát.
Není zač.
Jste velmi laskav.
To nestojí za řeč.
To je maličkost.
Děkuji za společnost/
  doprovod domů.
Děkujeme vám předem.
To je od vás moc milé.
Jsme vám velmi vděčni.
Děkujeme vám za vše, co jste
  pro nás udělali.

Thank you./ *hov.* Thanks.
You're welcome.
Thank you very much.
That's all right./ No trouble.
It's very kind of you.
Don't mention it.
It's nothing to speak of.
Thank you for your company/
  for seeing me home.
Thank you in advance.
It's awfully nice of you.
We're very grateful to you.
Thank you for everything
  you've done for us.

OMLUVA

APOLOGY

Promiňte.

I'm sorry./ Sorry. *(omluva
  za něco, co jsme již provedli)*
Excuse me. *(omluva předem)*

Prosím za prominutí.
Lituji, že jsem zapomněl napsat.
Omluvte mě na zítra, prosím.

Excuse me, please.
I'm so sorry I forgot to write.
Will you excuse me for
  tomorrow, please?

Omlouvám se, že přicházím
  pozdě.
Promiňte, že jsem vás nechal
  čekat.
Nic se nestalo.

I'm sorry, I'm late.

I'm sorry to have kept you
  waiting.
That's all right./ That's OK.

Omluv mě na okamžik.

Will you excuse me for
  a minute?

Hned se vrátím.

I'll be back in a minute/ at
  once.

BĚŽNÉ OBRATY
CONVERSATIONAL PHRASES

– Prosím.	– Yes, of course.
Odpusťte, že vyrušuji.	**Forgive me for intruding.**
To nic./ To je v pořádku.	**That's OK./ That's all right.**
Promiňte, že obtěžuji.	**I'm sorry to trouble you.**
Vůbec neobtěžujete.	**It's no trouble at all.**
Nezlob se na mě, není to moje vina.	**Don't be angry with me, it's not my fault/ I'm not to blame for it.**
Já s tím nemám nic společného.	**I have nothing to do with it.**
Na tom nezáleží.	**It doesn't matter.**
Všechno je v pořádku.	**Everything's OK.**
Promiňte, spěchám.	**Excuse me, I'm in a hurry.**

ŽÁDOST – UPOZORNĚNÍ

REQUEST – DRAWING ATTENTION

Pokud nejde pouze o upozornění nebo výzvu, např. **Look out**, **Pay attention** (Dejte pozor), **Just go on** (Jen pokračujte), je u rozkazu vhodné připojit **please** (= prosím vás), a to na konec věty. Začínáte-li žádost s **please**, vyjadřujete netrpělivost nebo rozhořčení.

Dejte mi..., prosím vás.	**May I have..., please?**
Podejte mi..., prosím vás.	**Will you pass me..., please?**
Podržte mi..., prosím vás.	**Will you hold... for me, please?**
Pomozte mi, prosím vás.	**Will you help me, please?**
Řekněte nám..., prosím vás.	**Can you tell us..., please?**
Ukažte nám..., prosím vás.	**Will you/ Can you show us..., please?**
Půjč mi tužku, prosím tě.	**Will you lend me your pencil, please?**

BĚŽNÉ OBRATY
CONVERSATIONAL PHRASES

Tady ji máš.	**Here you are.** *(při podávání)*
Ale prosím tě, abys mi ji vrátil.	**But may I ask you to return it, please?**
Udělal bys mi jednu laskavost?	**Could you do me a favour?**
Samozřejmě. O co jde?	**Certainly. What is it?**
Rád bych se vás na něco zeptal.	**I'd like to ask you something.**
Prosím, ptejte se.	**Go ahead.**
Mohl byste mi dát ten časopis?	**Could you give me this magazine?**
Velmi rád./ S radostí.	**With pleasure.**
Mohu vás o něco požádat?	**May I ask you for something?/ Will you do something for me?**
Buďte tak laskav a odneste to.	**Would you kindly take this away.**
Dovolte mi, abych vám to vysvětlil.	**Let me explain it to you.**
S dovolením. *(chceme-li projít)*	**Will you let me pass, please?**
Dejte pozor.	**Be careful./ Look out.**
Nechte to být.	**Leave it as it is.**
Nemluvte o tom, prosím vás.	**Don't speak about it, please.**
Opravdu vás to nebude obtěžovat?	**Are you sure it'll be no trouble?**
Nespěchejte, jen klid.	**Don't hurry, take it easy.**
Nezapomeňte (na to).	**Don't forget about it.**
Odejděte.	**Go away.**
Otevřete dveře, prosím vás.	**Open the door, please.**
Počkejte tady.	**Wait here.**
Podívejte se.	**Have a look.**
Dovolte, ať se podívám./ Okamžik, prosím.	**Let me see.**
Pojďte sem, prosím.	**Come here, please.**

BĚŽNÉ OBRATY
CONVERSATIONAL PHRASES

Posaďte se.	Sit down.
Poslyšte.	Listen
Pospěšte si.	Hurry up.
Připomeňte mi to, prosím vás.	Will you remind me of it, please?
Zavřete to, prosím vás.	Close it, please.

OTÁZKY

QUESTIONS

Co?	What?
Co je to?	What is it?
Co si přejete?	What would you like?/ What can I do for you?
Co potřebujete?	What do you need?
Co hledáte?	What are you looking for?
Co pro vás mohu udělat?	What can I do for you?
Co tomu říkáte?	What's your take on it?
Co se děje?	What's wrong?
Co se stalo?	What happened?
Co se mu stalo?	What's the matter with him?/ What's wrong with him?
Co je nového?	What's new?
Oč jde?	What's the matter?/ What's up?
Nač to je?	What is it for?

Kdo?	Who?
Kdo je to?	Who is it?
Kdo mě hledá?	Who's looking for me?
Koho hledáš?	Who(m) are you looking for?
Na koho čekáš?	Who are you waiting for?
S kým jsi mluvil?	Who did you talk to?
Čí je to zavazadlo?	Whose is this luggage/ baggage?
Od koho to je?	Who is it from?

BĚŽNÉ OBRATY
CONVERSATIONAL PHRASES

Pro koho to je?	Who is it for?
Komu to neseš?	Who are you bringing it (to)?

Kde? Kam? — **Where? Where to?**

Kde je pošta?	Where's the post office?
Kam jdete?	Where are you going?
Odkud jste?	Where are you from?/ Where do you come from?
Odkud voláte?	Where are you calling from?

(Viz Určení místa str. 57–58)

Kolik? — **How much/ How many?**

> Českému „kolik" odpovídají v angličtině výrazy dva:
> **how much** + podstatné jméno nepočitatelné: **how much work/ time/ money**
> **how many** + podstatné jméno počitatelné: **how many books/ students/ children**

Kolik knih?	How many books?
Kolik peněz?/ Kolik lidí?	How much money?/ How many people?
Kolik to stojí?	How much is it?
Kolik budu platit?	How much shall I pay?
Kolik liber?	How many pounds?
Kolik je hodin?	What's the time?
V kolik hodin mám přijít?	What time shall I come?
Od kolika do kolika je otevřeno?	What are the business/ office hours?/ When is it open?
Do kolika hodin?	Until/ Till what time?

Kdy? — **When?**

Kdy se uvidíme?	When shall I be seeing you?
Dokdy zůstanete?	How long will you stay?
Odkdy jste v Anglii?	How long have you been in England?

BĚŽNÉ OBRATY
CONVERSATIONAL PHRASES

Na kdy je stanoven odjezd? *(Viz Určení času str. 58–59)*	**When's the departure?**
Jak?	**How?**
Jak se jmenujete?	**What's your name?**
Jak se máš?	**How are you?**
Jak ses to dověděl?	**How did you learn of it?**
Jak je to možné?	**How is it possible?**
Jak dlouho to bude trvat?	**How long will it take?**
Jaký? Který?	**What?** *(obecný dotaz)* **Which?** *(který z menšího nebo omezeného počtu)*
Jaké je vaše jméno?	**What's your name?**
Která je vaše taška?	**Which is your bag?**
Jakým autobusem mám jet?	**What bus shall I take?**
Proč?	**Why?**
Proč nic neříkáte?	**Why don't you say anything?**
Proč pláčeš?	**Why are you crying?**

SOUHLAS

AGREEMENT

Ano.	**Yes.**
Zajisté. Jistě. Určitě.	**Certainly. Of course.** *Amer.* **Sure. Definitely.**
Ovšem. Samozřejmě.	**Of course. Naturally.**
Beze všeho.	**By all means.**
Dobře. Dobrá.	**OK./ Good.**
Výborně.	**Well done./ Splendid./** *hov.* **Great.**
Souhlasím.	**I agree.**
To se mi hodí. To mi nejlépe vyhovuje.	**That's OK with me. That'll suit me best.**
Rozumím. Chápu.	**I see.**

BĚŽNÉ OBRATY
CONVERSATIONAL PHRASES

Rád(a)./ S radostí.	Gladly./ With pleasure./ It'll be a pleasure.
Správně.	That's correct./ That's right.
Máte pravdu.	You're right.
To je pravda.	It's/ That's true.
No právě.	Well, that's the point.
To je ono.	That's it.
Tím lépe.	So much the better.
To je dobrý nápad.	That's a good idea.

NESOUHLAS

DISAGREEMENT

Ne.	No.
Ne, naopak.	No, on the contrary.
Vůbec ne.	Not at all.
Raději ne.	I'd rather not.
Ještě ne.	Not yet.
Ale ne.	Oh no.
To není pravda.	That's not true.
To je lež.	That's a lie.
Nemáte pravdu.	You are mistaken.
To není možné.	That's impossible.
To s tím nemá co dělat.	It has nothing to do with it./ It's beside the point.
Já nesouhlasím.	I don't agree.
Odmítám to.	I reject/ refuse it.
Nechci to.	I don't want it.
Já také ne./ Ani já ne.	Neither do I./ I don't either.
To nemá smysl.	It's no use.
V žádném případě.	On no account./ In no case.
Nikdy, už nikdy.	Never, never more.
Ani nápad.	Far from it.

BĚŽNÉ OBRATY
CONVERSATIONAL PHRASES

VYHÝBAVÁ ODPOVĚĎ | EVASIVE ANSWER

Snad. Asi.	Perhaps. It may be.
Možná.	Maybe.
To je jedno.	It makes no difference.
Jak myslíš.	If you think so.
Jak chcete.	If you like.
Přijde na to.	It depends.
Uvidíme.	We'll see.
Nevím.	I don't know.
Rozmyslím si to.	I'll think it over.
Pravděpodobně.	Probably./ Likely.

LÍTOST | REGRET

Bohužel.	I'm sorry./ Unfortunately./ I'm afraid.
Bohužel vám nemohu pomoci.	I'm afraid I can't help you.
To je mi líto. To mě mrzí.	I'm sorry to hear that. I'm sorry about that.
To je škoda.	(It's a) pity./ What a shame.
To chce klid.	Take it easy.
To je smůla.	That's bad luck/ hard luck.
Kdybych to byl věděl!	I wish I had known.
Rád bych, ale bohužel...	I wish I could, but unfortunately...
Chudák!	Poor man.

SPOKOJENOST – RADOST | SATISFACTION – PLEASURE

Výborně.	Great!/ Well done./ Splendid.
To jsem rád.	I'm happy about that.
To mě opravdu těší.	I'm really pleased.
Udělal jste mi velkou radost.	It was a great joy for me.

BĚŽNÉ OBRATY
CONVERSATIONAL PHRASES

To se mi líbí.	I like it.
To je skvělé.	That's great.
To je úžasné.	That's amazing.
To je báječné.	That's wonderful.
Máme štěstí.	We are lucky.
To je ale náhoda!	What a coincidence.

NESPOKOJENOST – ROZHOŘČENÍ
DISSATISFACTION – INDIGNATION

Už toho mám dost.	I'm sick of it/ fed up with it.
To je nesnesitelné.	That's unbearable.
To mě znervózňuje.	It makes me nervous.
To mě štve.	That's annoying.
To je ostuda/ hanba.	It's a shame.
To je hrozné.	It's terrible/ awful.
Nech toho.	Stop it.
To je hanebné.	It is disgraceful.
Dejte mi pokoj.	Leave me alone.
Mlčte.	Keep quiet.
Nedělejte si ze mě legraci.	Don't make fun of me.
To je ale drzost.	What (a) cheek.

OBAVY
ANXIETY

Mám strach.	I'm scared/ frightened.
Nemějte strach.	Don't be afraid.
Mám starost o matku.	I'm worried about mother.
Nedělejte si starosti.	Don't worry.
Obávám se, že neuspěju.	I'm afraid I won't succeed.
Neboj se ničeho.	There's nothing to be afraid of.
Musíš mít odvahu.	You need courage.
Vy jste mě polekal.	You've frightened me.

BĚŽNÉ OBRATY
CONVERSATIONAL PHRASES

OMYL, CHYBA

ERROR, MISTAKE

To je omyl.
To musí být nějaké nedorozumění.
Mýlíte se.
Zmýlil jsem se.
Spletl jsem si číslo. *(telefonní)*

Spletl jsem si cestu.
Spletl jsem si směr.

That's a mistake.
There must be some misunderstanding.
You are mistaken.
I've made a mistake.
I must have dialed the wrong number.

I took the wrong way.
I went in another direction/ in the opposite direction.

POCHYBY – PŘEKVAPENÍ

DOUBTS – SURPRISE

Je to tady, nemýlím-li se.
Pochybuji.
Pochybuji, že budu moci přijít.

Tomu nevěřím.
To není možné.
Nejsem si tím jist.
Opravdu?
Vážně?
Cože?
Jak to, že...?
To je neuvěřitelné.
To je překvapení!
Nevěřil jsem svým očím.
To mě udivuje./ To se divím.
Kdo by to byl řekl!
Neříkejte!
Děláš si legraci?

If I'm not mistaken, it's here.
I doubt it.
I doubt whether I'll be able to come.

I can't believe that.
That's impossible.
I'm not sure (of it).
Oh, really?
Are you serious?
What?
How come that...?
That's unbelievable.
What a surprise!
I couldn't believe my eyes.
That's surprising.
Who would have said that.
You don't say!
Are you joking?

BĚŽNÉ OBRATY
CONVERSATIONAL PHRASES

UJIŠTĚNÍ – SLIB

Určitě./ Jistě.
Opravdu./ Vážně.
Nepochybujte o tom.
Ujišťuji vás, že to uděláme.
Buďte klidný.
Já se o to postarám.
Slibuji vám to.
Můžete se na mě spolehnout, že...
Učiním vše, co budu moci, abych...

ASSURANCE – PROMISE

Certainly./ Of course./ Sure.
I mean it.
There's no doubt about it.
I assure you that we'll do it.
Take it easy./ Keep calm.
I'll take care of it.
I promise.
You can rely on me to...

I'll do everything in my power to...

RADY – MÍNĚNÍ

Co mi radíte?

Co byste dělal na mém místě?

Radím vám, abyste se obrátil na našeho ředitele.
Jsem téhož mínění.
Být vámi, nedělal bych to.
Domnívám se, že bys tam měl jít.
Podle mého názoru...

ADVICE – OPINION

What's your advice?/ What do you advise me to do?
What would you do in my place/ in my shoes?
I advise you to turn to our director for advice.
I'm of the same opinion.
If I were you, I wouldn't do it.
I think you should go there.

I my opinion.../ In my view...

SPOLEČENSKÝ ŽIVOT
SOCIAL LIFE

PŘEDSTAVOVÁNÍ | INTRODUCTIONS

Dovolíte? Představím vám svého bratra.

Těší mě.

May I introduce my brother? *form.*/ **This is my brother.**/ **Meet my brother.** *hov.*
How do you do? *form.*/ **Hello.** *neform.*/ **Hi. Nice to meet you.** *hov.*

S kým mám tu čest?

Dovolte, abych se představil.
Jsem Peter Hudson.

Who have I the pleasure of speaking to/ talking to?
Let me introduce myself.
I'm Peter Hudson.

Kdo je ten pán?
Je to jeden můj kolega.
Ráda bych se s ním seznámila.
Jestli chcete, představím vám ho.
Paní Williamsová, to je můj přítel pan doktor Miller.
Těší mě, že vás poznávám, pane doktore.
Pan Nový o vás často hovořil.

Potěšení je na mé straně.

Who's that gentleman?
He's a colleague of mine.
I'd like to meet him.
I'll introduce you, if you like.
Mrs Williams, this is my friend, doctor Miller.
Pleased to meet you, doctor Miller.
I've heard a lot about you from Mr Nový.
The pleasure is mine./ **Pleased to meet you.**

Můžeš mě představit své tetě?

Vy se ještě neznáte?
Tak já vás představím.

Can you introduce me to your aunt?
Have you two met?
Well, I'll introduce you.

Promiňte, nejste pan Smith?
Ano, jsem.
Myslím, že jsme se již někde viděli.

Excuse me, are you Mr Smith?
Yes, I am./ *hov.* **That's me.**
I think we have met before.

SPOLEČENSKÝ ŽIVOT
SOCIAL LIFE

Bohužel si nevzpomínám.	I'm afraid I can't remember.
Známe se od vidění/ po telefonu.	We know each other by sight/ through the telephone.
Neznáme se osobně.	We don't know each other./ We haven't met in person.
Jsem rád, že jsem vás poznal.	I'm pleased to have met you.

MLUVÍTE ANGLICKY? | DO YOU SPEAK ENGLISH?

Začínám se učit anglicky.	I'm beginning to learn English.
Mluvím česky.	I speak Czech.
Můžeme mluvit francouzsky?	Can we speak French?
Neumím dobře francouzsky.	I can't speak French well.
Mluvím raději španělsky.	I'd prefer to speak Spanish.
Které jazyky umíte?	What foreign languages can you speak?
Rozumím anglicky.	I can understand English.
Domluvím se německy.	I can make myself understood in German.
Umím trochu rusky.	I know a little Russian.
Učím se arabsky.	I'm learning Arabic.
Mohl byste mi přeložit tento dopis do angličtiny?	Could you translate this letter into English for me?
Rozumíte (mi)?	Can you understand me?
Rozumím trochu.	I can understand a little.
Nerozumím (vám).	I can't understand you.
Mluvíte příliš rychle.	You're speaking too quickly.
Promiňte, nerozuměl jsem vám.	Sorry?/ I didn't understand you./ I didn't get you.
Mluvte pomaleji, prosím vás.	Will you speak more slowly, please?

SPOLEČENSKÝ ŽIVOT
SOCIAL LIFE

Jak prosím?/ Co jste říkal?	Sorry?/ What did you say?
Neslyšel jsem dobře.	I couldn't hear properly.
Můžete to opakovat?	Can you repeat it?
Prosím vás, řekněte mi to ještě jednou.	Will you please say it once more/ again?
Můžete mi vysvětlit, co znamená zkratka UK?	Can you explain to me what the abbreviation UK means?
Jak se to řekne anglicky?	What is it in English?
Jak se to píše?	How do you spell it?
Můžete mi to hláskovat?	Can you spell it for me, please?
Tomu slovu nerozumím.	I don't understand this word.
Potřebovali bychom tlumočníka.	We might need an interpreter.
Kde jste se naučil tak dobře anglicky?	Where did you learn to speak English so well?
Chodíte do nějakého kursu?	Do you attend any English classes?
Chodím na soukromé hodiny k profesorce Leeové.	I'm taking private lessons with Mrs Lee.
Jak dlouho studujete angličtinu?	How long have you been studying English?
Teprve tři měsíce.	For only three months.
Nemám příležitost mluvit anglicky.	I haven't got any opportunity to speak English.
Prosím vás, opravte mě, když udělám chybu.	Will you please correct me if I make a mistake?
Učím se sám.	I'm learning English by myself./ I'm teaching myself English.
Jsem samouk.	I'm a self-taught person/ an autodidact.
Chodím do jazykové školy.	I attend a language school.
Učím se francouzštinu z kazet.	I'm learning French from cassettes.

SPOLEČENSKÝ ŽIVOT
SOCIAL LIFE

Chtěl bych se zdokonalit ve francouzštině.
Potřebuji dobrý slovník
   dobrou učebnici
   dobrou gramatiku.

I'd like to improve my French.
I need a good dictionary
   a good textbook
   a good grammar/ book of grammar.

■

angličtina — **English**
arabština — **Arabic**
čeština — **Czech**
číst — **read** [ri:d] **(read, read** [red]**)**
hodina — **lesson**
   chodit na hodiny k (slečně Youngové) — **take lessons with (Miss Young)**
francouzština — **French**
jazyk — **language**
   mateřský ~ — **native language, mother tongue**

(Viz str. 73–77)
konverzace — **conversation**
kurs — **course**
   intenzivní ~ — **intensive/ crash/** hov. **cram ~**
   večerní ~ — **evening classes**
   ~ pro začátečníky — **~ for beginners**
   ~ pro středně pokročilé — **intermediate ~**
   ~ pro pokročilé — **advanced ~**
   chodit do kursu — **attend a course**
latina — **Latin**
mluvit — **speak (spoke, spoken)**
   nahlas/ potichu — **up, aloud, in a loud voice/ in a low voice**
   rychle/ pomalu — **fast, quickly/ slowly**
   plynně anglicky — **fluent English**
   dobře anglicky — **English well/ good English**
mluvnice — **grammar**
němčina — **German**

SPOLEČENSKÝ ŽIVOT
SOCIAL LIFE

praktický	**practical**
pravopis	**spelling**
překlad	**translation**
doslovný ~	**word for word ~**
~ z angličtiny do češtiny	**~ from English into Czech**
překládat	**translate**
překladatel	**translator**
přízvuk	**accent**
psát	**write (wrote, written)**
rozumět	**understand (understood, understood)**
ruština	**Russian**
říci něco/ říci někomu	**say (said, said) something/ tell (told, told) somebody**
samouk	**autodidact** [ɔːtəʊdaɪdækt], **a self-taught** [selftɔːt] **person**
sešit (školní)	**exercise book**
slovenština	**Slovak**
slovník	**dictionary**
slovo	**word**
tlumočit	**interpret** [inˈtəːprit]
tlumočník	**interpreter** [inˈtəːpritə]
učebnice	**textbook**
cvičebnice, pracovní sešit	**workbook**
učit se (něco)	**learn (something)**
~ zpaměti	**~ by heart**
vyjádřit se	**express oneself**
výraz	**expression**
výslovnost	**pronunciation** [prəˌnansiˈeiʃn]
mít dobrou ~	**have a good ~**
vyslovovat	**pronounce** [prəˈnauns]
začátečník	**beginner** [biˈginə]
zdokonalit se	**improve** [imˈpruːv]
znalost	**knowledge** [nolidž]
znát, umět	**know (knew, known)**
dobře umět anglicky	**have a good knowledge/ command of English**

(Viz Vzdělání str. 126–134)

SPOLEČENSKÝ ŽIVOT
SOCIAL LIFE

JAK SE MÁTE?

Děkuji, dobře, a vy?

Děkuji, jde to.
Jak se daří vaší paní?
Pozdravujte ji ode mne.

Děkuji, vyřídím.
Jak se daří rodině?
Všichni jsou zdraví, děkuji.
Matka je nemocná.
To je mi líto.
Mějte se dobře.

Jak se máš?
Ujde to.

POZVÁNÍ

Mohu vás pozvat dnes na večeři/ na oběd?

Ano, děkuji.
Děkuji, ale dnes bohužel nemohu.
A zítra?
Ano, zítra mi to vyhovuje. Přijdu velmi rád(a).

Máš něco na dnešní večer?

HOW ARE YOU?

I'm well/ fine/ OK, thank you, and (how are) you?
Quite well, thank you.
How's your wife?
Give her my best regards/ *hov.* my love./ Remember me to her.
Yes, I will, thank you.
How's your family?
They're all well, thank you.
Mother's ill.
I'm sorry to hear that.
Have a good time./ *hov.* Take care.

How are you?
Not so bad, thanks./ Not too bad.

INVITATION

Would you like to come to dinner tonight/ to lunch today?

Yes, I'd like to, thank you.
I'm sorry, but I can't come today.
What about tomorrow?
Yes, tomorrow's OK. I'd love to come.

What have you got on for tonight?

SPOLEČENSKÝ ŽIVOT
SOCIAL LIFE

Nic zvláštního.	Nothing special.
Mohli bychom spolu někam jít?	Would you like to go out with me?
Proč ne?	Why not?
Přijďte k nám někdy.	Come and see us some time.
Děkuji za pozvání.	Thanks for inviting me/ us.
Přiveďte také Kevina.	Don't forget to bring Kevin along.
Jakmile to bude možné, přijdeme.	We'll come as soon as possible.
Domluvíme se telefonicky.	We can settle it by phone.
Přijdu vám naproti na nádraží/ na letiště.	I'll meet you at the railway station/ at the airport.

NÁVŠTĚVA

VISIT

Je paní Malá doma?	Is Mrs Malá in/ at home?
Právě odešla.	She has just left.
Kdy se vrátí?	When will she be back?
Nevím.	I don't know.
Mohu jí nechat vzkaz?	May I leave a message?
Jistě. Co jí mám vyřídit?	Certainly. What shall I tell her?
Řekněte jí, že se zastavím později.	Tell her I'll call to see her later/ *hov.* drop in later.
Dále! *(po zaklepání)*	Come in, please.
Mohu dál?	May I come in, please?
Prosím, pojďte dál.	Come in/ Step in, please.
Je přítomen pan Bell?	Is Mr Bell in?
Zeptejte se ho, prosím, jestli mě může přijmout.	Will you ask him if he can see me?
Koho mám ohlásit?	Who shall I say is calling?
Zde je moje navštívenka.	Here's my card.
Počkejte okamžik, prosím.	Wait a moment, please.
Pan ředitel vás přijme hned.	Mr Bell will see you at once.

SPOLEČENSKÝ ŽIVOT
SOCIAL LIFE

Dobrý den. Jsem inženýr Brown.	Good morning, I'm Peter Brown/ Mr Brown.
Přicházím od profesora Newmana.	Mr Newman sent me.
Tady je od něho dopis.	Here's a letter from him.
Prosím, posaďte se.	Sit down, please.
Mám také vyřídit pozdrav od paní Hunterové.	Mrs Hunter asked me to give you her regards.
Děkuji, to je od ní hezké.	That's nice of her, thank you.
Neruším?	Am I disturbing you?
Vůbec ne.	Certainly not.
Jsem rád, že tě vidím.	I'm happy/ *Amer.* glad to see you.
Vítám vás u nás doma.	Welcome to our place.
Vítám vás v Praze.	Welcome to Prague.
To je milé překvapení!	What a nice surprise.
Jsem ráda, že vás zase vidím.	I'm happy to see you again.
Přicházím jen na chvilku.	I've only dropped in (for a short visit).
Nezdržím vás dlouho.	I won't keep you long.
Přinesl jsem vám malý suvenýr z Londýna.	I've brought you a small souvenir from London.
Děkuji, to je od vás milé.	How nice of you, thank you.
Ale to nemuselo být.	But it wasn't necessary.
Nechcete si tady odložit?	Will you leave your coat here?
Prosím, jděte dál.	Step inside, please.
Až po vás.	After you.
Promiňte, jdu napřed.	Excuse me, I'll lead the way.
Tudy, prosím.	This way, please.
Nejste unaven po cestě?	You must be tired after the trip.
Nestůjte, posaďte se (přece).	Don't stand, do sit down, please.

SPOLEČENSKÝ ŽIVOT
SOCIAL LIFE

Udělejte si pohodlí. Buďte jako doma.	**Make yourself/ yourselves** (*více osob*) **comfortable.** **Make yourself at home.**

U STOLU | AT THE TABLE

> V angličtině jsou dva výrazy pro hosta: **visitor** a **guest**.
> **Visitor** = návštěvník, host v hotelu, v rodině, např. **We are having visitors today**. Dnes máme hosty/ návštěvu.
> **Guest** = host, návštěvník, např. **guest of honour** = čestný host, **paying guest** = nájemník v penzionu.
> Angličané si nepřejí „dobrou chuť". Lze však poznamenat **I hope you will enjoy your meal**. Doufám, že vám jídlo bude chutnat. Přípitek zní nejčastěji **Cheers!** Na zdraví! Ať slouží! nebo **Your health! Good health**. Na zdraví! Ať slouží!

Dáte si šálek kávy?	Will you have a cup of coffee?
Ano, prosím.	Yes, please.
Nebo byste raději chtěl šálek čaje?	Or would you prefer tea/ a cup of tea?
Děkuji, nechci.	No, thank you.
Nechci vás obtěžovat.	I don't want to trouble you.
To není žádné obtěžování.	It's no trouble.
Poslužte si, prosím.	Help yourself/ yourselves, please.
To je výborný koláč.	The cake's delicious.
Vezmete si ještě kousek?	Will you have another piece?
Mohu vám přidat?	Will you have some more?
Ne, děkuji. To mi stačí.	No, thank you. That's quite enough (for me).
Nedejte se pobízet.	Don't wait to be asked.
Už opravdu nemohu. Mám dost. (*dosl.* Jsem sytý.)	I really can't eat any more. I'm full.
Ochutnejte tento likér.	Have a taste of this liqueur.

SPOLEČENSKÝ ŽIVOT
SOCIAL LIFE

Jak vám chutná?	How do you like it?
Je výtečný.	It's delicious.
(*Viz Restaurace str. 207–212*)	

Kouříte? Vezměte si cigaretu. — Do you smoke? Have a cigarette.

Ne, děkuji, nekouřím. — No, thank you. I don't smoke.
Nebude vám vadit, když si zapálím? — Would you mind if I smoke?
Ne, jen si zakuřte. Ale není to zdravé. — No, just go ahead/ have a smoke. But it's bad for your health.

Tady je popelník. — Here's the ashtray.
Když mám být upřímná, kouř mi dost vadí. — Frankly speaking/ To be frank, I do mind the smoke.

LOUČENÍ

SAYING GOODBYE – PARTING

Chtěl bych se rozloučit. — I'd like to say goodbye to you.
Vy už odcházíte? — Are you leaving?
Bohužel už musím jít. — I'm afraid I have to leave now./ *hov.* Sorry, I must be off.

Škoda, že se nemůžete ještě zdržet. — Pity, you can't stay any longer.
Děkuji vám za hezký večer. — Thank you for a nice evening.
Děkuji vám, že jste přišel. — Thank you for coming.
Kdy vás zase uvidíme? — When shall we be seeing you again?

Přijďte zase brzy. — Come again soon.
U nás jste vždy vítán. — You're always welcome here.

Zůstaň na oběd, máš ještě čas. — Stay to lunch/ dinner, there's still time.

SPOLEČENSKÝ ŽIVOT
SOCIAL LIFE

Rád bych zůstal, ale nemohu. Mám už něco jiného na programu.	I'd like to stay longer, but I can't. I've got something else on.*
Díky za návštěvu.	Thank you for coming.
Udělal jsi nám velkou radost, že jsi nás navštívil.	It was a great pleasure to have you.
Pozdravuj doma.	Give my best regards to your family.
Nebudu tě už zdržovat, vidím, že spěcháš.	I won't keep you any longer. I see you're in a hurry.
Přijď zase brzy.	I hope you'll come again soon.

PŘÁNÍ – BLAHOPŘÁNÍ

WISHES – CONGRATULATIONS

Mnoho štěstí.	Good luck.
Hezký víkend.	Have a good/ a nice weekend.
Příjemný pobyt na horách.	Have a good time in the mountains.
Pěkně si odpočiňte.	Have a good rest.
Šťastnou cestu.	Have a good trip.
Dobře se bav(te). Měj(te) se dobře.	Have a good time./ Enjoy yourself/ yourselves.
Blahopřeji.	Congratulations.
Příjemné svátky.	Have a nice holiday.
Veselé Vánoce.	Merry Christmas.
Veselé Vánoce a šťastný nový rok.	A Merry Christmas and a Happy New Year.
Veselé/ Hezké Velikonoce.	Happy Easter.
Měj(te) se dobře/ hezky.	Have a good time.
Děkuji, nápodobně.	I hope I will, thank you. The same to you.

---

* Odmítnete-li pozvání, je vždy nutno udat důvod vašeho odmítnutí.

SPOLEČENSKÝ ŽIVOT
SOCIAL LIFE

Všechno nejlepší k narozeninám.	Happy birthday./ Many happy returns of the day.
Dovolte, abych vám blahopřál k vašemu úspěchu/ k vašemu povýšení/ jmenování (čím)...	I'd like to congratulate you on your success/ your promotion/ appointment as...
Přeji vám mnoho dalších úspěchů (ve vaší práci).	I wish you a lot of success (at work).
(písemně) Přijměte mé blahopřání k vašemu sňatku.	Accept my congratulations on your wedding.
Hodně štěstí a radosti na společné cestě životem.	Good luck and joy on your way through life.
Příjemné prožití vánočních svátků a mnoho zdraví a radosti v novém roce Vám i Vaší rodině přeje...	Wishing you and your family a Merry Christmas, good health and a lot of joy for/ in the coming New Year...
Děkujeme Vám za Vaše zprávy a přání. Zasíláme Vám srdečné pozdravy a přejeme Vám šťastný nový rok. *(Viz též Pošta str. 267–269)*	Thank you for your news and kind wishes. We are sending you our best regards and wish you a happy New Year.

SOUSTRAST
CONDOLENCES

Upřímnou soustrast.	Please accept my condolences.
(písemně) Přijměte projev mé hluboké soustrasti nad odchodem vašeho bratra.	I'd like to express my deepest sympathy on the death of your brother.
Sdílím Vaši bolest.	I share your distress.

SPOLEČENSKÝ ŽIVOT
SOCIAL LIFE

ZASAHUJEME DO HOVORU | INTERRUPTING A CONVERSATION

Abych nezapomněl...	I mustn't forget...
Abych pravdu řekl...	To tell the truth...
Co se mne týče...	As for my part/ As for me/ As far as I am concerned...
Dovolíte, abych...	Allow me to...
Chtěl bych dodat, že...	I'd like to add that...
Kdyby to záleželo na mně,...	If it depended on me...
Musím vám říci, že...	I must tell you that...
Myslím, že...	I think/ *Amer.* I guess...
Nemohu si vzpomenout...	I can't remember...
Pokud vím,...	As far as I know...
Poslyšte,...	Look here/ Listen...
Promiňte, že vás přerušuji, ale...	Sorry to interrupt, but...
Představte si, že Jan...	Just fancy! John...
Při této příležitosti...	On this occasion...
Slyšel jsem, že...	I hear that...
Slyšel jste o...?	Have you heard about...?
Máte od něho nějaké zprávy?	Have you heard from him?
Uvidíme, jestli...	We'll see if...
Víte, že...?	Do you know that...
V každém případě...	In any case...
Zapomněl jsem vám říci...	I forgot to tell you...
Žádám vás, abyste...	May I ask you for...?

NA KONFERENCI – NA RECEPCI | AT A CONFERENCE – AT A RECEPTION

Dámy a pánové!	Ladies and gentlemen!
Milí hosté!	Dear visitors!
Nejprve bych chtěla jménem našeho ústavu pozdravit účastníky tohoto sjezdu/ kongresu.	First of all, on behalf of our institute, I'd like to welcome the participants of this congress.

SPOLEČENSKÝ ŽIVOT
SOCIAL LIFE

Vítáme vás v Praze.	Welcome to Prague.
Vítám (mezi námi) co nejsrdečněji naše hosty z Anglie.	I have the great pleasure of welcoming our visitors from England (among us).
Jménem svých kolegů i jménem svým bych vám rád srdečně poděkoval za...	In the name of my colleagues and mine as well I'd like to thank you very much for...
Děkujeme za vaše srdečné přivítání.	Thank you for your warm welcome.
Dovolte, abych vás srdečně pozdravil jménem členů české delegace.	I have the great pleasure of welcoming you/ greeting you on behalf of the members of the Czech delegation.
Rád bych vám předal malou pozornost.	I'd like to present you with a small gift.
Připadla mi milá povinnost řídit tuto konferenci.	It's my pleasant duty to conduct/ chair this conference.
Dávám slovo panu Kingovi, vedoucímu anglické delegace.	Mr King, leader of the English delegation, has the floor.
Děkuji panu Kingovi za jeho referát.	Thank you, Mr King, for your paper.
A nyní, pane profesore Normane, máte slovo.	And now, professor Norman, the floor is yours.
Prosím o slovo.	May I have the floor?
Zcela souhlasím s tím, co řekl pan Collins.	I fully agree with Mr Collins about what he said.
Závěrem bych chtěl zdůraznit...	In conclusion I'd like to point out/ to stress...
Rádi bychom se opět brzy setkali s anglickými kolegy.	We'd like to meet our English colleagues soon again.

SPOLEČENSKÝ ŽIVOT
SOCIAL LIFE

PŘÍPITKY

Připíjím na zdraví všech účastníků této slavnosti.

Připijme na úspěch naší konference/ na počest našeho předsedy.

Navrhuji, abychom si připili na naše přátelství.

Prosím, abyste se mnou pozvedli sklenky a připili na zdar obou našich národů.

Ať žije Anglie!
Ať žije Česká republika!

TOASTS

I'd like to drink a toast to the health of all those participating in this festive gathering.
Let's drink a toast/ Let's toast to the success of our conference/ in honour of our chairman.
I propose a toast to our mutual friendship.
I've the pleasure to ask you to raise your glasses to the prosperity of both our nations.
Long live England!
Long live the Czech Republic!

OSOBNÍ ÚDAJE – POVAHOVÉ RYSY
PERSONAL DATA – PERSONALITY TRAITS

OSOBNÍ ÚDAJE

Jak se jmenujete?
Odkud jste?
Jsem z Prahy.
Jste z České republiky?

Jaké jste národnosti?
Jsem Čech/ Češka.
Moje žena/ můj manžel má britskou státní příslušnost.
(Viz Země str. 73)

DOTAZNÍK

Vyplňte tento dotazník tiskacím/ hůlkovým písmem.

Příjmení
Jméno *(křestní)*
Rodné jméno *(dívčí)*
Titul *(akademický)*
Narozen(a)/ Datum narození
Pohlaví
    mužské
    ženské
Místo narození
Země
Státní příslušnost, národnost
    původní
    nynější
Jméno otce
Jméno matky
Bydliště
    přechodné ~
PSČ (poštovní směrovací číslo)
Povolání

PERSONAL DATA

What's your name?
Where are you from?
I'm from Prague.
Are you from the Czech Republic?

What's your nationality?
I'm Czech.
My wife/ my husband is British/ is a British citizen.

QUESTIONNAIRE

Fill in/ *Amer.* Fill up this questionnaire in block letters.

Surname
First name
Maiden name
Degree
Born/ Birthdate
Sex
    male
    female
Birthplace
Country
Nationality
    original
    present
Father's name
Mother's name
Address
    temporary ~
Postcode/ *Amer.* **Zip Code**
Occupation/ Profession/
    Amer. **Job title**

OSOBNÍ ÚDAJE – POVAHOVÉ RYSY
PERSONAL DATA – PERSONALITY TRAITS

Náboženství — **Religion**
  římskokatolické — **Roman Catholic**
  řeckokatolické — **Greek Orthodox**
  protestantské — **protestant**
  pravoslavné — **Orthodox**
  židovské — **Jewish**
  anglikánské — **Anglican/ Church of England**
  islámské — **Islamic**
  buddhistické — **Buddhist**
  bez vyznání — **atheist** [eiθiist]

Stav — **Marital status**
  svobodný/ svobodná — **single**
  ženatý/ vdaná — **married**
  rozvedený/ rozvedená — **divorced**
  vdovec/ vdova — **widower/ widow**

Průkaz totožnosti — **Identity card**
  občanský průkaz — **identity card**
  mezinárodní řidičský průkaz — **international driving permit**
  povolení k pobytu pro cizince — **residence permit,** *Amer.* **green pass (permit)**
  pracovní povolení — **work/ labour permit**
  cestovní pas — **passport**
  datum vydání — **date of issue**
  vydán kým — **issued by**
  datum platnosti/ platný na *(jak dlouho, jakou dobu)* — **duration of validity, expiration date/ valid for**

Cíl a účel cesty — **Purpose of the trip**
  služební cesta — **business trip**
  studijní pobyt — **study trip**
  stipendijní pobyt — **scholarship trip**
  postgraduální pobyt — **fellowship**
  být na stáži — **be on a fellowship**
  turistika — **hiking, travel**
  delegát/ představitel firmy — **delegate/ representative of the company/ firm**

OSOBNÍ ÚDAJE – POVAHOVÉ RYSY
PERSONAL DATA – PERSONALITY TRAITS

tlumočník	**interpreter**
novinář u *(kterých novin)*	**journalist/ pressman on**
Délka pobytu	**Length of stay**
Datum příjezdu	**Arrival date**
Hraniční přechod	**Border Crossing/ Checkpoint**
(Viz na rubu)	**(Please turn over)**

VĚK

AGE

Kdy jste se narodil?
When were you born?
Desátého dubna.
(On) 10th April. (*čteme:* **the tenth of April**)

Ve kterém roce?
What year?

Kolik je ti let?
How old are you?
Bude mi třicet příští měsíc.
I'll be thirty next month.
To bych ti neřekl.
You don't look your age.
Vypadáš mladší.
You look younger.

Kolik je tvému otci?
How old is your father?
Sedmdesát.
Seventy.
Nevypadá na ně.
He doesn't look his age.

Jemu je dvacet let.
He's twenty (years old).
Jí je teprve sedmnáct.
She's only seventeen.
Je nezletilá.
She's underage.

Je zletilý.
   mladý.
   starý.
He's of age.
   young
   old.
Je středního věku.
He's (a) middle-aged (man).
Je to starší paní/ dáma.
   stará paní/ dáma.
She's an elderly woman/ lady.
   an old woman/ lady.
Je to muž v nejlepších letech.
He's in the prime of life/ in his prime.

Je o čtyři roky mladší než já.
He's four years younger than me/ than I.

OSOBNÍ ÚDAJE – POVAHOVÉ RYSY
PERSONAL DATA – PERSONALITY TRAITS

Sestra je o pět let starší než její manžel.	My sister is five years older than her husband.
Jsou stejně staří.	They are the same age.
Oženil se v pětadvaceti letech.	He married at twenty-five/ at the age of twenty-five.
Zemřel v šedesáti letech.	He died at sixty/ at the age of sixty.

FYZICKÝ VZHLED

APPEARANCE

Je velký/ malý.	He's tall/ short.
Je střední postavy.	He's of medium height.
Je tlustý/ hubený.	He's fat/ slim.
Je štíhlá/ silná/ plnoštíhlá.	She's slender/ fat/ plump.
Má hezkou postavu.	She's got a neat figure.
Má hezké nohy.	She's got neat feet.
Má světlé/ černé vlnité vlasy.	She's got light/ dark curly hair.
Nosí dlouhé/ krátké vlasy.	She wears her hair long/ short.
Je holohlavý.	He's bald.
Má vousy/ kníry.	He's got a beard/ a moustache.
Má modré/ černé oči.	She's got blue/ dark eyes.
(Viz Barvy str. 56)	
Má rovný nos.	He's got a straight nose.
Má orlí nos.	He's got an aquiline/ a hooked nose.
Je to hezký muž.	He's a handsome man.
Vypadá mladě.	She looks young.

LIDSKÉ TĚLO

HUMAN BODY

(Viz též Zdraví – nemoc str. 333–342)

bok	side
brada	chin

OSOBNÍ ÚDAJE – POVAHOVÉ RYSY
PERSONAL DATA – PERSONALITY TRAITS

břicho	**abdomen** [æbdəmən]
čelo	**forehead** [forid]
vrásčité ~	**wrinkled** [riŋkld] ~
hlava	**head** [hed]
koleno, kolena	**knee, knees** [ni:, ni:z]
krk	**neck**
kůže	**skin**
kyčel	**hip**
loket	**elbow**
nehet	**nail**
noha (celá)	**leg**
(dolní část)	**foot**, mn. č. **feet**
nos	**nose**
zdvižený ~	**turned-up** ~
obličej	**face**
obočí	**eyebrow** [aibrəu]
oko	**eye** [ai]
paže	**arm**
pěst	**fist**
pleť	**complexion** [kəm'plekšn]
prso	**breast** [brest]
prst	**finger**
rameno	**shoulder**
ret	**lip**
ruka	**hand**
řasa	**eyelash** [ailæš]
smysl	**sense**
čich	**smell**
hmat	**touch** [tač]
chuť	**appetite** [æpitait]
sluch	**hearing** [hiəriŋ]
zrak	**sight** [sait]
spánek (skráň)	**temple**
srdce	**heart** [ha:t]
sval	**muscle** [masl]
tvář	**cheek**

OSOBNÍ ÚDAJE – POVAHOVÉ RYSY
PERSONAL DATA – PERSONALITY TRAITS

ucho	***ear*** [iə]
ústa	***mouth*** [mauθ]
vlas, vlasy	***hair*** [heə]
kaštanové vlasy	***chestnut hair***
rezavé ~	***red*** ~
prošedivělé ~	***grizzled*** ~
rovné/ kudrnaté ~	***straight*** [streit]/ ***curly*** ~
záda	***back***
zadek	***buttocks*** [bætəks], ***behind*** [biˈhaind]
zápěstí	***wrist*** [rist]
zub	***tooth***, mn. č. ***teeth***

CHARAKTEROVÉ VLASTNOSTI

PERSONALITY TRAITS

Je to charakterní muž.	**He's a man of good character.**
Je bezcharakterní.	**He's got no character.**
Je to sympatický mladý muž.	**He's a pleasant young man.**
Jana je roztomilé děvče.	**Jane is a lovely girl.**
Má stále dobrou/ špatnou náladu.	**He's in a good mood/ bad mood all the time.**
Tamten člověk se chová jako blázen.	**That man behaves like a madman.**

∎

ctižádostivý	***ambitious*** [æmˈbišəs]
čestný	***honest*** [onist]
domýšlivý	***conceited*** [kənˈsi:tid]
hloupý	***dull*** [dal]
hodný	***kind, nice, good***
chytrý	***clever, bright*** [brait]
lhostejný	***indifferent*** [inˈdifərənt]
líný	***lazy*** [leizi]
mazaný	***shrewd*** [šru:d]
milý	***nice***

OSOBNÍ ÚDAJE – POVAHOVÉ RYSY
PERSONAL DATA – PERSONALITY TRAITS

moudrý	**wise** [waiz]
neopatrný	**careless** [keələs]
nepoctivý	**dishonest** [disˈonist]
nepořádný	**untidy** [anˈtaidi]
nervózní	**nervous** [nəːvəs]
nesmělý, plachý	**shy** [šai]
nevychovaný	**ill-mannered, ill-bred**
nevzdělaný	**uneducated** [ˌanˈedjukeitid]
nezdvořilý	**impolite** [ˌimpəˈlait]
ochotný	**willing**
opatrný	**careful** [keəfl]
pilný, pracovitý	**hard-working**
pořádný	**orderly**
být pořádný	**have tidy habits**
puntičkář(ský)	**meticulous** [məˈtikjuləs]
skromný	**modest**
smutný	**sad**
statečný	**brave**
tvrdohlavý	**obstinate** [obstinət]
veselý	**cheerful**
vzdělaný	**educated**
zábavný	**amusing** [əˈmjuːziŋ]
zbabělý	**cowardly** [kauədli]
zdvořilý	**polite** [pəˈlait]
zkušený	**experienced** [ikˈspiəriənst]
zlý	**wicked** [wikid]
zvědavý	**inquisitive** [inˈkwizətiv]
žárlivý	**jealous** [dželəs]

RODINA – BYDLENÍ
FAMILY – LIVING

RODINA A PŘÍBUZNÍ | FAMILY AND RELATIVES

Jste ženatý? | Are you married?
Ano, už deset let. | Yes, for ten years.
Máte děti? | Have you got any children?
Máme syna a dceru. | We've got a son and a daughter.

Žijí ještě vaši rodiče? | Are your parents still alive?
Matka je ještě naživu, otec zemřel před pěti lety. | Mother's still alive and Father died five years ago.
Máte sourozence? | Have you got any brothers or sisters?

Mám bratra a sestru. | I've got a brother and a sister.
Bratr je rozvedený. | My brother is divorced.
Sestra je svobodná. | My sister is single.
Její přítel/ hov. kluk je na vojně. | Her boyfriend is doing his military service.

Chodí spolu dva roky. | They've been going out together for two years.

SVATBA – MANŽELSTVÍ | WEDDING – MARRIAGE

Můj bratranec Honza se zítra žení. | My cousin Jack is getting married tomorrow.
Jdu mu za svědka. | I'm going to be his witness.
Koho si bere? | Who will he marry?
Kolegyni z práce. | A colleague of his.
Budou mít svatbu na radnici nebo v kostele? | Will they have a civil wedding or a church wedding?
Kam pojedou na svatební cestu? | Where are they going for their honeymoon?

V kolika letech jste se ženil? | At what age did you get married?

Po roce jsme se rozvedli. | We got divorced a year later.
Sestřenice Betty se rozvedla s prvním manželem a vdala se podruhé. | Cousin Betty divorced her first husband and got married again.

RODINA – BYDLENÍ
FAMILY – LIVING

Je to šťastné manželství.	It's a happy marriage.
Jak se jmenovala za svobodna?	What was her maiden name?

DĚTI / CHILDREN

Sestra čeká rodinu/ dítě.	My sister's expecting a baby.
Je v pátém měsíci.	She's in the fifth month.
Z prvního manželství má dvě děti: chlapce a holčičku.	She's got two children from her first marriage: a boy and a girl.
To je hezké dítě.	What a lovely child.
To je můj synovec.	This is my nephew.
Je podobný tvému bratrovi.	He takes after your brother.
Je to celý tatínek.	He's the very image of his father.
Jak se jmenuje?	What's his name?
Jmenuje se po dědečkovi: Josef.	He's called Joseph after his grandfather.
Dali ho pokřtít?	Has he been christened?
Narodil se ve znamení Panny.	He was born in the sign of Virgo.
Po kom je to dítě?	Who does the child take after?

ÚMRTÍ / DEATH

Mému příteli zemřela manželka.	My friend's wife died.
Zítra má pohřeb.	Her funeral's tomorrow.
Ovdověl v padesáti letech.	He was widowed/ lost his wife/ when he was fifty.
Kdo je ta paní?	Who's that woman?
Je to vdova po panu Novákovi.	She's Mr Novak's widow.
Ovdověla, když jí bylo čtyřicet let.	She was widowed when she was forty.

RODINA – BYDLENÍ
FAMILY – LIVING

adoptovat dítě	**adopt a child**
babička	**grandmother,** hov. **granny, grandma**
bezdětný	**childless**
bratr	**brother**
nevlastní ~	**stepbrother**
bratranec, sestřenice	**cousin**
dcera	**daughter** [do:tə]
nevlastní ~	**stepdaughter**
dědeček	**grandfather,** hov. **grandpa**
~ a babička z matčiny/ otcovy strany	**grandparents on my mother's/ on my father's side**
dítě	**child,** mn. č. **children** [čaild, čildrən]
jediné ~, jedináček	**an only child**
nemanželské ~	**illegitimate** [ˌiləˈdžitəmət] ~
děvče, dívka	**girl**
domácnost	**household**
druh, družka	**partner**
dvojče	**twin**
chlapec	**boy**
jméno	**name**
křestní ~	**first ~**
kmotr	**godfather**
kmotra	**godmother**
kremace	**cremation** [krəˈmeišn]
křtiny	**christening** [krisəniŋ] **party**
maminka	**mum, mummy**
manžel	**husband**
bývalý ~	**former ~,** hov. **ex-husband**
manželé Brownovi	**Mr and Mrs Brown**
manželka	**wife,** mn. č. **wives** [waif, waivz]
manželství	**marriage**
matka	**mother**
nevlastní ~	**stepmother**
svobodná ~	**single/ bachelor mother**

RODINA – BYDLENÍ
FAMILY – LIVING

náhradní ~ (která odnosí cizí dítě)	**surrogate** [sarəgət] ~
mládenec (svobodný, neženatý muž)	**bachelor** [bæčələ]
starý ~	*old ~*
mladiství, mládež	**juveniles** [džu:vənailz], **teenagers** (mezi 13–19 lety), *young people*
mládí	*youth*
muž (obecně)	***man***, mn. č. ***men***
mužský – ženský	***male – female***
narodit se	**be (was/ were, been) born**
narození	*birth*
narozeniny	***birthday***
neteř	***niece***
nevěsta	***bride***
otec	***father***
nevlastní ~	*stepfather*
ovdovět	**be widowed**
oženit se	**get married**
panna	***virgin***
znamení Panny	***Virgo*** [və:gəu]
stará ~	*old maid*
pohřeb	**funeral** [fju:nrəl]
pokřtít	**baptize** [bæptaiz]
prababička	***great-grandmother***
pradědeček	***great-grandfather***
předek	**ancestor** [ˈænsestə]
příbuzenstvo	***relatives***
příbuzný, příbuzná	***relative, relation (of mine)***
příjmení	***surname***
rodiče	***parents***
rodina; rodinný	***family***
rozvedený, rozvedená	**divorced** [diˈvo:st]
rozvést se s kým	***divorce sb***
rozvod	***divorce***
sestra	***sister***

RODINA – BYDLENÍ
FAMILY – LIVING

nevlastní ~	**stepsister**
sestřenice	*cousin*
sirotek	**orphan** [oːfən]
smrt	**death** [deθ]
smutek	**mourning** [moːnɪŋ]
snacha	**daughter-in-law** [ˈdoːtərinloː]
snoubenec	**fiancé** [fiˈonsei]
snoubenka	**fiancée** [fiˈonsei]
stáří	**old age**
strýc	**uncle**
svatba	**wedding**
(obřad)	**wedding ceremony**
stříbrná ~	**silver ~**
zlatá ~	**golden ~**
diamantová ~	**diamond** [daiəmənd] **~**
slavit svatbu	**celebrate/ hold the wedding**
jít někomu na svatbu	**go to one's wedding**
svědek	**witness**
svobodná, svobodný	**single**
syn	**son**
nevlastní ~	**stepson**
synovec	**nephew** [nevjuː]
švagr	**brother-in-law**
švagrová	**sister-in-law**
tatínek	**dad, daddy**
teta	**aunt**
tchán	**father-in-law**
tchyně	**mother-in-law**
tchán a tchyně; nepokrevní příbuzní	**in-laws** [inloːz]
umřít na co	**die of/ from sth**
vdaná	**married**
vdát se	**marry**
vdova	**widow**
vdovec	**widower**
vnučka	**granddaughter** [grændoːtə], **grandchild**

RODINA – BYDLENÍ
FAMILY – LIVING

vnuk	**grandson, grandchild,** mn. č. **grandchildren** [grænčaild, grænčildrən]
zasnoubený, zasnoubená	**engaged** [in'geidžd]
zasnoubit se (s kým)	**get engaged (to sb)**
zásnuby	**engagement**
zeť	**son-in-law**
žena (obecně)	**woman** [wumən], mn. č. **women** [wimin]
ženatý	**married**
ženich	**bridegroom** [braidgru:m]
ženit se	**get married**
ženský	**female** [fi:meil]
žít spolu (neoddáni)	**live with a partner**

BYDLENÍ | LIVING

Kde bydlíte?	Where do you live?
V Londýně.	In London.
V centru města?	In the centre of the town?/ *Amer.* Downtown?
Ne, na předměstí.	No, in a suburb/ on the outskirts/ *Amer.* uptown.
Máte vlastní domek?	Have you got a house?
Máme byt v družstevním domě.	We've got a flat in a cooperative house.
Máme byt v řadovém domku.	*Amer.* We have an apartment in a town house.

Většina Angličanů a Američanů dává přednost bydlení v rodinném domku – **house**. Byty – **apartments** – v činžovních domech – **apartment houses** – jsou totiž velmi drahé. Nejběžnější typ rodinného domku je řadový domek – **terraced house**. Vilka = **house**, polovina dvojdomku = **semidetached** [ˌsemiditæčt] **house**.

RODINA – BYDLENÍ
FAMILY – LIVING

Jaká je vaše adresa?	What's your address?
Bydlím v Římské ulici, číslo 5.	I live at (number) 5, Římská Street.
Já bydlím na náměstí Republiky 2.	I live at 2, Square of the Republic.
Která je to čtvrt?	Which part of the town is it?
Ve kterém poschodí bydlíte?	What floor do you live on?
Ve třetím.	On the third floor.
Nad námi/ v horním patře bydlí teta Líza.	Aunt Liz lives in the flat above/ on the upper floor.
Je tam výtah?	Is there a lift?
Vaše babička bydlí v přízemí nebo v suterénu?	Does your granny live on the ground floor or in the basement?
Kolik má místností?	How many rooms does she have?
Má dva pokoje a kuchyň.	She has two rooms and a kitchen.
S veškerým příslušenstvím? S koupelnou, záchodem a spíží?	With all the modern conveniences? With a bathroom, WC and pantry?
Je tam malá koupelna se sprchou a záchod.	There's a small bathroom with shower and toilet.
Přijďte se podívat na náš nový byt.	Come and see our new flat/ apartment.
Už jste se přestěhovali?	Have you moved in yet?
Vy máte krásný byt!	What a lovely apartment!
Je velmi prakticky zařízen.	It's furnished very comfortably.
Tady je obývací pokoj a vedle je ložnice.	This is the living room and the bedroom's next to it.
Máte nový nábytek?	Have you got new furniture?

RODINA – BYDLENÍ
FAMILY – LIVING

Pojďte se podívat do dětského pokoje.	Come and see the nursery/ the children's room.
Je to pokoj na jižní stranu.	The room's facing south.
Okna vedou do zahrady/ do ulice.	The windows look onto the garden/ onto the street.
Je tu ústřední topení?	Is there central heating?
Máme plynové topení.	There's gas heating.
Kolik platíte nájemné?	What's the rent?
Nájemné je vysoké/ nízké.	The rent is high/ low.
Nájemné se platí měsíčně nebo čtvrtletně?	Do you pay the rent monthly or quarterly?

■

bojler, kotel	**boiler**
bydlet (trvale)/ bydlet (přechodně)	**live/ stay**
ve městě	in town
na venkově	in the country
bydliště	**address, place of residence**
soukromá adresa	home address
adresa pracoviště	business address
byt	**flat** (v ČR), **apartment** (v USA, GB)
slunný ~	sunny ~
vlhký ~	damp ~
světlý/ tmavý ~	light/ dark ~
třípokojový ~	three-room ~
družstevní ~	cooperative ~
bytová nouze	**housing shortage**
bytové družstvo	**housing association**
číslo domu	**house number**
popisné ~	registration ~
čtvrť (městská)	**district, part of the town**
domovnice, domovník	**caretaker,** Amer. **janitor** [džænitə]
dřez	**kitchen sink**

RODINA – BYDLENÍ
FAMILY – LIVING

dům	**house**
činžovní ~	**apartment house, block of flats** *(naše bytová jednotka nebo panelový dům)*
dvoupatrový ~	**three-storeyed ~**
panelový ~	**block of flats, prefabrication ~**
řadový ~	**terraced ~**
soukromý ~	**private ~**
~ ve společném vlastnictví nájemníků	**~ under joint ownership**
věžový ~	**tower block**
dveře	**door**
~ na balkon	**balcony ~**
domovní ~	**front ~**
~ do zahrady	**garden ~**
otevřít/ odemknout ~	**open/ unlock ~**
přivřít ~	**leave the door ajar**
zavřít ~	**close the door**
dvůr	**yard, back yard**
elektrický	**electric**
garáž	**garage** [gæra:ž]
garsoniéra	**flatlet, bachelor's flat**
gauč	**couch,** Amer. **daybed**
rozkládací ~	**folding ~**
hala	**hall**
chalupa	**cottage** [kotidž]
chata	**summer cottage, weekend house**
chodba	**corridor**
inkaso	**collection of payments**
jídelna	**dining room**
kamna	**stove**
naftová ~	**oil ~**
~ na uhlí	**coal ~**

RODINA – BYDLENÍ
FAMILY – LIVING

karma | **gas flow-heater,** Amer. **geyser** [gi:zə]
klíč | **key**
~ od domovních dveří | **latchkey** [læčki:]
knihovna (kus nábytku) | **bookcase**
koberec | **carpet**
kotel | **boiler**
koupelna | **bathroom**
kout | **corner**
kuchyňský ~ | **kichenette**
krb | **fireplace**
křeslo | **armchair**
kuchyně | **kitchen**
kumbál | **closet**
lampa | **lamp**
lednička | **refrigerator** [ri'fridžəreitə], hov. **fridge** [fridž]
ložnice | **bedroom**
lustr | **ceiling light** [ˌsi:liŋ 'lait]
majitel (domu) | **owner (of the house)**
mezipatro | **mezzanine** [mezəni:n]
místnost | **room**
mraznička | **freezer**
myčka nádobí | **dishwasher**
nábytek | **furniture** [fə:ničə]
nájemné | **rent**
nájemník | **tenant**
nastěhovat se | **move in**
přestěhovat se | **move house**
vystěhovat se | **move out**
obraz (olej) | **painting**
odpadky | **rubbish, litter,** Amer. **garbage** [ga:bidž]
okno | **window**
arkýřové ~ | **bay ~**
svisle posuvné ~ | **sash ~**

RODINA – BYDLENÍ
FAMILY – LIVING

osvětlení	**illumination, lighting**
panel	**prefabricated section** [ˌpriːˈfæbrikeitid sekšn]
plynový	**gas**
podkroví	**attic**
podlaha	**floor**
podnájem	**lodgings**
podnájemník	**lodger**
pokoj	**room**
obývací ~	**living ~, sitting ~**
obývací ložnice	**bedsitter**
police	**shelf,** mn. č. **shelves**
polička na knihy	**bookshelf**
pracovna	**study**
pračka	**washer, washing machine**
prádelna	**laundry**
prádelník, komoda	**linen cupboard, chest of drawers**
předsíň	**hall**
příslušenství	**facilities, the conveniences**
přízemí	**ground floor**
v ~ rodinného domku	**downstairs**
půda	**loft**
schod	**step**
schodiště, schody	**staircase**
sídliště	**housing development, housing estate** [ˌhauziŋ iˈsteit]
sklep	**cellar**
skříň	**cupboard** [kabəd]
~ na šaty	**wardrobe** [woːdrəub]
soused, sousedka	**neighbour** [neibə]
sporák	**cooker**
elektrický ~	**electric ~**
plynový ~	**gas ~**
stavba (budova)	**building**
stěna	**wall**

RODINA – BYDLENÍ
FAMILY – LIVING

strop	**ceiling** [siːlɪŋ]
střecha	**roof**
stůl	**table**
suterén	**basement**
světlo	**light** [laɪt]
denní ~	**daylight**
umělé ~	**artificial** [ˌaːtɪˈfɪʃl] ~
tapeta	**wallpaper**
topení	**heating**
ústřední ~	**central** ~
dálkové ~	**district** ~
topit	**heat**
trouba	**oven** [ʌvn]
mikrovlnná ~	**microwave** [maɪkrəweɪv] ~
účet	**bill**
~ za elektřinu	**electricity** ~
~ za vodu	**water** ~
~ za plyn	**gas** ~
umyvadlo	**washbasin**, Amer. **washbowl** [wɒʃbəʊl]
vařič	**ring, cooker**
elektrický ~	**electric** ~
plynový ~	**gas** ~
věšák (stojací)	**clothes stand**
vchod	**entrance**
vila (velká)	**villa**
rodinná vilka	**house**
vodovod	**water supply**
vrata, vrátka	**(garden) gate**
vysavač	**(vacuum) cleaner**
výtah	**lift**, Amer. **elevator**
vytápění	**heating**
dálkové ~	**district** ~
zábradlí	**banister** (na schodech), **railing(s)**
záclona	**curtain** [kəːtn]

RODINA – BYDLENÍ
FAMILY – LIVING

zahrada	**garden**
záchod	**toilet, WC, bathroom** *(v GB i v USA je záchod zpravidla v koupelně = bathroom)*
zamknout	**lock**
zásuvka *(elektrická)*	**socket**
(u nábytku)	**drawer** [dro:ə]
závěs	**drapery, drapes**
zeď	**wall**
zrcadlo	**mirror**
zvonek	**bell**
zvonit	**ring (rang, rung) the bell**
žaluzie	**Venetian blind** [vəˌni:šn ˈblaind]
židle	**chair** [čeə]
houpací ~	**rocking ~**

(Viz též str. 203, 206)

VZDĚLÁNÍ – POVOLÁNÍ
EDUCATION – PROFESSION

JAKÉ MÁTE ŠKOLNÍ VZDĚLÁNÍ?	**WHAT EDUCATION DID YOU RECEIVE?**
Vystudoval jsem průmyslovou školu.	I graduated from a technical college/ school.
Chodila jsem do gymnázia.	I attended a grammar school.
Maturoval jsem v roce 1989.	I took my school-leaving examination in 1989.
Kdy jste dokončil gymnázium?	When did you finish grammar school?
Jaké máte školy?	What schools have you attended?
Absolvovala jsem střední pedagogickou školu.	I graduated from the secondary school of education.
Zapsala jsem se na uměleckoprůmyslovou školu.	I enrolled at the school of applied art.
Jsem absolvent konzervatoře.	I'm a conservatoire graduate.
Jaké máte odborné vzdělání?	What kind of technical training did you receive?
Udělal jsem maturitu na obchodní akademii v r. 1998.	I graduated from a commercial college in 1998.
Chodila jsem do hotelové školy.	I attended a hotel school/ college.
Bratr se učí truhlářem.	My brother is apprenticed to be a joiner.
Máte vysokoškolské vzdělání?	Have you got a university education?
Studuji první rok na technice.	I'm in the first year at a technical university.
Co studujete? Na které fakultě jste zapsán?	What subjects are you studying? What department/ faculty did you enrol in?

VZDĚLÁNÍ – POVOLÁNÍ
EDUCATION – PROFESSION

Studuji mikroelektroniku na fakultě elektrotechnické.	I study microelectronics at the faculty/ in the department of electrical engineering.
Kolik let trvá toto studium?	What's the length of these studies?
V kterém roce jste ukončil vysokou školu?	When did you finish your university studies?
Jaký máte titul?	What degree did you receive?
Jsem doktor přírodních věd.	I have a PhD (degree) in science.
Jaké bylo téma vaší doktorské práce?	What was the subject of your dissertation?
Jsem stavební/ strojní inženýr.	I'm a civil engineer/ a mechanical engineering graduate.
Kdy jste promoval?	When did you graduate?
Jaká je vaše specializace?	What's your specialization?
Jaký předmět máš nejraději?	What's your favourite subject?
Dějepis a zeměpis.	History and geography.
Do které třídy chodí tvoje sestra?	What class/ form/ *Amer.* grade is your sister in?
Do první/ do nejvyšší.	In the first form/ the top form.
Učí se dobře?	Is she doing well at school?
Ano, má dobré známky.	Yes, she gets good marks.
Je nadaná na jazyky, ale nemá ráda matematiku.	She has a talent for foreign languages, but she dislikes mathematics.
Propadl z fyziky.	He failed physics.
Z chemie dostal výbornou.	He got an A in chemistry.
Udělala maturitu s vyznamenáním.	She passed her school-leaving examination/ *Brit.* A-levels with honours.

VZDĚLÁNÍ – POVOLÁNÍ
EDUCATION – PROFESSION

Kdy budeš dělat přijímací zkoušku na univerzitu?	**When will you take the university entrance examination?**
Budu dělat zkoušku z angličtiny na Vysoké škole ekonomické.	**I'll take an examination in English at the School of Economics.**
Dostala jsem stipendium na letní kurs do Manchestru.	**I've won a scholarship to a summer school course held in Manchester.**
Jaká/ Kolik let je povinná školní docházka?	**What's the lenght of compulsory school attendance?**
Kdy začíná školní rok?	**When does the school year begin?**
Jak dlouho trvají letní prázdniny?	**How long is the summer vacation?**
Je u vás školní vzdělání bezplatné?	**Is there free school education in your country?**
U nás existují i soukromé školy, kde se platí školné.	**In this country there are also private schools where tuition fees are to be paid.**

V Anglii je povinná školní docházka od 5 do 16 let. Pro předškolní věk zde existují mateřské školy – **nursery schools, kindergartens** (většinou soukromé). Školní systém pro děti od 5 do 18 let zahrnuje tyto typy škol: **junior school (primary school)** od 5 do 11 let, **secondary school** od 11 do 16 let a **sixth-form college**, kde se 16- až 18letí připravují na závěrečné zkoušky, tzv. **A-levels**, které jsou nutným předpokladem pro vstup na univerzitu. Pozor na to, že **high school** je typem střední školy, nikoliv vysoké, naopak samotné slovo **school** může označovat typ vysoké školy, např. **The School of Economics** = Vysoká škola ekonomická. Střední průmyslové školy se nazývají **technical schools** s bližším označením jednotlivých oborů (**of mechanical engineering, of electrical engineering** apod.).

VZDĚLÁNÍ – POVOLÁNÍ
EDUCATION – PROFESSION

V USA jsou běžné tyto typy škol: **elementary school** (základní škola) od 6 do 11 let, **high school (junior** a **senior)** (střední škola) od 11 do 17 let, **college** (vysoká škola) od 17 do 19 až 21 let a **university** (univerzita) od 21 let výše (např. pro doktorandy). Zkoušky jsou písemné, zpravidla ve formě testů, které jsou hodnoceny v procentech, např. 96 % je výborný výkon, 87 % odpovídá naší dvojce. Výsledné hodnocení u závěrečných zkoušek: **A** odpovídá jedničce, **B** dvojce atd.

---

absolvent — ***graduate*** [grædžuət]
  ~ *střední školy* — ***secondary school leaver***
  ~ *vysoké školy* — ***graduate*** [grædžuət]
akademie — ***academy*** [əˈkædəmi]
akademik — ***academician*** [əˌkædəˈmišn]
děkan — **dean**
diplom — **degree certificate** [diˈgri: səˈtifikət], ***diploma*** [diˈpləumə]
  doktorský ~ — **PhD degree** [ˌpi: eič ˌdi: diˈgri:]
docent(ka) — ***(senior) lecturer, associate professor*** [əˌsəušiət prəˈfesə]
doktor(ka) (univerzitní hodnost) — **doctor**
  ~ *filozofie* — ~ ***of Philosophy*** [fiˈlosəfi]
  ~ *práv* — ~ ***of Law(s)*** [lo:(z)]
  ~ *medicíny* — ~ ***of medicine***
doktorát — ***doctorate*** [doktərət]
  dělat ~ *z filozofie* — **do PhD degree**
examinátor — ***examiner*** [igˈzæminə]
fakulta — **faculty, school**
  filozofická ~ — ~ **of arts**
  lékařská ~ — ~ **of medicine, medical school**
  pedagogická ~ — ~ **of education, department of education**

VZDĚLÁNÍ – POVOLÁNÍ
EDUCATION – PROFESSION

právnická ~	**~ of law, law school**
přírodovědecká ~	**~ of science(s)** [saiəns(iz)]
~ architektury	**~ of architecture** [a:kitekčə]
gymnázium	**grammar school**
hodina (vyučovací)	**lesson, class**
~ angličtiny	**an English ~**
inženýr elektrotechnik	**graduate** [grædjuət] **in electrical engineering, electrical engineering graduate**
~ strojař, strojní ~	**mechanical enginnering graduate**
kandidát	**candidate** [kændidət]
katedra	**department** [diˈpa:tmənt]
kolej (studentská)	**hall of residence**
komise	**board**
zkušební ~	**board of examiners** [ˌbɔ:d əv igˈzæminəz]
konkurs	**competitive examination** [kəmˌpetitiv igˌzæmiˈneišn]
konzervatoř	**conservatoire** [kənˈsə:vətwa:], **academy/ school of music**
kurs	**course (of studies)**
doškolovací ~	**in-service ~, in-service training**
večerní ~	**evening classes**
dálkový ~	**correspondence classes** (*v GB lze studovat dálkově na tzv. Open University*)
postgraduální ~	**postgraduate ~** [pəustˈgrædjuət]
(Viz též str. 94–95)	
lektor	**lecturer**
maturita	**school-leaving examination,** Brit. **A-levels**

VZDĚLÁNÍ – POVOLÁNÍ
EDUCATION – PROFESSION

maturitní vysvědčení	**General Certificate of Education, GSE** *(v GB)*
menza	**student cafeteria** [ˌkæfəˈtiəriə]
odborná škola	**vocational school, technical college**
odborné vzdělání/ odborná práce	**professional education/ work**
pomůcka	**aid**
audiovizuální pomůcky	**audio-visual aids**
učební/ didaktické ~	**teaching/ educational ~**
práce	
diplomová ~	**diploma thesis**
doktorská ~	**dissertation**
obhájit doktorskou práci	**defend the dissertation**
praktický	**practical**
předmět	**subject**
povinný	**compulsory** [kəmˈpalsri]
nepovinný	**optional** [opšənl]
přeškolit	**requalify** [ˌriːˈkwolifai]
přeškolovací kurs	**requalification course** [ˌriːˌkwolifiˈkeišn ˈkoːs]
přírodopis	**natural history** [ˌnæčərəl ˈhistəri]
rektor	**rector** *(v ČR),* Amer. **president,** Brit. **Vice Chancellor** [čaːnslə]
rozvrh hodin	**timetable**
semestr	**term,** Amer. **semester**
seminář	**seminar**
stáž	**fellowship** [feləušip]
být na stáži	**be on a ~**
stážista	**fellowship holder**
stipendista	**scholarship holder**
stipendium	**scholarship** [skoləšip]
(vysokoškolské)	**study grant,** *(prospěchové)* **studentship**
student(ka)	**student**

VZDĚLÁNÍ – POVOLÁNÍ
EDUCATION – PROFESSION

~ medicíny	medical ~
studium	study, studies
studovat	study
škola	school
vysoká ~	higher educational establishment/ school, university, college
chodit do školy	go to school, attend school
školné	tuition fee(s) [tjuˈišn]
školní rok	school year
školství	school system
technika (technická vysoká škola)	University of Technology [ˌjuːniˌvəːsəti əv tekˈnolədži]
teoretický	theoretical [ˌθiːəˈretikl]
třída	classroom
učebnice	textbook
učeň	apprentice [əˈprentis]
účetní	accountant [əˈkauntənt]
učit koho čemu	teach (taught, taught [toːt]) sb (how) to
učit se na zámečníka	be trained as a locksmith
učitel(ka)	teacher
ústav	institute [institjuːt]
výzkumný ~	research [riˈsəːč] ~
věda	science [saiəns]
vědec	scientist [saiəntist] (v přírodních vědách), scholar [skolə]
vědecký	scientific [ˌsaiənˈtifik]
na poli vědeckém	in the field of science
výchova	education
hudební ~	music(al) ~
občanská ~	civic ~
tělesná ~	physical ~
výtvarná ~	art ~
vysvědčení (školní)	certificate, school report

VZDĚLÁNÍ – POVOLÁNÍ
EDUCATION – PROFESSION

výuční list	**apprenticeship certificate, trading certificate**
vyučování	**teaching**
vyučovat	**teach (taught, taught** [to:t]**)**
vyučující	**teacher**
výzkum	**research** [riˈsəːč]
vzdělání	**education**
další ~	**further ~**
odborné ~	**professional/ technical ~**
vysokoškolské ~	**higher ~**
zápis	**enrolment**
zapsat se	**enrol**
(za)školení (při práci)	**training, on-the-job training**
zkoušet	**examine**
zkouška	**examination** [igˌzæmiˈneišn]
maturitní ~ (u nás)	**school-leaving ~**
písemná ~	**examination paper, test**
přijímací ~	**entrance ~**
státní ~ (z cizího jazyka na naší univerzitě)	**final ~**
ústní ~	**oral ~**
závěrečná ~	**final ~,** hov. **finals**
dělat zkoušku	**take an ~**
udělat zkoušku	**pass an ~**
známka (ve škole)	**mark**
žák, žákyně	**pupil,** Amer. **student**

ŽÁDOST
(o přidělení stipendia)

APPLICATION FORM
(for a scholarship grant)

Důvod žádosti o stipendium	**Purpose for which grant is sought**
Titul/ Akademická hodnost	**Title/ Degree**
Příjmení a jméno	**First Name and Surname/ Family Name**

VZDĚLÁNÍ – POVOLÁNÍ
EDUCATION – PROFESSION

Místo a datum narození	Birthplace and Birthdate/ Place of Birth and Date of Birth
Pohlaví: mužské – ženské	Sex: Male – Female
Státní občanství	Nationality
Adresa	Address
Trvalé bydliště	Permanent residence
Povolání	Occupation/ Profession
Dosažená kvalifikace	Completed Qualifications
Zkouška, výsledek, známky	Examination(s), Result, Mark/ Grade

DOPORUČUJÍCÍ POSUDEK / REFERENCE

Jméno doporučujícího	Name of referee
Postavení/ Zaměstnání/ Vztah	Post/ Occupation/ Relationship
Má se posudek považovat za důvěrný? Ano – Ne	Should this reference be treated as confidential? Yes – No
Datum, kdy kandidát míní přijet do Velké Británie	Date of entry to live in the UK
Datum: Podpis:	Date: Signature:

KDE PRACUJETE? / WHERE DO YOU WORK?

Jsem zaměstnán u firmy, která se zabývá elektronikou.
I'm working with a firm dealing in electronics.
Máte dobré místo?
Have you got a good job?
Jsem vedoucí obchodního oddělení.
I'm head of the sales department.

Jaké je vaše povolání?
What's your profession?
Jsem architekt.
I'm an architect.
Co dělá vaše manželka?
What's your wife's job?
Je v domácnosti.
She's a housewife.

VZDĚLÁNÍ – POVOLÁNÍ
EDUCATION – PROFESSION

Pracuje v jednom oděvním podniku.	**He works in a textile business/ enterprise/ company.**
Je účetní.	**He's an accountant.**
Má dobře placené místo.	**He's got a well-paid job.**
V jakém oboru pracujete?	**What line (of business) are you (working) in?**
V potravinářském průmyslu/ v zemědělství.	**In the food industry/ in farming/ agriculture.**
Pracuji jako řidič u jednoho soukromníka.	**I work as a driver for a private person.**
Jakou funkci zastáváte?	**What position/ office/ post/ do you hold?**
Jsem předsedou správní rady/ členem dozorčí rady.	**I'm chairman of the board of directors/ of the supervisory body.**
Jaký máte příjem?	**What's your income?** *(uvádí se vždy celoroční příjem)*
Jaký je u vás průměrný plat?	**What are the average earnings in your country?**
Kolik si vydělá kvalifikovaný dělník nebo bankovní úředník?	**What are the earnings of a qualified workman or a bank clerk?**
Jaké sociální dávky u vás existují?	**What social benefits are there in your country?**
Jaká je výše rodinných přídavků?	**What's (the amount of) the family allowance?**
Závisí na počtu dětí?	**Does it depend on the number of children?**
Kdo dostává vyrovnávací přídavky/ přídavky na bydlení?	**Who gets the cost-of-living allowance/ housing benefit?**
Kdo platí nemocenské pojištění?	**Who pays the sickness benefits?**

VZDĚLÁNÍ – POVOLÁNÍ
EDUCATION – PROFESSION

Platíte daň z příjmu?	Do you pay income tax?
Jaká je u vás pracovní doba?	What's your working time?/ What are the working hours?
Máme čtyřicetihodinový pracovní týden.	We work a forty hour week.
Kolik týdnů dovolené máte?	How many weeks of paid holiday have you got?
Záleží na počtu odpracovaných let.	It depends on the number of years in service.
V kolika letech se chodí v Anglii do důchodu?	What's the retirement age in England?
Muži v 65 letech, ženy v 60.	Men at sixty-five, women at sixty.
Kolik let se musí/ musíte odpracovat?	How many years do you have to work?
Jsem v důchodu již pět let.	I retired five years ago.
Mám starobní důchod.	I draw/ I receive an old age pension.
Bratr je v invalidním důchodu.	My brother draws incapacity benefit.
Sestra má vdovský důchod.	My sister has a widow's pension.
Máte v úmyslu jít pracovat do zahraničí?	Do you intend to work abroad?
Je u vás obtížné najít zaměstnání?	Is it difficult to get a job in your country?
Jaké u vás existují odborové organizace?	What trade unions are there in your country/ in this country? *(je-li otázka kladena v té zemi)*
Jste členem některého odborového svazu?	Are you a member of a trade union?

■

VZDĚLÁNÍ – POVOLÁNÍ
EDUCATION – PROFESSION

advokát	**lawyer** [lo:jə]
architekt	**architect** [a:kitekt]
au pair (mladá chůva a pomocnice v domácnosti z ciziny za byt a stravu)	**au pair** [əuˈpeə] **girl**
číšník/ servírka	**waiter/ waitress**
daň	**tax**
(viz str. 378)	
dávka	**benefit, allowance** [əˈlauəns]
nemocenské dávky	**sickness benefit,** hov. **sick pay**
brát nemocenské dávky	**be on sickness leave**
neschopenka	**sick note**
dělník	**workman,** mn. č. **workmen**
kvalifikovaný ~	**qualified** [kwolifaid] ~
dílna	**workshop, shop**
dovolená	**holiday(s)**
placená ~	**paid** ~
mateřská ~	**maternity leave**
být na mateřské dovolené	**be on maternity leave**
důchod	**pension** [penšn]
invalidní ~	**incapacity benefit**
starobní ~	**old age pension**
vdovský ~	**widow's pension**
důchodce	**pensioner**
elektrotechnik	**electrician** [iˌlekˈtrišn]
expert	**expert**
farář (anglikánské církve)	**vicar** [vikə]
firma	**firm**
funkce	**post, office**
herec	**actor**
herečka	**actress**
hodiny: přesčasové ~	**hours** [auəz]**:** ~ **overtime**
horník	**miner**
chemik	**chemist** [kemist]
instalatér; klempíř	**plumber** [plamə]

VZDĚLÁNÍ – POVOLÁNÍ
EDUCATION – PROFESSION

jesle	**day nursery** [nə:sri]
kněz	**priest** [pri:st]
krejčí	**tailor** [teilə]
kuchař(ka)	**cook**
laborant(ka)	**laboratory assistant** [ləˌborətri əˈsistənt]
laboratoř	**laboratory** [ləˈborətri]
lékárník	**pharmacist** [faːməsist], **dispensing chemist** [diˌspensiŋ ˈkemist]
lékař	**physician** [fiˈzišn]
listonoš(ka)	**postman, postwoman**, Amer. **mailman, mailwoman**
malíř(ka) (pokojů)	**painter decorator** [dekəreitə]
mechanik	**mechanic** [məˈkænik]
ministerstvo	**ministry** (v ČR)
~ zahraničí	**~ of Foreign Affairs** [ˌforin əˈfeəz] (v ČR), **Foreign Office** (v GB), **State Department** (v USA)
~ vnitra	**~ of the interior** (v ČR), **home office** (v GB), **department of the interior** (v USA)
ministr	**minister**
místopředseda/ náměstek ředitele	**vice-chairman/ deputy director**
mistr, dílovedoucí	**foreman**
mzda	**wage(s), pay**
minimální ~	**minimum wage**
zvýšení mezd	**pay increase, ~ rise/** Amer. **raise**
námořník	**sailor** [seilə]
nezaměstnanost	**unemployment**
podpora v nezaměstnanosti	**unemployment benefit**

VZDĚLÁNÍ – POVOLÁNÍ
EDUCATION – PROFESSION

nezaměstnaný	**jobless, workless, unemployed**
notář	**(public) notary** [nəutəri]
novinář	**journalist, newspaperman,** Amer. **newsman**
obor	**field**
odborník	**specialist** [speʃəlist]
ošetřovatel (v nemocnici)	**male nurse**
ošetřovatelka	**hospital nurse**
plat	**pay**
čistý ~	**take-home ~, net ~**
hrubý příjem	**gross** [grəus] **income**
měsíční ~	**salary** [sæləri]
průměrný ~	**average earnings** [ˌævəridʒ ˈəːniŋz]
zvýšit ~	**raise ~**
podnik (závod)	**works, enterprise, business**
podnikatel	**entrepreneur** [ˌɔntəprəˈnəː]
povolání	**profession** (s vysokoškolskou kvalifikací), **vocation**
svobodné ~	**freelancing**
práce	**job, work**
duševní ~	**brainwork**
manuální ~	**manual work**
úřad ~	**labour agency**
pracovat	**work**
pracoviště	**place of work**
prodavač(ka)	**shop assistant**
profesor(ka)	**professor** (vysokoškolský); **secondary school teacher** (středoškolský)
programátor	**programmer**
projektant	**designer** [diˈzainə]
propustit (ze zaměstnání)	**dismiss, give notice**
překladatel(ka)	**translator** [trænˈsleitə]
příjem (celoroční)	**income**
redakto(ka)	**editor**

VZDĚLÁNÍ – POVOLÁNÍ
EDUCATION – PROFESSION

ředitel(ka)	**director, manager**
generální ~	**managing director**
ředitelství	**headquarters**
řemeslník	**workman**, mn. č. **workmen, craftsman** (v uměleckých řemeslech), mn. č. **craftsmen**
řemeslo	**trade, craft**
sanitáři	**paramedics**
sekretariát	**secretariat** [ˌsekrəˈteəriət]
sekretář(ka), tajemník, jednatel	**secretary**
sestra	**nurse** [nəːs]
zdravotní ~	**hospital ~**
služebná	**servant girl, maid** [meid]
směna	**shift**
noční ~	**night ~**
smlouva	**contract**
pracovní ~	**~ of employment**
~ na dobu určitou	**fixed-term ~**
uzavřít smlouvu	**make a ~, sign** [sain] **a ~**
soudce	**judge** [džadž]
soukromý	***private*** [praivət]
soustružník	**turner**
specialista	**specialist** [spešəlist]**, expert**
stavebnictví	**construction industry**
stávka	**strike**
stávkovat	**be on strike, go on strike**
technik	**technician** [tekˈnišn]
továrna	**factory**
továrník	**factory owner** [əunə]
účetní	**accountant** [əˈkauntənt]
uklízečka	**cleaning woman/** mn. č. **women** [wimin]
úkol	**task**
pracovat v úkolu	**be on piecework**
umělec	**artist**
(Viz Kultura str. 285–286)	

VZDĚLÁNÍ – POVOLÁNÍ
EDUCATION – PROFESSION

úřad	**office**
úřednice, úředník	**clerk,** Amer. **office worker**
vedoucí (oddělení)	**head (of the department)**
vedení (podniku)	**management**
voják	**soldier** [səuldžə]
vrátný	**door keeper, porter**
vydělávat	**earn**
výdělek	**earnings** mn. č.
výpověď	**notice**
dát komu ~	**give sb notice,** hov. **give sb the sack**
dostat ~	**be given notice,** hov. **get the sack**
zámečník	**locksmith**
zaměstnanec	**employee** [ˌimˈploii:]
státní ~	**civil servant**
zaměstnání	**job, employment**
zaměstnavatel	**employer** [imˈploiə]
zástupce ředitele	**deputy director, vice-director**
závod (podnik)	**works**
zedník	**bricklayer**
zemědělec	**farmer**
žena v domácnosti	**housewife**

CESTOVÁNÍ
TRAVELLING

Cestujete rád?	Do you like travelling?/ Are you fond of travel?
Ano, velmi.	Yes, very much.
Jezdím rád do zahraničí.	I like going abroad.
Cestuji rád po světě.	I like travelling all over the world.
Za týden odjíždím do Londýna.	I'm leaving for London in a week.
Jedete vlakem nebo autobusem?	Are you going by train or by bus/ coach?
Poletím letadlem.	I'm going by plane.
Na jak dlouho?	How long are you going to stay there?/ For how long?
Kdy se vrátíte?	When will you be back?
Asi za čtrnáct dní.	In about a fortnight.
Šťastnou cestu!	Have a good trip.
Hezkou dovolenou!	Have a good holiday.
(Viz Přání str. 101)	

Už jste byl v cizině?	Have you been abroad?
Už jsem byl v Anglii několikrát.	I've been to England several times.
Jsem v Londýně poprvé.	I'm in London for the first time.
Nikdy jsem nebyl ve Skotsku.	I've never been to Scotland.
V neděli jedeme na hory.	We're going to the mountains on Sunday.
Jak tam jedete?	How will you get there?
Vlakem nebo autem?	By train or by car?
Vloni jsme byli ve Španělsku.	We were in Spain last year.
Kam pojedete letos?	Where are you going this year?
Chtěli bychom do Itálie.	We'd like to visit Italy.
Jezdíte s cestovní kanceláří nebo sami?	Do you travel with a travel agency or on your own?

CESTOVÁNÍ
TRAVELLING

NA HRANICÍCH

PASOVÁ KONTROLA

Vaše doklady, prosím.
  řidičský průkaz

  pojišťovací kartu

  osvědčení o technickém průkazu

Cestujete sám?
Ne, s manželkou a s dětmi.

Kolik je vás?
Váš pas je neplatný/ prošlý.

Jak dlouho se zdržíte?

Jen tři dny.
Projíždíme do Francie.

Vyplňte tento formulář.

CELNÍ KONTROLA

Máte něco k proclení?

Ne, nic.
Mám jen věci pro osobní potřebu.
Můžete jít vstupem bez celní prohlídky.
Máte-li cokoliv k proclení, jděte vstupem s celním odbavením.
Co máte v té tašce?
Mám ji otevřít?

AT THE FRONTIER

PASSPORT CONTROL

Your passport, please.
  driving licence/ *Amer.* driver's license
  insurance card, proof of insurance
  MOT

Are you travelling alone?
No, with my wife and children.

How many of you are there?
Your passport isn't valid/ has expired.

How long are you going to stay?

For only three days.
We're going through to France.

Fill in this form, please.

CUSTOMS CONTROL

Have you got anything to declare?

No, nothing.
Everything's for my personal use.
You can go through the green channel.
If you've got anything to declare, go through the red channel.
What's in that bag?
Shall I open it?

CESTOVÁNÍ
TRAVELLING

Otevřete zavazadlový prostor.	**Open the boot/** *Amer.* **trunk.**
Mohu to už zavřít?	**Can I close it?**
Která jsou vaše zavazadla?	**Which is your luggage?**
Ten kufr a tato taška.	**This suitcase and that bag.**
Vezete lihoviny, cigarety nebo kožešiny?	**Are you bringing any spirits, cigarettes or furs?**
Čí je ten velký kufr?	**Whose is the large case?**

ZAVAZADLA
BAGGAGE, LUGGAGE

Máte hodně zavazadel?	**Have you got a lot of luggage?**
Mám jeden velký kufr, malý kufřík a aktovku.	**I've got a large suitcase, a small case and a briefcase.**
Chci podat kufr a ten balík jako spoluzavazadlo.	**I'd like to have this suitcase and that parcel registered.**
Chci je dát pojistit.	**I'll have them insured.**
Kdy budou v Londýně?	**When can I collect them in London?**
Půjdou stejným vlakem?	**Will they go by the same train?**
Potřebovala bych nosiče.	**Is there any porter?**
Nosiči tu nejsou.	**There aren't any porters.**
Jsou tu samoobslužné vozíky.	**There are luggage trolleys/** *Amer.* **baggage carts.**

KDE JE ÚSCHOVNA ZAVAZADEL?
WHERE'S THE LEFT LUGGAGE OFFICE?

Nechám si tu do zítřka dva kufry a batoh.	**I'll leave these two suitcases and that backpack here until tomorrow.**
Kolik se platí za kus?	**How much do you charge for each?**
Je otevřeno přes noc?	**Are you open all night?**

CESTOVÁNÍ
TRAVELLING

Platí se teď nebo při vyzvednutí?	**Do I pay now or when I collect my luggage?**
Platí se při vyzvednutí.	**On withdrawal.**
Tady máte lístek.	**Here's your ticket/ check.**
Chci si vyzvednout zavazadla.	**I'd like to collect/ pick up my luggage.**
To není můj kufr.	**This isn't my case.**
Můj byl větší/ menší	**Mine was larger/ smaller**
plastový	**plastic**
se zipem.	**with a zip/** *Amer.* **zipper.**
Chybí jeden kufřík.	**One small case is missing.**
Ztratila se mi kožená taška.	**I've lost my leather bag.**

aktovka	**briefcase** [bri:ʃkeis]
batoh	**rucksack, backpack**
celnice	**customs (house)**
celník	**customs officer**
cesta (cestování)	**trip**
služební ~	**business ~**
studijní ~	**study ~**
cestující	**traveller**
clo	**customs** (jen mn. č.)
doklad/ doklady	**document, certificate/ papers**
doprava	**transport, transportation**
hranice	**frontier** [frantiə], **border**
přejet ~	**cross the border**
hraniční přechod	**border checkpoint**
jet autem	**go by car**
~ autobusem	**~ by bus, by coach**
~ taxíkem	**~ by taxi**
~ vlakem	**~ by train**
~ přes Paříž	**~ via Paris**
kabelka	**handbag**
konzulát	**consulate** [konsjulət]
kufr	**suitcase, case,** *Amer.* **baggage**
~ na kolečkách	**~ on wheels**

CESTOVÁNÍ
TRAVELLING

lístek na zavazadla	**left-luggage ticket/** hov. **slip,** Amer. **baggage claim check**
nosič	**porter**
pas	**passport**
prohlídka	**control, examination**
průkaz totožnosti	**identity certificate** [aiˌdentəti səˈtifikət], **identity card** [aiˈdentəti ka:d]
mezinárodní řidičský průkaz	**international driving permit**
technický průkaz (vozidla)	**MOT**
razítko	**stamp**
taška	**bag**
cestovní ~	**travel ~**
velvyslanectví	**embassy**
vízum	**visa** [vi:zə]
tranzitní ~	**transit ~**
vstupní ~	**entry ~**
vyslanectví	**legation** [liˈgeišn]
vysvědčení: očkovací ~	**certificate** [səˈtifikət]: **vaccination** [ˌvæksiˈneišn] ~
zájezd (kam)	**tour (of), trip (to)**
zavazadlo, zavazadla	**luggage** [lagidž] (jen j. č.), **baggage** [bægidž] (jen j. č.)
jedno zavazadlo	**a piece of ~**
dvě zavazadla	**two pieces of ~**
příruční ~	**hand luggage**
těžké/ lehké ~	**heavy** [hevi]/ **light** [lait] ~

AUTO   CAR

Upozorňujeme, že v Anglii se jezdí vlevo. Dopravní značky jsou vesměs mezinárodní. Ve městech a osadách je rychlost omezena na 30 až 40 mil (= 48 až 64 km) za hodinu. Na dálnicích a hlavních silnicích je maximální povolená rychlost 70 mil (= 112 km) za hodinu. V USA je nejvyšší povolená rychlost 65 mil (= 104 km) za hodinu.

CESTOVÁNÍ
TRAVELLING

MÁTE AUTO?

Mám Bentleye.
Je to dobrý vůz.
Je pohodlný a spolehlivý.
Jakou má spotřebu?
... mil na galon.
Maximální rychlost je 180 km/ 112 mil za hodinu.
Kolik máte najeto mil/ kilometrů?
Jaké bezpečnostní zařízení používáte?

Koupil jsem ojetý vůz.
Kolik jste za něj dal?

Jezdíte už dlouho?

Jezdím už deset let.
Já jsem začátečník.
Mám řidičský průkaz teprve půl roku.
Chodil jste do autoškoly?

POKYNY PŘI JÍZDĚ

Jeď opatrně.
Nejezdi tak rychle.
Dávej pozor.
Nepředjížděj.
Brzdi.
Couvni.

Zapni světla.
Ztlum světla.
Vypni světla.

HAVE YOU GOT A CAR?

I've got a Bentley.
It's a good car.
It's comfortable and reliable.
What's the fuel consumption?
... miles per gallon.
The maximum speed is 180 km/ 112 miles per hour.
What's the mileage?

What safety device do you use?

I've bought a used car.
How much did you pay for it?

Have you been driving for a long time?

I've been driving for ten years.
I'm a beginner/ learner-driver.
I've had my driving licence for only six months.
Did you take driving lessons?

DRIVING DIRECTIONS

Drive carefully.
Don't go so fast.
Take care./ Look out.
Don't overtake.
Slow down./ Put the brake on.
Back up./ Put the car into reverse.

Switch on the lights.
Dip the headlights.
Switch off the lights.

CESTOVÁNÍ
TRAVELLING

Jeďte pomaleji.	**Go more slowly.**
Jeďte stále rovně.	**Keep straight on.**
Odbočte doprava/ doleva.	**Turn right/ left.**

PŮJČOVNA AUT | CAR HIRE

Chceme si vypůjčit osobní vůz na čtyři dny.
We'd like to hire/ rent a car for four days.

Jaký typ vozu?
What make of car?

Máte mezinárodní řidičský průkaz?
Have you got an international driving permit?

Jaký je poplatek za den?
What's the charge per day?

Tady máte současné sazby.
Here are our present rates.

Počítá se doba plus míle/ kilometry.
They include time plus mileage.

Benzin si platí zákazník.
Petrol is paid by the customer.

DOTAZY NA CESTU | ASKING THE WAY

Chci jet do Leedsu.
I'd like to go to Leeds.

Kolik je to mil/ kilometrů?
How many miles/ kilometres is it?

Jak je daleko odtud do Oxfordu?
How far is Oxford from here?

Kam vede tato silnice?
Where does this road lead to?

Jedu správně do Oxfordu?
Is this right for Oxford?

Ne, jedete špatně.
No, you're going in the wrong direction.

Je to ještě daleko?
Is it still far?

Kde jsme teď?
Where are we now?

Ukážu vám to na mapě.
I'll show you on the map.

Jak se to tu jmenuje?
What's this place called?

Tohle není silnice do Stratfordu?
Is this the road to Stratford?

Ne, musíte se vrátit.
No, you have to go back.

Vraťte se k prvnímu rozcestí a tam odbočte doprava.
Go back as far as the first crossroads and turn right there.

CESTOVÁNÍ
TRAVELLING

Dejte pozor, je tam objížďka.	Take care, there's a diversion.
Platí se na vašich dálnicích poplatek?	Is the toll paid on all your motorways?
Promiňte, jak se dostanu na dálnici B4?	Excuse me, how do I get onto the B4 motorway?

AUTOSTOP | HITCHHIKING

Jedete do Windsoru?	Are you going to Windsor?
Mohl byste mě svézt?	Could you give me a lift?
Potřebuji se dostat do Manchestru.	I need to get to Manchester.
Ale já nejedu do centra města.	But I'm not bound for the town centre.
To nevadí.	That's OK.
Sedněte si vedle mne, dopředu.	Come and sit by me, in the front.
Ten batoh si položte na zadní sedadlo.	Put the backpack on the back seat.
Kde chcete, abych vám zastavil?	Where do you want me to drop you?
Za mostem.	Beyond the bridge.
Děkuji za svezení.	Thanks for the lift.

ČERPACÍ STANICE | PETROL STATION, *Amer.* GAS STATION

Samoobslužná benzinová pumpa	Self-service petrol pump
Vypněte motor.	Switch off the engine.
Nekuřte.	Don't smoke.
Sejměte pistoli.	Take the hose.
Natankujte.	Tank up.
Zavěste pistoli.	Replace the hose.
Vložte kreditní kartu.	Insert the credit card.
Zaplaťte zřízenci.	Pay to the attendant.
Kolik stojí benzin v Anglii?	How much is petrol in England?

CESTOVÁNÍ
TRAVELLING

Kolik stojí benzin ve Spojených státech?	How much is gas in the States?
Jak daleko je odtud benzinová pumpa?	How far is the petrol station from here?
Potřebuji natankovat.	I need petrol./ *Amer.* I must gas up.
Mám málo benzinu.	I'm short of petrol.
Došel nám benzin.	We've run out of petrol.
Dejte mi plnou nádrž.	Fill it up./ *Amer.* Tank it up.
Natural/ bezolovnatý nebo Super?	Unleaded or Super?
Potřebuji dolít vodu do chladiče.	I need water for the radiator.
Máte automapu Velké Británie?	Have you got a road map of Great Britain?

PARKOVÁNÍ – GARÁŽ
PARKING – GARAGE

Mohu nechat vůz tady?	May I leave my car here?
Smí se tu parkovat?	Can I park here?
Tady je zákaz parkování.	Parking here is prohibited./ No parking here.
Kde se dá parkovat?	Where can I park?
Parkoviště je za hotelem.	The parking place is behind the hotel.
Jak dlouho tu vůz necháte?	How long will you leave your car here?
Je garáž otevřena celou noc?	Is the garage open all night?
Máte volné místo?	Have you got free garage space?
Kolik se platí za hodinu?	How much do you charge per hour?

SERVIS – AUTOOPRAVNA
SERVICE – CAR REPAIR SHOP

Kde je servis pro vozy Chevrolet?	Where's the Chevrolet service?

CESTOVÁNÍ
TRAVELLING

Umyjte mi vůz.	I'd like a car wash.
Vyčistěte i vnitřek.	Clean the inside of the car also, please.
Promiňte, je tu někde blízko autoopravna?	Excuse me, is there a car repair shop around here?
Mám poruchu na autě.	My car broke down.
Podíval byste se na to hned?	Could you see to it at once?
Nechal jsem auto na 120. míli směr Londýn.	I left my car at the 120 milestone in the direction of London.
Motor nejde nastartovat.	The engine won't start.
Nefunguje zapalování.	The ignition isn't working.
Motor vynechává.	The engine misses every now and then.
Baterie je vybitá.	The battery's run down.
Je spálená pojistka.	The fuse has gone.
Svíčka je zanesená.	The spark plug's sooted.
Spojka prokluzuje.	The clutch is slipping.
Teče chladič.	The radiator's leaking.
Nesvítí přední světla.	The headlights aren't working.
Je rozbité přední sklo.	The windscreen's broken.
Pravé zadní dveře nejdou zavřít.	The right rear/ back door won't close.
Musí se vyklepat levý přední blatník.	The left front wing/ fender needs hammering out.

Mohl byste
    nabít baterii
    seřídit brzdy
    spravit zámek u dveří
    vyměnit levé zadní kolo
    nahustit pravou přední
      pneumatiku
    překontrolovat hladinu
      oleje v motoru?

Could you
    charge the battery
    adjust the brakes
    mend the car lock
    change the left rear wheel
    pump air into the right
      front tyre
    check the engine oil?

CESTOVÁNÍ
TRAVELLING

Máte originální náhradní díly na Fiata?
Have you got original spare parts for a Fiat?
Mohu si počkat?
Can you do it right away/ while I wait?

Dnes to nemůžeme opravit.
We can't repair it today.
Nemáme náhradní součástku.
We haven't got the spare part.

Musíme ji objednat.
It has to be ordered.
Kolik bude oprava stát?
How much will you charge for the repair?

Udělejte mi předběžný rozpočet.
Can you make up an estimate for the repair?

Už je můj vůz hotov?
Is my car ready?
Kolik jsem vám dlužen?
How much do I owe you?
Mohu platit kreditní kartou?
Can I pay by credit card?/ Do you take credit cards?

Můžete mi dát fakturu?
Can I have an invoice?
Potřebuji ji pro pojišťovnu.
I need it for the insurance company.

DOPRAVNÍ PŘESTUPKY

MOTORING OFFENCES

Stop!
Stop!
Váš řidičský průkaz.
Your driving licence, please.
Dopustil jsem se něčeho?
Did I commit any offence?
Překročil jste povolenou rychlost.
You were speeding./ You exceeded the speed limit.
Nedal jste přednost vozidlu zprava.
You didn't give the right of way to the vehicle coming from the right.

Přehlédl jste značku „Stop" na křižovatce.
You missed the stop sign at the crossing.
Nemáte rozsvícená světla.
Your headlights aren't on.
Na tomto úseku je zákaz zastavení.
There's no stopping in this section of the road.
Musíte zaplatit pokutu.
You'll be fined.

CESTOVÁNÍ
TRAVELLING

Promiňte, jsem cizinec.
Ale dopravní předpisy musíte znát.

I'm sorry, I'm a foreigner.
But you must know the traffic rules.

Jel jsem na červenou.

I jumped the lights./ *Amer.* I went through the red light.

Strážník mi dal pokutu.

I was fined by the policeman.

NEHODY

ACCIDENTS

Prosím vás, pomohl byste mi zatlačit?
Nemohu se rozjet.

Excuse me, could you help me push my car?
I can't get moving.

Promiňte, došel mi benzin, nemohl byste mi ho trochu prodat?
Píchli jsme.

Excuse me, I've run out of petrol, could you sell me some?
We had a puncture./ We had a burst/ a flat tyre.

Musím vyměnit kolo.
Mohl byste mi půjčit zvedák?

I must change the wheel.
Could you lend me the jack?

Zastavte!
Co se stalo?

Stop!
What happened?/ What's wrong?

Srazilo se nákladní auto s osobním vozem.
Je někdo raněn?
Zavolejte sanitku a policii.

A lorry crashed into a car.

Are there any casualties?
Call the ambulance and the police.

Je tu někde telefon?

Is there a phone around here?

Měl jsem nehodu.
Porazil jsem člověka.
Selhaly mi brzdy.
Vůz dostal smyk.

I had an accident.
I knocked down a man.
The brakes failed.
The car went into a skid.

CESTOVÁNÍ
TRAVELLING

Srazil jsem se s vozem, který jel v protisměru.	I crashed my car into an on-coming car.
Jeho světla mě oslnila.	Its lights dazzled me.
Není to moje vina.	I'm not to blame (for it).
Je to vina motocyklisty.	It's the motorcyclist's fault./ The motorcyclist is to blame.
Mohu vás uvést jako svědka?	Can I give your name as a witness to the accident?
Řekněte mi, prosím, své jméno a adresu.	Will you please give me your name and address?
Jste pojištěn?	Are you insured?
Máte mezinárodní pojištění?	Have you taken out an international insurance policy?
Můžete mě vzít do vleku?	Can you take my car in tow?

■

auto	**car**, Amer. **automobile** [oːtəuməubiːl]
osobní ~	**passenger car**
nákladní ~	**lorry**, Amer. **truck**
dodávkové ~	**van**
malá dodávka, dodávkové ~	**pick-up**
sportovní ~	**sports car**
automapa	**road map**
autoškola	**driving school, motoring school**
benzin	**petrol**, Amer. **gas**
brát ~	**tank**
blatník	**wing**, Amer. **fender, mudguard** (u motocyklu)
brzda	
ruční ~	**handbrake**
sešlápnout brzdu	**put on the brakes**
brzdit	**apply the brake**
prudce zabrzdit	**pull up short**, Amer. **panic brake, panic stop**

154

CESTOVÁNÍ
TRAVELLING

cesta	way
zpáteční ~	the ~ back, the return journey
couvat	back up/ put the car into reverse
čára	line
plná/ přerušovaná ~	solid/ broken ~
číslo vozu (SPZ)	registration number, number plate
čistit	clean
dálnice	motorway, Amer. freeway, turnpike (s poplatkem)
deska: přístrojová ~	board: dashboard
doprava	traffic
drát	wire
dveře auta	car door
filtr	filter
olejový ~	oil ~
vzduchový ~	air ~
vyměnit ~	change the ~
garáž	garage [gæra:ž]
garážmistr	garage foreman/ manager
hadr	a piece of rag, cloth
hasicí přístroj	fire extinguisher ['faiə eks,tiŋgwišə]
chladič	radiator [reidieitə]
chodec	pedestrian [pə'destriən]
chodník	pavement, Amer. sidewalk
jednosměrný	one-way
jet	go (went, gone)
jet po levé straně	keep to the left
jet vlevo	go left
kabel	cable
kanystr	can, petrol can
kapalina: brzdová ~	liquid, fluid: brake fluid
kapota	bonnet, Amer. hood
karoserie	bodywork

CESTOVÁNÍ
TRAVELLING

kleště — **a pair of pliers** [plaiəz]
klíčky od auta — **car keys**
   francouzský klíč —   **adjustable spanner** [əˌdžastəbl ˈspænə]
klika — **handle**
kolo — **wheel**
   náhradní ~ —   **spare ~**
   jízdní ~ —   **bicycle** [baisikl], **bike**
krajnice (zpevněná) — **(hard) shoulder**
křižovatka — **crossing, crossroads** (mimo město), Amer. **intersection**
lano (vlečné) — **cable (for towing), rope**
látka: pohonná ~ — **fuel** [fjuːəl]
lékárnička — **first-aid kit**
levý — **left**
magistrála, dopravní tepna — **thoroughfare** [θarəfeə]
moped — **moped** [məuped]
motocykl — **motorcycle** [məutəsaikl], hov. **motorbike** [məutəbaik]
motor — **engine**
   ~ se přehřívá —   **~ overheats**
   spustit ~ —   **start the ~**
   vypnout ~ —   **switch off/ stop ~**
motorest — **travel lodge, motor lodge, Services**
mytí — **washing**
   mycí linka —   **automatic car wash**
nadjezd, mimoúrovňový přejezd — **flyover** [flaiəuvə], **overhead crossing**, Amer. **overpass**
nádrž — **tank**
   palivová ~ —   **fuel ~**
náklad — **load** [ləud]
namazat — **lubricate, grease**
náprava — **axle** [æksl]
nárazník — **bumper**
nářadí — **tools**

CESTOVÁNÍ
TRAVELLING

nemrznoucí směs	**antifreeze mixture**
objížďka	**diversion** [daiˈvəːšn]**, detour** [diːˈtuə]
obousměrný	**two-way**
odbočit doleva/ doprava	**make a left/ right turn**
odmontovat	**dismantle**
odpočívadlo (po straně dálnice)	**lay-by**
odtáhnout; odtažení	**tow away**
pohotovostní odtahový vůz	**breakdown truck** [ˌbreikdaun ˈtrak]
opěrka hlavy	**headrest**
opravit	**repair, mend**
osvětlení	**lighting** [laitiŋ]
páka	**lever** [liːvə]
rychlostní ~	**gear ~,** Amer. **gear shift**
parkovat	**park**
parkoviště	**parking place,** Amer. **parking lot**
hlídané (placené) ~	**car park**
parkovací hodiny	**parking meter**
poplatek za překročení parkovací doby třicet liber	**excess charge £30**
pás: bezpečnostní ~	**belt: safety ~**
patník	**milestone** [mailstəun]
pedál	**pedal** [pedl]
píchnout (pneumatiku)	**have a puncture** [paŋkčə]**, have a burst tyre,** Amer. **have a flat tyre**
plyn	**gas**
(pedál)	**gas pedal**
přidat ~	**step on the gas**
podchod	**public subway,** Amer. **underground passage**
podjezd	**underpass**
pohonné hmoty	**fuels** [fjuːəls]

CESTOVÁNÍ
TRAVELLING

pojistka (elektrická) **fuse** [fju:z]
pojištění, pojistka **insurance, insurance policy**
   úrazové pojištění   **accident ~**
pokuta; pokutovat **fine** [fain]
poplatek **charge** [ča:dž]
   dálniční ~   **toll** [təul]
porucha **defect** [di:fekt], **fault** [fo:lt], **breakdown**
pravý **right** [rait]
provoz (na ulici) **traffic**
   rušný ~   **busy ~**
protokol (policejní) **(police) report**
   sepsat ~   **write ~**
pruh (jízdní) **(traffic) lane**
   odstavný ~   **emergency parking lane**, Amer. **turn out**
průkaz **certificate** [sə'tifikət]
   občanský ~   **identity card**
   řidičský ~   **driving licence**, Amer. **driver's license**
   technický ~   **logbook, MOT**
předjíždět **overtake (overtook, overtaken)**, Amer. **pass**
rozdělovač **distributor** [di'stribjutə]
rychlost **speed**
   maximální ~   **top ~, maximum ~**
   průměrná ~   **average ~**
řemen **belt**
řetěz **chain**
řidič **driver**
řídit **drive (drove, driven)**
sedadlo **seat**
semafor **traffic lights**
seřídit **adjust**
silnice **road, highway** (hlavní silnice)
silniční **road**

CESTOVÁNÍ
TRAVELLING

sklo	glass
přední ~	windscreen, Amer. windshield
zadní ~	rear window
skříň: rychlostní ~	box: gearbox [giəboks]
směr	direction
smyk	skid
dostat ~	get into a ~
spojka	clutch [klač]
spotřeba	consumption
srazit se (s)	collide [kəˈlaid], crash (into)
srážka	collision [kəˈližn]
startér	starter
startovat	start
stěrač	windscreen wiper
stoupání	going uphill, climbing
střecha	roof
světlo	light
přední světla	headlights [hedlaits]
kontrolní světla	emergency lights
brzdová světla	stop lights, tail lights
dálková ~	headlights
směrová ~	indicator ~, Amer. turn signal ~
tlumená ~	dimmed ~, Amer. low beam ~
svíčka	spark plug
sytič	choke
šipka	arrow
šroub	screw [skru:]
šroubovák	screwdriver
těsnění	washer
tlak	pressure [prešə]
tlumič	silencer [sailənsə]
trojúhelník, výstražný kužel	triangle [traiəŋgl], (traffic) cone
troubit	hoot

CESTOVÁNÍ
TRAVELLING

ukazatel cesty	**signpost, road sign**
válec	**cylinder**
ventil	**valve** [vælv]
viditelnost	**visibility**
snížená ~	**low ~**
voda	**water**
destilovaná ~	**distilled ~**
volant	**steering wheel**
automatické řízení	**automatic transmission**
vozidlo	**vehicle** [vi:ikl]
motorové ~	**motor ~**
vozovka	**roadway**
vrakoviště	**(used) car dump** [damp], **car cemetery**
vrazit do čeho	**hit** (hit, hit) **sth, crash into sth**
vůz	**car**
obytný přívěs	**caravan,** Amer. **trailer**
obytný vůz	**camper**
výfuk	**exhaust** [ig'zo:st]
tlumič výfuku	**silencer** [sailənsə]
výjezd	**exit, way out**
výměna (oleje)	**change (of oil)**
výmol	**pothole**
zabočit	**turn off**
zadní	**rear, back**
zákaz	**prohibition** [ˌprəui'bišn]
zámek (dveří)	**lock**
zamykání: centrální ~	**locking: central ~**
zapalování	**ignition**
zařadit první rychlost	**engage first gear**
~ zpátečku	**put the car into reverse, shift into reverse**
zastavit (se); zastávka	**stop**
zatáčka	**bend**
zavazadlový prostor	**boot,** Amer. **trunk** [traŋk]
značka	**sign** [sain]

CESTOVÁNÍ
TRAVELLING

dopravní ~	**traffic ~**
státní poznávací ~	**registration number (plate),** Amer. **license plate**
zóna: pěší ~	**zone: pedestrian precinct** [pəˌdestriən ˈpriːsiŋkt]
zrcátko	**mirror**
zpětné ~	**rear-view ~**
zvedák	**jack** [džæk]
žárovka	**light bulb** [lait balb]

VLAK | TRAIN

V Anglii jezdí tyto vlaky: **slow train, stopping train** osobní vlak, **fast train, express** rychlík, **intercity train** meziměstský rychlík. Vlaky mají první a druhou třídu – **first class, second class.** Děti do 5 let cestují zdarma, od 5 do 16 let platí poloviční ceny. Studující mládež nad 16 let jezdí za poloviční ceny. Občané starší 65 let mají rovněž slevy, cestují-li mimo dobu hlavní dopravní špičky. Zpáteční lístek je o něco levnější, sleva záleží na tom, zda se vracíte stejný den – **cheap day return** – nebo později. Existuje řada slev pro víkendové cesty rodin s dětmi.

PUBLIC NOTICES	NÁPISY
BR, British Rail	Britské dráhy
Way In – Way Out/ Exit	Vchod – Východ
Ticket barrier	Vstup na nástupiště
Arrivals – Departures	Příjezdy – Odjezdy
Booking Office/ Ticket Office	Pokladna
Tickets/ Fares	Jízdenky

CESTOVÁNÍ
TRAVELLING

TICKET MACHINE — **JÍZDENKOVÝ AUTOMAT**

1. **Press a green button to select your destination.**
   Zmáčkněte zelený knoflík a zvolte cílovou stanici.
2. **Press a yellow button to select your ticket type (first class/ adult day single/ day return/ 7 day adult travel card/ child day single/ senior railcard holder, etc)**
   Zmáčkněte žlutý knoflík a zvolte typ jízdenky (první třída/ dospělí – jednotlivá jízdenka/ zpáteční jízdenka týž den/ týdenní legitimace pro dospělé/ jednotlivá dětská jízdenka/ vlastník legitimace pro seniory atd.)
3. **Insert coins/ notes.** Vložte mince/ bankovky.
4. **Take ticket and change.** Vezměte si lístek a drobné zpět.

Left Luggage Office	Úschovna zavazadel
Lost Property	Ztráty a nálezy
Please Do Not Leave Bags Unattended	Nenechávejte prosím svá zavazadla bez dozoru
Please ensure that you have collected all your baggage.	Přesvědčte se prosím, že máte všechna svoje zavazadla.

INFORMACE — INFORMATION

Promiňte, kde je informační kancelář?	Excuse me, where's the information office?
Kdy jede vlak do Londýna?	When does the train leave for London?
Každé dvě hodiny.	Every two hours.
Jeden jede v deset třicet (dopoledne), druhý v jednu dvacet (odpoledne).	There's one at 10.30 (am), the other's at 1.20 (pm).
Kde musím přestupovat?	Where do I have to change trains?
Kdy přijede vlak do Londýna?	When will the train arrive in London?
Je hned spojení?	Is there an immediate connection/ a connection waiting?
Jak dlouho tam musím čekat?	How long do I have to wait there?

CESTOVÁNÍ
TRAVELLING

Jede nějaký vlak večer do Leedsu?	Is there any evening train to Leeds?
Chcete jet rychlíkem nebo Intercity?	Would you like to go by express or Intercity train?
Kdy jezdí vlaky do Stratfordu?	What are the times of the trains to Stratford?
Napište mi prosím hodinu odjezdu.	Will you write down the departure time for me, please?
Jede přes Manchester?	Is it going via Manchester?
Má lehátkové vozy?	Are there any cars with couchettes?
Ano, a má také lůžkové vozy a jídelní vůz.	Yes, and there are also sleeping cars and a dining car/ a restaurant car.
Kdy přijede rychlík z Edinburghu?	When will the Edinburgh express arrive?
Rychlík z Edinburghu do Londýna má 20 minut zpoždění. *(při příjezdu)*	The express from Edinburgh to London is 20 minutes late.
Půjčil byste mi jízdní řád?	Could you lend me the railway guide/ the timetable, please?
Má vlak do Edinburghu přímé vozy do Perthu?	Are there through carriages to Perth on the Edinburgh train?

JÍZDENKY

TICKETS

Kde se prodávají jízdenky?	Where can I get the tickets?
V nádražní hale.	In the booking hall.
Jednu jízdenku první třídy do Manchesteru.	A first class single to Manchester.
A jednu poloviční/ dětskou jízdenku.	And a half ticket.
Dvě zpáteční jízdenky do Oxfordu.	Two returns to Oxford, please.

CESTOVÁNÍ
TRAVELLING

Jízdenka platí tři dny.	The ticket is valid for three days.
Kde je místenková pokladna?	Where's the seat reservation office?
Chtěl bych dvě místenky na Intercity do Durhamu v osm hodin.	I'd like to book two seats on the eight o'clock Intercity train to Durham.
Chtěl bych místo u okna ve směru jízdy v oddělení pro nekuřáky.	I'd like a window seat a seat facing the engine a seat in the non-smoking compartment.
Jedno lůžko na rychlík do Glasgow ve 22.15.	A berth on the eleven fifteen pm Glasgow express (train).
Chcete horní nebo spodní?	Do you want the upper or lower berth?
Je nějaký příplatek na Intercity? – Ne, není.	Is there any extra charge for the Intercity train? – No, there isn't.
Kdy jede příští vlak do Brightonu?	When's the next train to Brighton?

NA NÁSTUPIŠTI
ON THE PLATFORM

Z kterého nástupiště jede vlak do Oxfordu?	Which platform for the train to Oxford?
Na kterou kolej přijede rychlík z Newcastlu?	Which platform will the express from Newcastle arrive at?
Jak dlouho tu vlak stojí?	How long will the train stop here?
Kde jsou místenkové vozy?	Where are the cars with seat reservations?
Vpředu./ Vzadu.	In front./ In the rear.
Uprostřed.	In the middle.
Pozor, pozor! Vlak z Doveru, pravidelný příjezd v 10.15, bude asi o 10 minut opožděn.	Attention! Attention! The Dover train scheduled for ten fifteen will be about ten

CESTOVÁNÍ
TRAVELLING

(při odjezdu)
Intercity z Glasgow přijíždí na třetí kolej.
Rychlík do Edinburghu, pravidelný odjezd v 9 hodin 30 minut, odjíždí z osmé koleje.
Vlak do Brightonu je připraven k odjezdu na druhé koleji.

VE VLAKU

Promiňte, je tu jedno místo volné?
Tato dvě místa jsou volná.
Všechno ostatní je obsazeno.

Čí je tento kufr?
Můj.
Mohu ho dát kousek dál?
Jistě.
Prosím vás, pomohl byste mi dát nahoru ten velký kufr?

Mohu otevřít okno?

Mohu zavřít okno?
Mohu rozsvítit/ zhasnout?
Mohl byste mi držet místo vedle vás?
Mohl byste mi ohlídat ten kufr? Hned se vrátím.

Mám místenku číslo dvacet.

To není v tomto kupé.

minutes late/ delayed.
The Glasgow Intercity (train) is arriving at platform three.
The Edinburgh express is leaving at nine thirty from platform number eight.

The Brighton train is ready to depart from platform two.

ON THE TRAIN

Excuse me, is there a seat left?
These two seats are vacant.
All the other seats are taken.

Whose suitcase is this?
It's mine.
May I move it up a bit?
Certainly.
Will you please help me put the large suitcase on the rack?

May I open/ lower the window?
May I close the window?
May I switch on/ off the light?
Could you keep the seat beside you for me?
Could you keep an eye on my suitcase? I'll be back in a minute.

I've got a number twenty seat reservation.
It isn't in this compartment.

CESTOVÁNÍ
TRAVELLING

Mám spodní/ horní/ prostřední lehátko.	I've got the lower/ upper/ middle berth.
Vzbuďte mě, prosím, dvacet minut před příjezdem do Glasgow.	Will you please wake me up twenty minutes before arriving in Glasgow?
Jízdenky, prosím.	Fares, please.
Kdo přistoupil?	Any more fares, please?
Je nějaký příplatek?	Is there any extra charge?
Pane průvodčí, staví tento vlak v Durhamu?	Excuse me, does this train stop at Durham?
Jedeme přesně?	Are we on time?
Máme dvacet minut zpoždění, ale doháníme to.	We're twenty minutes late, but we're making up the time.
Už jsme na místě.	Here we are.
Na které straně se vystupuje?	On which side do we get off?

brzda — **brake**
   záchranná ~ — **emergency ~** [iˈməːdžənsi breik]
   zatáhnout za brzdu — ***pull the ~***
cesta vlakem — **train journey** [džəːni]
čekárna — **waiting room**
chodbička — **corridor**
jízdenka — **ticket**
   hromadná ~ — **group ~**
   zpáteční ~ — **return ~**
jízdní řád (železniční) — **timetable, railway guide**
kolej (na nádraží) — **rail**, Amer. **track**
   po železnici, vlakem — **by rail, by train**
kuřáci — **smoker(s), smoking compartment**
lehátko — **couchette** [ˌkuːˈšet]

CESTOVÁNÍ
TRAVELLING

lokomotiva	**engine, locomotive** [ˌləukəˈməutiv]
elektrická ~	**electric train engine**
lůžko	**sleeping berth**
místenka	**seat reservation**
nutno zakoupit místenku	**it's necessary to reserve a seat**
místo (k sezení)	**seat**
nádraží	**railway station**
nástupiště	**platform**
nastupovat do vlaku	**get on the train**
nekuřáci	**non-smoker(s)**
obsazeno (místo)	**engaged, occupied, taken**
oddíl, kupé	**compartment**
odjet	**leave, depart**
odjezd	**departure** [diˈpa:čə]
podchod	**subway**
pokladna (jízdenková)	**ticket office, booking office**
průvodčí	**guard** [ga:d]
přednosta stanice	**station master**
přerušit jízdu	**break (broke, broken) the journey**
přestupovat	**change trains**
přijet	**arrive**
příjezd	**arrival** [əˈraivl]
příplatek	**extra/ excess charge**
přípoj	**connection**
příchod na nástupiště/ k vlakům	**ticket barrier**
rychlík	**express**
signál	**signal** [signl]
sleva: sleva 25 %	**reduction: a discount of 25 per cent**
směr	**direction**
třída	**class**
tunel	**tunnel** [tanl]
tunel pod Lamanšským průlivem	**Channel Tunnel**

CESTOVÁNÍ
TRAVELLING

umývárna	**washroom, toilet**
úschovna zavazadel	**left luggage office**
vlak	**train**
nákladní ~	**goods ~**, Amer. **freight [freit] ~**
vůz	**carriage** [kæridž], Amer. **rail car**
jídelní ~	**dining car, restaurant ~**
bufetový ~	**buffet ~**
lehátkový ~	**couchette ~**
lůžkový ~	**Pullman, sleeping car**
vystupovat z vlaku	**get (got, got) off the train**
záclonka	**curtain** [kə:tn]
zatáhnout záclonku	**draw (drew, drawn) the curtain**
záchod	**toilet**
zmeškat vlak	**miss the train**
znamení k odjezdu	**departure signal**
zpoždění	**delay**
mít ~ (při příjezdu)	**be late**
(při odjezdu)	**be overdue, be delayed**
železnice	**railway**, Amer. **railroad**

LETADLO | PLANE

LETECKÁ SPOLEČNOST | AIRLINES, AIRLINE COMPANY

Můžete mi říci adresu ČSA v Londýně?	**Can you give me the address of the Czech Airlines in London?**
Létá BA do Dublinu každý den?	**Are there BA flights to Dublin every day?**
Jak dlouho trvá let?	**How long is the flight?**
V kolik hodin letí letadlo do Prahy?	**What's the time of the flight to Prague?**
Letadlo do Prahy odlétá v 9 hodin.	**The Prague plane takes off at nine o'clock.**

CESTOVÁNÍ
TRAVELLING

Hodinu před odletem musíme být na letišti.	We must be at the airport an hour before flight time.
Hodinu před odletem se musíme přihlásit k odbavení.	We must check-in an hour before flight time.
V kolik hodin přiletíme do New Yorku?	What time do we arrive in New York?
V jedenáct hodin místního času.	At eleven o'clock local time.
Je dnes nějaké letecké spojení s Aberdeenem?	Is there any flight to Aberdeen today?
Jsou volná dvě místa v letadle v 17 hodin.	There are two seats vacant on the flight at 17.00.
Je to přímý let?	Is it a nonstop flight?
Ne, letadlo má mezipřistání v Londýně.	No, there's an intermediate stop in London.
Kolik stojí letenka?	How much is the ticket?
Je sleva pro studenty?	Is there any discount for students?
Děti do 10 let platí polovinu.	Children under ten pay half price.
Můžete mi rezervovat dvě místa na sobotu 30. června do San Franciska?	Can I book two seats on the San Francisco plane for Saturday the thirtieth of June?
Mohu dostat místo u okénka, spíš vepředu?	Can I have a window seat in front, if possible?
Zítra přijdu zaplatit a vyzvednout si letenky.	I'll come and pay tomorrow when I collect the tickets.
Mám z Prahy zaplacenou zpáteční letenku Londýn – Praha.	I've got a return ticket to Prague.
Můžete mi potvrdit let do Prahy?	Can you confirm my flight to Prague?
Lituji, linka ČSA je už obsazena.	I'm sorry, but the flight on Czech Airlines is fully booked.
Mohu vás dát pouze na čekací listinu, chcete-li.	I can put your name on the waiting list/ *Amer.* on a stand-by, if you like.

CESTOVÁNÍ
TRAVELLING

Přijďte se zeptat ve čtvrtek, zda se něco uvolnilo.	Call again on Thursday to inquire if there are any vacancies/ if there's anything vacant.
Jaké je vaše telefonní číslo?	What's your telephone number?
Odkud jezdí aerolinkový autobus na letiště?	Where does the airline bus depart from?
Od terminálu.	From the terminal.

NA LETIŠTI

AT THE AIRPORT

Vaši letenku, prosím.	Your (plane) ticket, please.
Přejete si místo pro kuřáky?	Would you like a seat in the smoking section?
Ne, já nekouřím.	No, thank you. I don't smoke.
Tady je vaše palubní vstupenka.	Here's your boarding pass.
Nástup je v 7.30, východ číslo 5.	Gate number five will be open at 7.30.
Vaše zavazadla, prosím?	Your baggage, please.
Tady je můj kufr.	Here's my baggage/ suitcase.
Máte nějakou tašku/ nějaké příruční zavazadlo?	Have you got any hand luggage?
Ta/ To musí také na váhu.	It has to be weighed, too.
Ten batoh si chci vzít s sebou do letadla jako příruční zavazadlo.	I want to take this backpack/ rucksack to the cabin as hand luggage.
Máte 5 kg nad povolenou váhu.	There's five kilo overweight.
Tady máte visačku a lístek na zavazadla.	Here's your suitcase tag and baggage claim check.
Postupte k pasové kontrole.	Proceed to immigration/ to the passport control.

HLÁŠENÍ

ANNOUNCEMENTS

Let ČSA OK 455 do Prahy bude mít asi hodinu zpoždění.	The CSA OK flight number 455 to Prague will be delayed for about an hour.

CESTOVÁNÍ
TRAVELLING

Praha pro špatné počasí nepřijímá.	**Prague Airport is closed due to bad weather.**
Připravte se k odletu linky BA 1265 do Londýna.	**Passengers are requested to get ready for BA flight number 1265 to London.**
Prosíme cestující do New Yorku, let linkou United 1264, aby se dostavili k východu číslo devět.	**Passengers bound for New York on the United flight number 1264 are requested to proceed to gate number nine.**
Poslední výzva cestujícím letu OK 526 společnosti ČSA do Prahy. Dostavte se do odletové haly, východ číslo sedm.	**This is the last call for OK flight number 526 of the Czech Airlines to Prague. Please assemble in the departure hall, exit number seven.**
Pozor, pozor, důležité sdělení pro cestující letu společnosti United 517 do San Franciska, pravidelný odlet ve 13 hodin. Tento let byl zrušen z důvodu stávky zaměstnanců letiště.	**Attention! Attention! An important announcement for passengers on the United flight number 517 bound for San Francisco, regular departure at 13.00. This flight was cancelled due to the strike of the airport employees.**

PUBLIC NOTICES AT THE AIRPORT IN NEW YORK
Arrivals/ Departures
Check in
Inquiry Counter
Departure Lounge
Transit Lounge/ Restricted area

VEŘEJNÉ NÁPISY NA LETIŠTI V NEW YORKU
Přílety/ Odlety
Odbavení
Informace
Odjezdová hala
Tranzitní prostor

CESTOVÁNÍ
TRAVELLING

V LETADLE

Dámy a pánové! Kapitán Newman, kapitán letadla do New Yorku na lince United se svou posádkou vás vítají na palubě a přejí vám příjemný let.
Žádáme vás, abyste se připoutali a přestali kouřit.

Budeme startovat.

V jaké výšce letíme?

Letíme ve výšce 10 000 metrů.

Letíme rychlostí 800 kilometrů za hodinu.
Kde jsme teď?
Co je to za město?
Teď letíme nad Alpami.
Pod námi je vidět Rýn.
Mohla byste mě upozornit, až poletíme nad Ženevou?

Kde jsou toalety?
Není mi dobře.
Můžete mi dát něco proti nevolnosti?

Letadlo už klesá.
Za několik minut budeme přistávat.
Zůstaňte, prosím, sedět/ Zůstaňte, prosím, připoutáni až do úplného zastavení letadla.

ON THE PLANE

Ladies and gentlemen. Captain Newman of the United flight to New York and the flight crew welcome you aboard and wish you a pleasant journey.
Passengers are requested to fasten their seat belts and stop smoking.

We're going to take off.

What's the altitude we are cruising at?

We're flying/ cruising at an altitude of 10,000 metres.

We're flying at a speed of 800 kilometres per hour.
Where are we now?
What town is it?
We're flying over the Alps.
You can see the Rhine below.
Could you let me know when we fly over Geneva?

Where are the toilets?
I'm airsick.
Can I get something/ a pill for airsickness?

The plane's descending.
We'll be landing in a few minutes.
Please, keep your seats/ keep your seat belts on until we come to a complete stop.

CESTOVÁNÍ
TRAVELLING

PŘÍLET – TRANZIT

Kde je výdej zavazadel?

Odkud jedou autobusy do města?

V kolik hodin máme spojení do San Franciska?
Letadlo do San Franciska odletělo před 15 minutami.
Kdy letí další?
Zítra ráno.
Musíme čekat v tranzitní hale?

Ne, odvezeme vás do hotelu.

ARRIVAL – TRANSIT

Where's the baggage counter/ baggage claim (area)?

Where do the buses bound for the city depart from?

How long do I have to wait for the San Francisco flight?
The plane to San Francisco left 15 minutes ago.
When's the next flight?
Tomorrow morning.
Do we have to wait in the transit lounge/ *Amer.* in the restricted area?

No, you'll be taken to the hotel.

■

airbus
cestující
doprava: kyvadlová ~
kontrola
   bezpečnostní ~
   celní ~
křeslo
   sklápěcí ~
křídlo
let
   denní ~
   noční ~
   přímý ~
   vnitrostátní ~
letadlo
   proudové ~
   proudové obří ~
   nadzvukové ~

airbus
passenger [pæsindžə]
shuttle service/ bus
control [kənˈtrəul]
   safety ~
   customs ~
seat
   reclining ~
wing
flight [flait]
   day ~
   night ~
   nonstop ~
   local ~
plane
   jetliner
   jumbo jet [džambəu džet]
   supersonic ~

CESTOVÁNÍ
TRAVELLING

letenka	**plane ticket**
letět	**fly (flew, flown)**
letuška	**air hostess** ['eə həustəs], Amer. **flight attendant**
linka (letecká)	**airline**
mezipřistání	**intermediate landing**
mlha	**fog**
motor	**engine**
mrak	**cloud**
nadváha	**overweight**
nástup do letadla	**embark/ get on the plane**
odbavení	**check-in**
odlet	**departure, take off**
odlétat, startovat	**take (took, taken) off, leave (left, left), start**
pilot	**pilot**
plocha: rozjezdová/ přistávací ~	**runway**
podvozek	**undercarriage** ['andə‚kæridž]
posádka letadla	**aircrew**
přílet	**arrival**
přiletět	**arrive**
připoutat se	**fasten** [fa:sn] **the seat belt**
přistání	**landing**
nouzové ~	**emergency ~**
přistát	**land**
rezervovat	**book, reserve**
řád: letový ~	**flight schedule** [flait šedju:l, Amer. skedžu:l]
sedadlo	**seat**
schůdky	**gangway**
tabule: informační ~	**flight information board**
vrtule	**propeller**
vesta: záchranná ~	**life jacket**
věž: kontrolní ~	**control tower**
vstupenka: palubní ~	**boarding pass**
zrušit (let)	**cancel** [kænsl] **(the flight)**

CESTOVÁNÍ
TRAVELLING

LOĎ | BOAT

NA MOLU | ON THE PIER

Jak často jezdí loď na ostrov Wight?	How often does the boat go to the Isle of Wight?
V kolik hodin jede příští loď?	When's the next boat?
Z kterého mola?	Which pier is it from?
Kde se kupují lístky?	Where can I get the tickets?
V přístavišti.	In the harbour.
Tam u té pokladny.	At that ticket office over there.
Na palubě.	Aboard the ship./ On deck.
Jak dlouho trvá (okružní) plavba?	How long is the cruise?

NA LODI | ABOARD THE SHIP

Kajuta číslo 10, prosím?	Cabin number ten, please.
Chci si vypůjčit dvě lehátka na palubu B.	I'd like to hire two deck chairs on B deck.
Moře je rozbouřené.	The sea's rough.
Na horní palubě je hrozný vítr.	It's awfully windy on the upper deck.
Mám mořskou nemoc.	I'm seasick.
Půjdu si lehnout.	I'm going to lie down.
Kde najdu palubního lékaře?	Where can I find the ship's doctor?

bóje	**buoy** [boi, Amer. bui]
bouře	**storm**
břeh (mořský)	**seashore**
člun	**boat**
motorový ~	**motor ~**
záchranný ~	**lifeboat**
kajuta	**cabin**
kapitán	**captain** [kæptən]
komín	**funnel** [fanl]
kormidelník	**steerman**
kormidlo	**rudder** [radə]

CESTOVÁNÍ
TRAVELLING

kotva	**anchor** [æŋkə]
spustit kotvu	**drop** ~
zvednout kotvy	**weigh** [wei] ~
kotvit	**be at anchor**
lano	**rope, cable** [keibl]
loď	**ship, boat**
motorová ~	**motor boat**
zaoceánská ~	**ocean liner**
loďka	**(small) boat**
loděnice	**dockyard, dock**
maják	**lighthouse** [laithaus]
moře	**sea**
širé ~	**open** ~
vyplout na širé ~	**set sail on** ~, **head for the open** ~
můstek	**landing stage**
nábřeží (mořské)	**seafront, seaside**
nakládat	**load**
nalodění	**embarkment**
nalodit se	**embark** [imˈbaːk]
námořník	**sailor** [seilə]
nemoc: mořská ~	**sickness: seasickness**
odliv	**ebb tide, low tide**
odplout	**sail off**
ostrov	**island** [ailənd]
paluba	**deck**
dolní ~	**lower** ~
horní ~	**upper** ~
parníček	**boat**
parník	**steamer, steamboat**
pás: záchranný ~	**life jacket**
plachetnice	**sailing boat, sail boat**
plachta	**sail**
plavba	**passage** [pæsidž], **sea voyage** [voiidž]
okružní ~	**cruise** [kruːz]
plavčík (na lodi)	**cabin boy**

CESTOVÁNÍ
TRAVELLING

(na pláži)	**lifeguard**, Amer. **bay watch**
plavit se, plout	**sail**
pobřeží	**coast** [kəust]
posádka	**ship's crew**
potápěč	**diver**
proud	**stream**
průplav	**canal** [kəˈnæl]
přeplout Lamanšský průliv trajektem	**cross the Channel by ferry**
převoz, trajekt	**ferryboat**
příď	**bow** [bau]
příliv	**high tide**
přeplavit se přes Atlantický oceán	**sail the Atlantic ocean**
přistát	**land**
přístav	**port** (město), **harbour**
přístaviště	**wharf**, mn. č. **wharves** [wo:f, wo:vz]
siréna	**siren** [sairən]
~ houká	~ **is whistling** [wisliŋ]
stěžeň	**mast**
šroub: lodní ~	**propeller** [prəˈpelə]
tonáž	**tonnage** [tonidž]
úžina	**strait(s)**
veslo	**oar** [o:]
veslovat	**row**
vlajka	**flag**
vlna	**wave**
vplout (do přístavu)	**enter (the port, the harbour)**
vykládat	**unload**
vylodění	**disembarkation** [ˌdisimbaˈkeišn]
vylodit (se)	**disembark** [ˌdisimˈba:k]
záď	**stern**
záliv	**bay** [bei]
ztroskotání	**shipwreck**
ztroskotat	**be shipwrecked**
(Viz Na pláži str. 317)	

CESTOVÁNÍ
TRAVELLING

MĚSTSKÁ DOPRAVA | MUNICIPAL TRANSPORT

Kde je nejbližší stanice metra?	Where's the nearest Metro station?
Je tu někde autobusová zastávka?	Is there a bus stop near here?
Zastávka je kousek dál.	The stop is a bit further on.
Kde staví autobus do City?	Where's the bus stop for the City?
Která linka jede do centra?	What number bus goes to the centre?
Jezdí trolejbusy na nádraží?	Are there trolleybuses to the railway station?
Která tramvaj tam jede?	Which tram goes there?
To musíte jet opačným směrem.	You must go in the opposite direction.
V kolik hodin jede první ranní autobus do Windsoru?	What time is the first morning bus to Windsor?
V kolik jede poslední metro?	What time is the last Metro train?
Kolik stojí jízdenka do metra?	What's the Metro fare?
Kterou tramvají se dostanu na hrad?	What tram goes to the castle?/ What tram shall I take to get to the castle?
Nastupuje se vpředu/ vzadu.	Will you please get on in front/ at the rear?
Jedu na veletrh.	I'm going to the Trade Fair.
Kde mám vystoupit?	Where shall I get off?
Na příští stanici.	At the next stop.
Řeknete mi laskavě, až budeme u přístavu?	Will you please tell me when we are at the harbour?
Jeďte až na konečnou stanici.	Go as far as the terminus.
S dovolením.	Excuse me.

CESTOVÁNÍ
TRAVELLING

Vystupujete?	**Are you getting off?**
Já také vystupuji.	**I'm getting off as well.**
Netlačte se.	**Stop pushing, please.**

TAXI

TAXI

Pojedeme taxíkem.
Let's go by taxi.

Je tu někde stanoviště taxi?
Is there a taxi rank around here?

Taxi! Jste volný?
Taxi! Are you free?
Prosím. Kam to bude?
Yes, sir. Where to?
Na nádraží Waterloo.
Waterloo Station, please.
Jeďte rychle, spěchám.
Please, go fast, I'm in a hurry.
Je to daleko?
Is it far?
Za pět minut jsme tam.
We'll do it in five minutes.
Zavezte mě do centra města.
Take me to the centre of the town.

Jeďte pomaleji, chci vidět město.
Slow down, please. I'd like to see the town.
Jeďte přes Karlovo náměstí.
Go across Charles Square.
Zastavte. Vystoupím tady.
Please, pull up. I'll get out here.
Kolik platím?
What's the fare?
Podle taxametru je to devět liber.
It's nine pounds according to the meter.
Tady máte.
Here you are.
Zbytek si nechte.
Keep the change.
Kolik stojí cesta na letiště?
What's the fare to the airport?
(Viz též str. 200)

čekat na autobus
wait for the bus
jízdenka
ticket
metro
Metro
   jet metrem
   go on/ by the Metro
nastoupit do tramvaje
get (got, got) on the tram
podzemní dráha
underground, hov. tube, Amer. subway

CESTOVÁNÍ
TRAVELLING

jet ~	go by the underground, hov. *go by tube*
stanice podzemní dráhy	~ station/ stop
stanice	**stop**
~ metra	Metro station/ stop
~ tramvaje	tram stop
železniční ~	railway station
konečná ~ (autobusu, tramvaje)	terminus
stanoviště taxi	**taxi rank,** Amer. **taxi stand, cab stand**
strážník	**policeman,** mn. č. **policemen**
dopravní ~	traffic warden/ officer
špička (dopravní)	**peak (hours), rush hours**
ve špičce	during the morning/ afternoon peak
tramvaj	**tram,** Amer. **streetcar**
trať	**line**
trolejbus	**trolleybus**
zastávka	**stop**
~ na znamení	request ~, Amer. whistle-stop
zkratka (pěšina)	**short cut**
jít zkratkou	take a short cut

MĚSTO

DOTAZY NA CESTU

Promiňte, kde je Tate Gallery?

Kudy se jde na Trafalgarské náměstí?
Jak se dostanu ke kostelu sv. Martina?
Která je tohle ulice?
Kam vede tato třída?

TOWN

ASKING ONE'S WAY

Excuse me, where's the Tate Gallery?
Excuse me, which is the way to Trafalgar Square?
Excuse me, how do I get to St Martin's Church?
What street is this?
Where does this avenue lead to?

CESTOVÁNÍ
TRAVELLING

Zabloudila jsem.	I've lost my way.
Mohl byste mi ukázat cestu?	Could you tell me the way?
Kam chcete jít?	Where do you want to go?
Do centra.	To the centre.
Ke katedrále.	To the cathedral.
Na náměstí Republiky.	To the Square of the Republic.
To jdete špatně.	You're going the wrong way./ This is the wrong way.
Musíte se vrátit.	You have to go back.
Ukážu vám to na plánu města.	Let me show you on the map.
Mohu jít s vámi, mám stejnou cestu.	I can accompany you. I'm going the same way.
Jděte rovně až k semaforu.	Go straight on/ straight ahead as far as the (traffic) lights.
Zahněte doprava.	Turn right.
Pak se dejte první ulicí vlevo.	Then take the first street to the left.
Promiňte, je daleko Buckinghamský palác?	Excuse me, is Buckingham Palace far from here?
Není, je to pět minut odtud.	No, it's five minutes walk from here.
Můžete jít pěšky.	You can walk.
Vraťte se ke kostelu sv. Markéty.	Go back to St Margaret's Church.
Přejděte přes most.	Cross the bridge.
A tam se zeptejte strážníka.	And ask the policeman there.
Prosím vás, je tu poblíž lékárna?	Excuse me, is there a chemist's/ pharmacy near here?
Tam na rohu.	On the corner over there.

(*Viz* Určení místa a směru *str. 57–58*)

CESTOVÁNÍ
TRAVELLING

PROHLÍDKA MĚSTA | SIGHTSEEING

Czech	English
Rád bych si prohlédl město.	I'd like to go sightseeing.
Chcete-li, doprovodím vás.	I'll accompany you, if you like./ I'll show you round, if you like.
Ukážu vám pamětihodnosti.	I'll take you sightseeing.
Co byste chtěl hlavně vidět?	What would you like to see above all?
Co je tu zajímavého k vidění?	What places of interest are there to see?
Nejzajímavější je stará část města s gotickými a barokními kostely a paláci.	The most interesting part is the old town with its Gothic and Baroque churches and palaces.
Odpoledne se můžeme projít v zámecké zahradě.	In the afternoon we can take a stroll round the Castle Gardens.
Odtamtud je nádherný výhled na město.	There's a magnificent view of the town.
Potřebuji si koupit různé věci.	I need to do some shopping.
Půjdeme tedy na trh nebo do nákupního střediska.	So we can go to the market place or to the shopping centre.
Na náměstí je každou sobotu trh.	There's a market in the square every Saturday.
Jak se jmenuje tento kostel?	What's the name of this church?
Mohli bychom se podívat dovnitř?	Could we have a look inside?
Není otevřeno.	It's not open.
Dá se vystoupit na věž?	Is it possible to go up the tower?
To je nádherný pohled!	That's a superb view.

CESTOVÁNÍ
TRAVELLING

V tomto chrámu je pochováno několik význačných mužů.	Several outstanding men were buried in this church.
Toto je hrob krále Jiřího VI.	This is the tomb of King George the Sixth.
Z kterého století je tato katedrála?	What century is this cathedral?
Co je to za budovu?	What building is that?
Kdo ji stavěl?	Who was it built by?
Architekt je neznámý.	By an unknown architect.
Čí je to pomník?	Whose monument is it?
To je pomník Jana Husa.	This is the Jan Hus Monument.
Od koho je tato socha?	Who's this statue by?
Z které doby je?	What period is it?
V tomto domě se narodil ...	This is ...'s native house.
žil ...	This is the place where ... lived.
zemřel ...	This is the house where ... died.
Jaký je to sloh?	What style is it?
Do kolika hodin jsou osvětleny památky?	Until what time are the monuments illuminated?
(Výtvarné umění *viz str. 300*)	
Jak se vám líbí naše město?	How do you like the town?
Ano, moc se mi líbí.	I like it very much.
Jsem okouzlen.	I'm enthusiastic.
Jste tady poprvé?	Are you here for the first time?
Ano, ale chtěl bych brzy přijet znovu.	Yes, but I'd like to come again soon.

■

bazilika	**bazilica** [bəˈzilikə]
brána	**gate**
budova	**building**
centrum (historické)	**centre (historic)**
čtvrť	**district, part of the town**

CESTOVÁNÍ
TRAVELLING

vilová (rezidenční) ~	**residential district**
divadlo	**theatre**
dům	**house, building**
panelový ~	**prefabricated ~** [priˈfæbrikeitid]
věžový ~	**high-rise building, tower block**
hospoda	**pub**
hotel	**hotel** [həuˈtel]
hrad	**castle** [ka:sl]
hradby	**walls**
hřbitov	**cemetery** [semətri]
hřiště	**sports ground, playing field; playground** *(pro děti)*
chodec	**passenger** [pæsindžə]**, walker**
chodník	**pavement,** Amer. **sidewalk**
kaple	**chaple** [čæpl]
kasárna	**barracks** [bærəks]
kašna	**fountain** [fauntin]
katedrála	**cathedral** [kəˈθi:drəl]
kavárna	**coffee house, coffee bar, café** [kæfei] *(typ naší kavárny)*
kino	**cinema** [sinəmə]
klášter	**monastery** [monəstəri] *(mužský)*; **nunnery** [nanəri] *(ženský)*
knihovna	**library** [laibrəri]
komisařství	**police station**
konzulát	**consulate** [konsjulət]
kostel	**church**
lanovka *(na kolejích)*	**cable railway, funicular** [fjuˈnikjulə] **railway**
sedačková ~	**chairlift**
visutá ~	**cableway**
lázně *(městské)*	**public baths**
město	**town, city** *(v GB město*

CESTOVÁNÍ
TRAVELLING

s katedrálou, v USA velkoměsto, např. New York City)
   hlavní ~ **capital** [kæpitl]
   jít do (středu) města **go (in)to town,** Amer. **downtown**
   jet do Londýna **go (up) to town**
mešita **mosque** [mosk]
most **bridge**
mrakodrap **skyskraper** ['skai‚skreipə]
muzeum **museum** [mju'ziəm]
nábřeží (řeky) **embankment** [im'bæŋkmənt]
   ~ mořské **seafront, seaside**
nádraží **railway station**
   autobusové ~ **bus/ coach station**
náměstí **square**
nemocnice **hospital**
oblouk **arch** [a:č]
   vítězný ~ **triumphal** [trai'amfl] ~
obrazárna **picture gallery**
okolí **surroundings** [sə'raundiŋz] (jen mn. č.)
osvětlení **illumination** [i‚lu:mi'neišn]
palác **palace** [pælis]
park **park**
   zábavní ~ **funfair ~, amusement** [ə'mju:zmənt] ~
parkoviště **parking place,** Amer. **parking lot**
   (místo na zaparkování auta) **parking space**
parlament **parliament; the Houses of Parliament** (parlamentní budova v Londýně)
pevnost **fortress** [fo:trəs]
plánek města **map of the town**
pomník **monument** [monjumənt]

185

CESTOVÁNÍ
TRAVELLING

předměstí	**suburb** [sabə:b]
přístav	**harbour** [ha:bə]
radnice	**town hall,** Amer. **city hall**
restaurace	**restaurant** [restəront]
roh	**corner**
za rohem	**round the ~**
řeka	**river**
sady (park)	**gardens, park**
semafor	**traffic lights**
sídliště	**housing estate, housing development**
sloup	**column** [koləm]
socha	**statue**
soud	**lawcourt** [lo: ko:t]
stadion	**stadium** [steidiəm]
stánek (na trhu)	**stand**
studna	**well**
škola	**school**
továrna	**factory, works**
trh	**market**
tržnice	**market hall**
třída	**avenue** [ævinju:]
ulice	**street**
univerzita	**university** [ˌju:niˈvə:səti]
veletrh	**trade fair** [treid feə]
velvyslanectví	**embassy**
věž	**tower**
věžička	**turret** [tarit], **spire** [spaiə]
vchod	**entrance**
postranní ~	**side ~**
vinárna	**wine bar**
výklad, výkladní skříň	**window, display case, shop window**
zahrada	**garden**
botanická ~	**botanical gardens**
zoologická ~	**zoological** [ˌzəuəˈlodžikl] **~, zoo** [zu:]

CESTOVÁNÍ
TRAVELLING

záchodky	**public toilets, public conveniences** [kənˈviːniənsiz]
zajímavost (místo)	**a place of interest**
zastávka	**stop**
zóna	**zone**
pěší ~	**pedestrian precinct** [pəˈdestriən priːsiŋkt]
zvonice	**belfry**

(Viz *Městská doprava* str. 178, *Volný čas* str. 307)

CESTOVNÍ KANCELÁŘ | TRAVEL AGENCY

Kde je (tu) cestovní kancelář?
Mohu dostat
   plánek města
   nějaké prospekty

   mapu okolí
   průvodce po městě?
Je to zdarma?

Je možné objednat si u vás okružní jízdu městem?
Jak dlouho trvá?
Jsou různé okruhy.
Můžete si vybrat.
V jakém jazyce průvodce vykládá?
V kolik hodin se vyjíždí?
A odkud?

Odjezd je v 9 hodin ráno z Trafalgarského náměstí.

Rezervujte mi dvě místa na zítřek.

Where's the travel agency?
Can I have/ get
   a map of the town
   some prospectuses/ folders *(skládací)*/ **leaflets**
   a map of the surroundings
   a guidebook to the town?
Is it free (of charge)?

Can I book a sightseeing tour of the town?
How long is the tour?
There are several tours.
You can take your choice.
What language does the guide speak?
What time does the coach depart? And where does it depart from?
The departure's from Trafalgar Square at nine o'clock in the morning.
I'd like to book two seats for tomorrow.

CESTOVÁNÍ
TRAVELLING

Ano, na jaké jméno, prosím?	Yes, sir. What name, please?
Pořádáte výlety do okolí?	Do you also run excursions into the countryside?
Tady máte prospekty.	Here are the prospectuses.
Můžete se podívat do nejzajímavějších míst v okolí hlavního města.	You can visit the places of interest in the surroundings of the capital.
Každé úterý se koná celodenní zájezd do Oxfordu a Cambridge.	There'a a one-day trip to Oxford and Cambridge every Tuesday/ on Tuesdays.
Kromě toho organizujeme týdenní okružní zájezdy po jižní Anglii.	Apart from this we organize one week tours of South England.
Kolik stojí výlet do Stratfordu pro jednu osobu?	How much is a trip to Stratford per person?
V ceně je zahrnuta	The price includes
jízda klimatizovaným autobusem	air-conditioned coach fare
prohlídka města	sightseeing tour/ guided tour of the town
vstupné do muzeí	admission fees to the museums
oběd	lunch
a služby průvodce.	and the services of the tour guide.
V kolik hodin je návrat?	What time do we return?
Předpokládaný návrat je ve večerních hodinách.	The return is planned for the evening.
Dnes je nádherný den, chceme jet na výlet.	It's a wonderful day today. We'd like to go for a trip.
Můžete nám něco hezkého doporučit?	Can you recommend some nice trip?
Je lépe jet vlakem nebo autobusem?	Should we take the train or bus?

CESTOVÁNÍ
TRAVELLING

Chtěli bychom jet do Skotska.	We'd like to go to/ to visit Scotland.
Jsou organizované nějaké pěší túry po horských chatách?	Are there any organized walking tours round the mountain chalets?
Kde se dá najmout auto?	Where can I hire/ rent a car?

BANKA | BANK

Kde si mohu vyměnit dolary za libry?	Where can I change dollars into pounds?
Na letišti nebo v hotelu.	At the airport or at the hotel.
Je tu někde banka nebo směnárna?	Is there a bank or bureau de change near here?

SMĚNÁRNA | BUREAU DE CHANGE, EXCHANGE OFFICE

Chci vyměnit libry za dolary.	I'd like to change English pounds into dollars.
Jaký je dnes kurs libry?	What's the present rate of exchange for the pound?
Kolik budete měnit?	How much (money) will you change?
Kolik liber dostanu za dvě stě dolarů?	How many pounds do I get for two hundred dollars?
Dejte mi, prosím,	Can I have
jednu desetilibrovou bankovku	a ten-pound note
jednu desetidolarovou bankovku	a twenty-dollar bill
jednu padesátilibrovou bankovku	a fifty-pound note
a pět dvacetilibrových bankovek.	and five twenty-pound notes?

CESTOVÁNÍ
TRAVELLING

Jaký si počítáte poplatek?	**What's your commission?**
Počítáme si dvě procenta.	**There's a two per cent commission.**
Chtěl bych menší bankovky.	**I'd like notes of smaller denominations.**
Nemohl byste mi rozměnit pět liber?	**Could you give me change for a five-pound note?**
Přijímáte české koruny?	**Do you take Czech crowns?**
Je česká koruna volně směnitelná?	**Is the Czech crown freely convertible?**
Dolar jde nahoru/ dolů.	**The dollar's going up/ down.**
Kolik dolarů je za libru?	**How many dollars are there to the pound?**

British Money

Jedna libra – **one pound (£1)** – má sto pencí (**100 pence**). Pencím říkají Angličané **p** [pi:], např. **95p** [nainti faiv pi:]. Částky vyšší než jedna libra, např. **£29.80** (*čti:* **twenty-nine pounds eighty**). Jedna libra *slang.* = **a quid** [kwid], např. **Can you lend me five quid?**

Mince		Coins	Bankovky		Notes
one penny		1p	one-pound note		£1
two pence		2p	five-pound note		£5
five pence		5p	ten-pound note		£10
ten pence		10p	twenty-pound note		£20
twenty pence		20p	fifty-pound note		£50
fifty pence		50p			
one pound		£1			

American Money

Jeden dolar – **one dollar (1d)** – má sto centů (**100 cents**). Dolar *slang.* = **a buck** [bak].

CESTOVÁNÍ
TRAVELLING

Mince	Coins	Bankovky	Bills
one cent	1c (a penny)	one-dollar bill	1
five cents	5c (a nickel)	five-dollar bill	5
ten cents	10c (a dime)	ten-dollar bill	10
twenty-five cents	25c (a quarter)	twenty-dollar bill	20
half a dollar	50c (*slang.* half a buck)	fifty-dollar bill	50
		hundred-dollar bill	100

▪

frank	**frank**
koruna	**crown**
libra šterlinků	**one pound sterling** (£1 = 100 pence)
lira	**lira** [liərə], *mn. č.* **lire** [liəri:]
marka	**mark** [ma:k]
šilink	**shilling**

V BANCE

AT A BANK

Do kolika hodin má banka otevřeno?
Until when is the bank open?

Nerad bych zůstal bez peněz.
I wouldn't like to be left without cash.

Mám akreditiv České obchodní banky.
I've got a letter of credit from the Czech Commercial Bank.

Můžete mi ho vyplatit?
Can you cash it?

Vyberete si celou částku?
Will you take out/ cash the whole amount?

Dejte mi pouze pět set liber.
Give me just five hundred pounds.

Zbytek si budu vybírat podle potřeby.
I'll withdraw the rest when I need it.

Váš průkaz totožnosti, prosím.
Your identity card/ ID, please.

CESTOVÁNÍ
TRAVELLING

Tady je můj pas.	**Here's my passport.**
Podepište se, prosím, tady na zadní stranu.	**Will you please endorse it on the back?**
Peníze dostanete u okénka devět.	**You'll receive your money at counter number nine.**
Budou vás volat.	**They'll call out your name./ Your name will be called out.**

Chtěl bych si vybrat peníze na tento šek.	I'd like to cash this cheque.
Mám kartu VISA.	I've got a VISA card.
Je tady nějaký bankomat?	Is there any service till/ *Amer.* automatic teller here?

PENÍZE / MONEY

Nemáme dost peněz.	I haven't got enough money.
Mám jen dvě stě dolarů.	I've got only two hundred dollars.
Nevím, jestli s tím vystačím.	I don't know whether I'll make ends meet.
Nemůžeme moc utrácet.	We can't spend too much.

Nemohl byste mi půjčit dvacet liber?	Could you lend me twenty pounds?
Vrátím vám je zítra, jen co si vyměním peníze v bance.	I'll return them tomorrow when I've changed my money at the bank.
Čekám peníze z domova.	I'm awaiting/ expecting money from home.
Někdo mi ukradl peníze.	My money has been stolen.
Ztratil jsem peněženku.	I've lost my wallet.
Utratil jsem už skoro všechny peníze.	I've spent almost all the money.

CESTOVÁNÍ
TRAVELLING

akreditiv	**letter of credit**
bankomat	**service till**, Amer. **automatic teller**
bankovka	**note**, Amer. **bill**
částka	**amount** [əˈmaunt]
číslo: osobní identifikační ~	**personal identification number**
deviza	**foreign exchange**
drobné	**(small) change**
karta	**card**
kreditní ~	**credit ~**
platební ~	**cheque ~**
kurs (peněz)	**rate of exchange**
kurzovní lístek	**exchange rate card/ note/ bill**
měna	**currency** [karənsi]
mince	**coin**
obnos	**amount, sum**
peněženka	**purse, wallet** [wolət]
náprsní taška	**wallet**
peníze	**money** *(jen mn. č.)*
drobné ~	**(small) change**
podepsat	**sign** [sain]
podpis	**signature** [signičə]
pokladna	**cash desk**
poukaz	**voucher** [vaučə]
poukázat	**remit, send (sent, sent)**
půjčit	**lend (lent, lent)**
půjčit si	**borrow** [borəu]
půjčka	**loan** [ləun]
směnka	**bill of exchange**
dluhopis	**IOU** [aiəuˈjuː], **I owe you**
spořitelna	**savings bank**
šek	**cheque**, Amer. **check**
šeková knížka	**cheque book**
šetřit	**save**
účet	**account**

CESTOVÁNÍ
TRAVELLING

běžný ~	*current ~*
úrok	**interest**
utratit	**spend (spent, spent)**
vklad (v bance)	**deposit** [di'pozit]
termínovaný ~	***time ~***
vkladní knížka	***bankbook***
vložit (do banky)	**deposit**
výběr (z účtu)	**withdrawal** [wiðˈdrɔːəl]
vybrat (peníze)	**withdraw (withdrew, withdrawn) (money)**
výpis z účtu	**statement of account**
vyplatit (šek)	**cash** [kæš]
vyplnit	**fill in,** Amer. **fill out**

(Viz Ekonomie str. 373, Nákupy str. 234–235)

UBYTOVÁNÍ
ACCOMMODATION

Můžete mi doporučit nějaký hotel blízko pláže?	Can you recommend a hotel near the beach?
Hotel Bristol je pár kroků od moře.	The Bristol is only a few steps from the sea.
Není moc drahý?	Is it very expensive?
Je to tříhvězdičkový hotel.	It's a three-star hotel.
Ceny jsou různé podle sezony.	Prices vary according to the season.
Je tu někde nějaký penzion?	Is there a boarding house around here?
Chceme se ubytovat v soukromí.	We'd like to live in lodgings.
Pronajímají se tu apartmány?	Can we rent an apartment here?
Kde je tu ubytovna mládeže?	Where's the youth hostel/student hostel?
Kde je tu studentská kolej?	Where's the hall of residence?

Ubytování v hotelu je v Anglii drahé, a to i pro Angličany. Proto dávají přednost penzionům, které jsou levnější. Zde si mohou pronajmout pokoj se snídaní – **bed and breakfast**, s plnou penzí – **full board** – nebo s polopenzí – **half board**. Rodiny s dětmi si o prázdninách nyní často pronajímají pokoj(e) nebo byt ve vilce, kde si mohou vařit – *tzv.* **self-catering holiday**. Nejlevnější jsou studentské ubytovny – **youth hostels** [ˌjuːθ ˈhostlz] – nebo ubytování v přívěsu v kempu – **caravan park**.

UBYTOVÁNÍ
ACCOMMODATION

REZERVACE

Rezervujte mi
  jednolůžkový pokoj
  dvoulůžkový pokoj
  třílůžkový pokoj

  pokoj s přistýlkou
  ~ s dětskou postýlkou
  ~ s koupelnou
  ~ se sprchou
  ~ s polopenzí
  ~ s plnou penzí
  ~ od prvního do desátého září.

Chtěl bych si zamluvit pokoj s manželskou postelí na příští víkend.
Potřebuji změnit rezervaci.

RESERVATIONS

I'd like to book/ Please, reserve
  a single room
  a double room
  a room for three persons/ with three beds
  a ~ with an extra bed
  a ~ with a child's cot
  a ~ with bath
  a ~ with a shower
  a ~ with half board
  a ~ full board
  a ~ from the first to the tenth of September.

I'd like to book a double-bed room for next weekend.

I need to change my reservation.

V HOTELU

Máte volné pokoje?
Chtěli bychom pokoj
  na jednu noc
  na týden
  do neděle.
Lituji, je plně obsazeno.

Kolik stojí dvoulůžkový pokoj na jednu noc?
Jaký je příplatek za jednolůžkový pokoj?

AT THE HOTEL

Are there any vacancies?
We'd like a room
  for one night
  for a week
  until Sunday.
I'm sorry but we're full up/ fully booked.

How much is a double room for a night?
What's the charge for a single room?

UBYTOVÁNÍ
ACCOMMODATION

V ceně je zahrnuta snídaně?	Is breakfast included in the price?
Kolik dělá plná penze?	How much is full board?
Zamluvil jsem si tu telefonicky jednolůžkový pokoj.	I've booked a single room by phone.
Na jaké jméno?	In what name?
Rezervovali jsme vám pokoj číslo 1015.	We've reserved room (number) 1015 (čti: one-o-fifteen) for you.
V kterém poschodí?	Which floor is it on?
V desátém poschodí.	On the tenth floor.
Je to pokoj s balkonem s vyhlídkou na moře.	It's a room with a balcony with a view of the sea.
Váš pas, prosím.	Your passport, please.
Vrátím vám ho zítra.	I'll return it tomorrow.
Tady je klíč.	Here's the key.
Výtahy jsou vpravo.	There are lifts on the right.
Dejte mi donést zavazadla nahoru do pokoje.	Will you have my luggage sent up, please?
V kolik hodin se podává snídaně?	What time is breakfast served?
Kde je jídelna?	Where's the dining hall?
Kudy se jde k bazénu?	Which is the way to the swimming pool?
Prodáváte pohlednice a známky?	Do you sell postcards and stamps?
Mohu tu nechat dopisy k odeslání?	May I leave my letters/ my mail here? Will you post them?
Schránka je u vchodu.	The letter box/ mail box is at the entrance.
Chtěla bych si nechat peníze a šperky v trezoru.	I'd like to put/ to deposit my money and jewels in the safe.
Můžete mi vzít do úschovy dva tisíce dolarů?	May I deposit two thousand dollars?

UBYTOVÁNÍ
ACCOMMODATION

Nepřišel mi telegram?/ Nemám tu nějakou poštu?	Is there any telegram/ any mail for me?
Přišel vám dopis.	There's a letter for you.
Nikdo mi nevolal?	Any calls for me?
Volala paní Blakeová.	Mrs Blake has called.
Nevzkázala nic?	Did she leave any message?
Zavolá znovu v devět hodin.	She'll call back at nine.
Je tu pro vás vzkaz.	There's a message for you.
Ptal se po mně v hotelu někdo?	Has anybody asked for me at the hotel?
Ano, byl tady nějaký pán.	Yes, a gentleman was here.
Nechal tu navštívenku.	He has left his visiting card.
Říkal, že přijde později.	He said he would call round/ come later.
Rád by se s vámi setkal dnes večer.	He'd like to meet you tonight.
Kdyby mě někdo hledal, řekněte mu, ať chvíli počká. Hned se vrátím.	If somebody asks for me, please tell him to wait a moment. I'll be back at once.

STÍŽNOSTI
COMPLAINTS

U mne v pokoji	In my room
nesvítí světla	the lights aren't working
neteče teplá voda	there's no hot water
kape kohoutek	the tap's dripping
nedoléhá okno	the window doesn't close properly
nejde klimatizace	the air-conditioning isn't working
je ucpané umyvadlo	the washbasin is blocked
nejde zavřít skříň.	the wardrobe won't close.
Můžete to dát opravit?	Can you have it repaired?
V pokoji je takový hluk, že nemohu spát.	My room's so noisy that I can't sleep.
Můžete mi dát jiný pokoj?	Can I have another room?

UBYTOVÁNÍ
ACCOMMODATION

SLUŽBY | SERVICES

Přejete si (ráno) vzbudit?	Would you like to be called in the morning?
Vzbuďte mě v sedm hodin.	Call me at seven.
Dejte mi	May I have
ještě jednu pokrývku	an extra blanket
ještě jeden polštář.	an extra pillow?
Přineste mi snídani do pokoje.	Will you bring up my breakfast, please?
Spojte mě s pokojem číslo 22.	Can you put me through to room number 22?
Paní pokojská, můžete mi	I'd like to have
vykartáčovat oblek	my suit brushed
vyžehlit kalhoty	my trousers pressed
přišít ten knoflík	this button sewn on
dát toto sako do čistírny	this jacket cleaned
vyprat dvě košile	these two shirts washed
vyčistit boty?	my shoes cleaned.
Potřebuji to na zítřek.	I'll need it tomorrow.

ODHLÁŠENÍ – ODJEZD | CHECKING OUT

Odjíždím zítra.	I'm leaving tomorrow.
V kolik hodin musím uvolnit pokoj?	By what time do I have to check out?
Mohu si dát zavazadla do haly?	May I leave my luggage in the hall?
Připravte mi účet.	Have my bill/ *Amer.* check made out./ Will you get my bill ready, please?
Tady je chyba.	I think there's a mistake in the bill.
Nepřijel jsem dvacátého, ale dvacátého prvního.	I didn't arrive on the twentieth but on the twenty-first.

UBYTOVÁNÍ
ACCOMMODATION

Je to o jednu noc méně.	That's a night less.
Měl jsem celkem sedm snídaní, šest večeří a jeden oběd.	I had seven breakfasts, six dinners and one lunch altogether.
Dejte mi snést zavazadla.	Will you have my luggage sent down, please?
Nechal jsem je v pokoji.	I left it in my room.
Kdyby mi přišla nějaká pošta, pošlete ji na tuto adresu.	If there's any mail for me, please forward it to this address.
Zavolejte mi taxi, prosím.	Will you call a taxi for me, please?
Tady máte, to je pro vás.	This is for you.

UBYTOVÁNÍ V SOUKROMÍ
ACCOMMODATION IN LODGINGS

Pronajímáte pokoje?	Do you rent rooms?
Ano. Chcete ho vidět?	Yes. Would you like to see it?
Je to velký, světlý a tichý pokoj.	It's a large, light and quiet room.
Okno vede do dvora.	The window's facing the yard.
Koupelna je společná nebo samostatná?	Is there a private bathroom?
Můžeme používat kuchyň/pračku?	Are there any cooking/washing facilities?
Lednička tu není?	Is there a fridge?
Kolik dělá nájemné?	How much is the rent?
Ten pokoj nám vyhovuje.	This room will suit us.
Vezmeme si ho.	We'll take it.
Na jak dlouho?	How long will it be for?
Dáte nám klíč od bytu a klíč od domu?	Can we have the apartment key and the latchkey?

UBYTOVÁNÍ
ACCOMMODATION

apartmá	**apartment** [əˈpaːtmənt]
bazén	**swimming pool**
cena	**price** [prais]
číslo	**number**
čistý	**clean**
číšník	**waiter**
dveře	**door**
garáž	**garage** [gæraːž]
herna	**gaming club; gaming room** (místnost)
hostinec (ubytovací)	**inn**
hotel	**hotel** [hauˈtel]
~ první kategorie	**first-class ~, five-star ~**
tříhvězdičkový ~	**three-star ~**
chodba	**corridor**
na konci chodby	**at the end of the corridor**
jídelna	**dining hall, dining room**
kavárna	**café** [kæfei]
klíč	**key**
klimatizace	**air-conditioning** [ˈeəkənˌdišəniŋ]
koš na odpadky	**wastepaper basket,** Amer. **wastebasket**
koupat se (v koupelně)	**have a bath**
koupelna	**bathroom**
kuchař	**cook**
vrchní kuchař, šéfkuchař	**chef**
kuchyně	**kitchen** [kičin]
lampa	**lamp**
lednička	**refrigerator** [riˈfridžəreitə], hov. **fridge** [fridž]
majitel	**owner**
mansarda	**attic**
matrace	**mattrace** [mætris]
nájem	**rental**
najmout	**rent**

UBYTOVÁNÍ
ACCOMMODATION

nocleh	**lodging**
obsazený	**occupied** [ɔkjupaid]
obsluha	**service**
osuška (po koupeli)	**bath towel** [baːθ tauəl]
froté ~	**terry towel**
penze	**board** [bɔːd]
polopenze	**half-board**
plná penze	**full board**
penzion	**boarding house**
platit	**pay (paid, paid)**
pokoj	**room**
~ do ulice	**~ facing the street**
~ do dvora	**~ facing the yard**
zařízený ~	**furnished ~**
pokojská	**chambermaid** [čeimbəmeid]
polštář	**pillow** [piləu]
popelník	**ashtray** [æštrei]
poschodí	**floor**
v desátém poschodí	**on the tenth floor**
postel	**bed**
manželská ~	**double ~**
postýlka	**child's cot**
povlak (na polštář)	**(pillow) case**
pronajmout	**rent**
~ si	**hire, rent**
prostěradlo	**sheet**
přikrývka	**blanket**
příplatek	**extra charge**
přistýlka	**extra bed**
ramínko (na šaty)	**(clothes) hanger**
pověsit na ~	**put on a ~**
roleta	**blind** [blaind]
ručník	**towel** [tauəl]
sál (konferenční)	**hall, conference hall**
salon	**parlour, saloon** [səˈluːn]
sezona	**season** [siːzn]

UBYTOVÁNÍ
ACCOMMODATION

v hlavní sezoně	*in (the) high season*
mimo sezonu	*off season*
sleva	**reduction, discount**
20% sleva na dítě do deseti let	*a 20%/ 20 per cent discount for a child under ten*
sprcha	**shower**
teplá ~	*hot ~*
spropitné	**tip**
stlát	*make the beds*
stolek (noční)	*bedside table*
strava	*food, board*
stůl	**table**
švédský ~ (v restauraci)	*buffet dinner/ breakfast*
špinavý	*dirty*
terasa	**terrace**
toaleta, Muži/ Ženy, WC	**toilet, Gents/ Ladies, WC** [dablju:ˈsi:]
topení	**heating** [hi:tiŋ]
trezor	**safe** [seif]
ubytování	**accommodation** [əˌkoməˈdeišn]
ubytovat se	*put up (put, put)*
uklidit (pokoj)	*tidy up, clean*
vana	**bathtub** [ba:θtab]
vedoucí	**manager** [mænidžə]
větrák	*fan*
větrat	**air** [eə]
vchod	*entrance*
vinárna	*wine bar*
voda	**water** [wo:tə]
pitná ~	*drinking ~*
studená ~	*cold ~*
teplá ~	*hot ~*
vrátnice	*porter's lodge*
vrátný	*porter, doorman*
východ	**exit** [eksit], *way out*
nouzový ~	*emergency* [iˈmə:džənsi] *exit*

UBYTOVÁNÍ
ACCOMMODATION

vypínač	**switch** [swič]
výtah	**lift**, Amer. **elevator** [eliveitə]
vzbudit	**wake (woke, woken) up, call**
zámek (u dveří)	**lock**
zamknout	**lock the door**
žaluzie	**Venetian blind** [vəˌni:šn ˈblaind]
žárovka	**light bulb** [ˌlait ˈbalb]

(Viz Bydlení str. 118, Kempink str. 204)

KEMPINK | CAMPING

Je v okolí nějaký kemp? — Is there a campsite near here?
Kde je správce/ obsluha? — Where's the manager/ the attendant?

Máte volný bungalov? — Is there any free bungalow?
Je tu místo pro obytný přívěs? — Is there room for the caravan?
Chceme jen přenocovat. — We only want to stay overnight.

Je plně obsazeno. — Sorry, we're full up/ booked up.

Chtěli bychom tu zůstat tři dny. — We'd like to stay for two nights.

Kolik se platí za den? — How much do you charge per day?

Kolik stojí parkování? — How much do you charge for parking?/ What's the parking fee?

Ukážu vám, kde si můžete postavit stan. — I'll show you where to put up the tent.
Půjčujete ložní prádlo — Do you provide bed linen/ bedclothes
    přikrývky — blankets
    spací pytle — sleeping bags
    nafukovací matrace? — air-beds?

UBYTOVÁNÍ
ACCOMMODATION

Ukažte nám, prosím, kde jsou hygienická zařízení/ umývárny teplé sprchy dřezy pračky?	Will you please tell us where the washrooms hot showers kitchen sinks washing machines/ washers are?
V ústřední budově je kuchyň, kde se dá vařit, mýt nádobí, prát a žehlit.	In the central building there's a kitchen where you can cook, wash up, do the washing and ironing.
Jsou tam zásuvky na 220 voltů.	There are sockets of two hundred and twenty volts.
Voda je tu pitná?	Is drinking water here?
Kde se dá nakupovat?	Where can I do the shopping?
U vjezdu do tábora je prodejna stánek samoobsluha.	At the entrance to the campsite there's a shop a kiosk [kiˈosk] a supermarket.
Pozor, pozor! Žádáme majitele auta s poznávací značkou ..., aby se dostavil ke vchodu do tábora.	Attention! Attention! The owner of the car number ... is required to come to the entrance of the campsite.

■

baterie (náplň)	**battery**
dříví na topení	**firewood**
hlídač	**watchman**
hrnec	**pot**
chata	**chalet** [šælei]**, cabin**
kbelík	**pail** [peil]
kladivo	**hammer**
kolík	**peg**
kotlík	**kettle**
líh (denaturovaný)	**(methylated) spirits**

UBYTOVÁNÍ
ACCOMMODATION

lůžko	**bed**
skládací ~	**camp ~,** Amer. **cot**
matrace	**mattress** [mætris]
oheň	**fire**
ohniště	**open-air fireplace**
otvírač konzerv	**tin opener**
~ láhví	**bottle opener**
palanda	**bunk**
pánev	**frying pan**
poplatek	**charge**
prodejna	**(small) shop**
přívěs (obytný)	**caravan** [kærəvæn]**, camping van,** Amer. **trailer**
pytel	**bag**
spací ~	**sleeping bag**
stan	**tent**
postavit ~	**put up/ pitch a ~**
složit ~	**pull down ~**
stanovat	**camp**
svíčka	**candle**
svítilna	**light**
kapesní ~	**pocket torch**
rozsvítit/ zhasnout	**switch on/ off**
tábor; tábořit	**camp**
táborák	**campfire**
termoska	**thermos flask** [ˈθə:məs fla:sk]
umývárna	**washroom**
vařič	**stove**
elektrický ~	**electric ring**
lihový ~	**methylated spirits stove**
plynový ~	**gas ring, butane** [bju:tein] **stove**
zápalky, sirky	**matches**
žehlička	**(electric) iron**

(Viz Auto, str. 147, Sport, Na pláži str. 317)

RESTAURACE – JÍDLA
RESTAURANT – MEALS

MÁŠ HLAD?

Nemám hlad, ale mám žízeň.
Chtěl bych se něčeho napít.
Dal bych si limonádu.

Neměl bys chuť na nějaké typické anglické jídlo?
Ještě nemám chuť k jídlu.
Mohu tě pozvat na aperitiv?

Kde se stravuješ?

Snídani máme v hotelu formou švédského stolu.
A k obědu si obvykle dám ve stánku jen něco malého.
Na večeři obvykle chodím do hostince „U Jiřího".
Vaří tam dobře. Chutná mi jejich domácí kuchyně.

Večeřel jste?
Zůstanete na večeři s námi?
Ne, děkuji, už jsem jedl.

Dnes budeme večeřet venku.
Jdeme do jedné hospůdky, kde se velice dobře jí.

V RESTAURACI

Kam si chcete sednout?
Sedneme si k tomu stolu u okna.*

ARE YOU HUNGRY?

I'm not hungry, but I'm thirsty.
I'd like to drink something.
I'll have a lemonade.

Would you like to taste a typical English dish?
I don't feel like eating yet.
May I treat you to an aperitif?

Where do you have your meals?

We have a buffet breakfast in the hotel dining hall.
And at lunchtime I usually have a snack at a kiosk.
I usually have dinner at The George's Inn.
They cook well there. I enjoy their home cooking.

Have you had dinner yet?
Will you stay for dinner?
No, thank you. I've already eaten.

We'll dine out tonight.
We're going to a small pub where they cook very well.

IN A RESTAURANT

Where would you like to sit?
Let's sit at that table by the window.

---

* V Británii i v USA je třeba čekat, až vás ke stolu uvede číšník.

RESTAURACE – JÍDLA
RESTAURANT – MEALS

Stůl pro dva, prosím.	A table for two, please.
Je tamten stůl volný?	Is that table free?
Ne, lituji, je zamluven.	No. I'm sorry, it's reserved.
Můžeme si k vám přisednout?	Can we join you?

SNÍDANĚ | BREAKFAST

Co si přejete k snídani?	What would you like to have for breakfast?
Dejte mi pomerančovou šťávu, bílou kávu a chléb s máslem a pomerančovým džemem.	I'd like orange juice, coffee with milk/ white coffee, bread-and-butter and marmalade.
Čím začnete? Ovocnou šťávou nebo kukuřičnými vločkami?	What will you start with? Fruit juice or cornflakes?
Dám si vejce se slaninou a topinky s máslem.	I'll have bacon and egg and buttered toast.
Přineste mi ještě jednu topinku.	May I have another piece of toast?
Odjíždím zítra brzy ráno.	I'm leaving early in the morning tomorrow.
Mohu dostat snídani v šest hodin?	Can I have breakfast at six o'clock?

OBĚD – VEČEŘE | LUNCH – DINNER

Jídlo v restauraci je poměrně drahé. Levněji se lze najíst v menší restauraci se samoobsluhou – **cafeteria** [ˌkæfəˈtiəriə], také v bufetech – **snack bars** – nebo kavárnách – **cafés**, kde se též dostane lehčí jídlo, podobně jako v některých hospodách – **pubs**. V **take-aways** dostanete hotová teplá jídla, která si můžete odnést. V GB jsou též speciální obchody s rybami – **fish and chip shops**, kde je možno koupit čerstvě smažené ryby s brambůrky, což je to nejlepší anglické jídlo.

RESTAURACE – JÍDLA
RESTAURANT – MEALS

Pane vrchní, jídelní lístek.	May I have the menu, please?
Máte už objednáno, pane?	Have you given your order(s)?
Ještě ne.	Not yet.
Co si dáte?	What will you have?
Co mi doporučujete?	What would you recommend?
Jaká je specialita dne?	What's today's speciality?
Chtěl bych zkusit nějaké typické anglické jídlo.	I'd like to try some typical English dish.
Jako první chod vám doporučuji garnátový koktejl.	As a starter I'd recommend prawn cocktail.
Máte-li rád ryby, můžete si dát potom grilovaného platýze.	If you like fish you can have grilled plaice to follow.
Dále je tam telecí pečeně, kuřecí prsíčka, vídeňský řízek, …	Next there's roast veal, chicken breast, Viennese steak, …
Dám si biftek (ze svíčkové).	I'll have sirloin steak.
Jakou přílohu?	What (side dish) would you like with it?
Přineste mi smažené brambůrky a míchaný salát.	I'll have chips and a mixed salad.
Budete teď obědvat?	Will you have lunch now?
Ano, můžete nám přinést jídelní lístek?	Yes, can you bring the menu, please?
Budete si přát aperitiv?	Will you have an aperitif?
Dejte nám dvakrát gin s tonikem.	We'll have two gin and tonics.
Co si dáš ty?	What will you have?
Já bych si dala něco lehkého.	I'll have a snack.
Držím dietu.	I'm dieting./ I'm on a diet.
Mám špatné trávení.	I suffer from indigestion.
Vybrali jste si?	Are you ready to order?
Jako první chod si dám zeleninovou polévku.	I'll start with the vegetable soup.

RESTAURACE – JÍDLA
RESTAURANT – MEALS

Jako druhý chod steak se zapečenými ledvinkami.	Then I'll have steak and kidney pie.
Chcete je s vařenými brambory nebo s hranolky?	What will you have with it, boiled potatoes or chips?
Přineste mi je s hráškem.	I'll have green peas.
A pro vás, pane?	And you, sir?
Mně dejte biftek a yorkshirský svítek.	I'll have steak and Yorkshire pudding.
Jak ho chcete?	How would you like the steak?
Hodně propečený nebo krvavý?	Well-done or under-done/rare?
Středně propečený.	Medium done.
Jaký si dáte zákusek?	What would you like for dessert?
Já si dám míchaný ovocný salát.	I'll have a mixed fruit salad.
Mně dejte vanilkovou zmrzlinu se šlehačkou.	And a vanilla ice with whipped cream for me.
Co si dáte k pití?	What will you drink?
Jaká máte vína?	What wines do you have?
Víno bílé, červené nebo růžové.	White wine, red wine or rosé?
Přineste nám dvě deci červeného a láhev minerálky.	We'll have two decilitres/glasses of red wine each and a bottle of mineral water.
Perlivou nebo neperlivou?	Sparkling or still?
Neperlivou.	Without bubbles.
Ale bez ledu, prosím vás.	But no ice, please.

PŘI JÍDLE
AT MEALS

Dobrou chuť.	I hope you'll enjoy your meal.
Děkuji, nápodobně.	I will, thank you, and so will you I hope.
Chutná vám ta ryba?	How do you like the fish?
Je výtečná.	It's delicious.

RESTAURACE – JÍDLA
RESTAURANT – MEALS

Je to zdejší specialita.	It's the house speciality.
Jaký je ten pečený krocan?	How's the roast turkey?
Vypadá velmi dobře.	It looks very nice.
Moc mi chutná.	I like it very much.
Máš rád rybí polévku?	Do you like fish soup?
Ne, ta mi nechutná.	No, I don't like it.
Jak ti chutnají zapékané ledvinky?	How do you like the kidney pie?
Je to moje oblíbené jídlo.	It's my favourite dish.
Podal bys mi sůl, prosím?	Will you pass me the salt, please?
Prosím. *(při podávání)*	Here you are.
Pane vrchní, přineste nám ještě chléb.	Waiter! Bring us some more bread, please.
Dala bych si ještě trochu vína.	I'd like some more wine.
Pane vrchní, ještě jeden džbánek/ jednu láhev červeného.	Waiter, another carafe/ bottle of red wine, please.
Na zdraví!	Cheers! Your health!
Na tvoje!	To yours!
Dáš si kávu?	Will you have a coffee?

STÍŽNOSTI

COMPLAINTS

Pane vrchní, ten stůl je mokrý.	Waiter, the table's wet.
Přineste čistý ubrus.	Will you bring a clean tablecloth, please?
Tady chybí vidlička.	A fork's missing here./ There's a fork missing.
Tenhle nůž vůbec nekrájí.	This knife won't cut at all.
Ta sklenka je špinavá.	The glass is dirty.
Polévka je přesolená.	The soup's too salty.
Maso je velmi tvrdé.	The meat is tough.
A je připálené.	And it's burnt.
To nemohu jíst.	I can't eat that.
Odneste (si) to.	Take it away./ Clear the dish away.

RESTAURACE – JÍDLA
RESTAURANT – MEALS

PLACENÍ

Pane vrchní, platím.

Kolik to dělá?

Tady je chyba.
Měli jsme jen dvě piva, a ne tři.

Promiňte, omlouvám se.
Hned vám přinesu zpátky.
To je pro vás.

PAYING THE BILL

Waiter, the bill/ *Amer.* check, please.

How much is it?/ How much is the bill?

There's a mistake.
We only had two beers and not three.

Oh, I'm very sorry about that.
I'll bring the change at once.
Here. This is for you.

KUCHYNĚ – STOLOVÁNÍ

(*Viz též* Potraviny *str. 236*)

bábovka
biftek
   propečený
   krvavý
brambory
   opékané ~
   vařené ~
   vařené ve slupce
   smažené hranolky, pomfrity
cukr (viz str. 237)
cukroví
čerstvý
čokoláda
dort
dušený
džbán
džem
   ~ *z citrusových plodů*
hořčice

KITCHEN – LAYING THE TABLE

sponge [spandž] **cake**
steak
   well-done
   under-done
potatoes
   baked ~
   boiled ~
   jacket ~
   chips, French fries
sugar
sweets, *Amer.* **candy**
fresh
chocolate [čoklit]
cake
stewed [stju:d]
jug [džag]
jam
   marmalade [ma:məleid]
mustard [mastəd]

RESTAURACE – JÍDLA
RESTAURANT – MEALS

hořký — **bitter**
houba — **mushroom** [mašrum]
    žampion — **meadow ~, field ~**
houska — **scone** *(sladká)*, Amer. **biscuit** *(velká žemle)*

chléb *(viz str. 237–238)* — **bread**
    opečený ~ — **toast** *(jen j. č.)*
    jedna topinka — **a piece of toast**
chod — **course**
chuť — **taste**
    bez chuti — **tasteless**
chutný — **tasty** [teisti]
játra — **liver**
jazyk — **tongue** [taŋ]
    uzený ~ — **smoked ~**
jednohubka — **canapé** [kænəpei]
jemný, měkký *(o mase)* — **tender**
jídlo *(denní, např. oběd, večeře)* — **meal**
jídlo *(konkrétní jídlo na talíři)* — **dish**
jídlo, potrava, strava — **food**
jíst — **eat (ate, eaten)**
jogurt — **yoghourt** [jogət], Amer. **yogurt**
karafa — **carafe** [kəˈræf]
karbanátek — **hamburger** [hæmbə:gə]
kaše — **puree** [pjuərei]
    bramborová ~ — **potatoe ~, mashed potatoes**
    krupicová ~ — **semolina** [ˌseməˈli:nə]
        pudding

kaviár — **caviar(e)** [kævia:]
kmín — **caraway** [kærəwei] **seeds**
knedlík — **dumpling**
kobliha — **doughnut** [dəunat]
koláč, páj — **cake, pie** [pai] *(přikrytý těstem)*
    koláč plněný jablky — **apple-pie**
kompot — **stewed fruit** [ˌstju:d ˈfru:t]
konvice na kávu — **coffee pot**

RESTAURACE – JÍDLA
RESTAURANT – MEALS

čajová ~	**tea pot**
kořeněný	**spicy** [spaisi]
koření	**spice**
kost	**bone**
rybí ~	**fish bone**
krájet	**cut (cut, cut)**
kroketa	**croquette** [kro'ket]
kuchař(ka)	**cook**
kvasnice	**yeast** [ji:st]
kyselý	**sour** [sauə]
láhev	**bottle**
ledvinka	**kidney**
libový	**lean** [li:n]
lístek: jídelní ~	**menu** [menju:]
vinný ~	**wine list**
loupák	**croissant** [kruæsoŋ]
lžíce	**spoon**
lžička	**teaspoon**
dezertní ~	**dessert ~**
majonéza	**mayonnaise** [ˌmeiə'neiz]
makarony	**macaroni** [ˌmækə'rəuni]
máslo	**butter**
maso	**meat**
hovězí ~	**beef**
jehněčí ~	**lamb** [læm]
mleté ~	**mince ~**
sekané ~	**meat loaf**
skopové ~	**mutton** [matn]
telecí ~	**veal**
uzené ~	**smoked ~**
vepřové ~	**pork**
med	**honey** [hani]
měkký (o mase)	**tender**
mísa	**dish**
(hluboká)	**bowl**
mléko (viz Potraviny str. 236)	**milk**

RESTAURACE – JÍDLA
RESTAURANT – MEALS

moučník	**dessert** [diˈzəːt]**, sweet, pudding**
mražený	**frozen**
nadívaný	**stuffed** [staft]
nádivka	**stuffing**
nákyp	**souffle** [suːflei]
nápoj (viz str. 223)	**beverage** [bevridž]
nářez	**sliced salami (of several kinds on a plate)**
noky	**gnocchi** [noki]
nudle	**noodles** [nuːdlz]
nůž	**knife,** mn. č. **knives** [naif, naivz]
obalovaný ve strouhance	**dipped in breadcrumbs** [ˈdipt in ˈbredkramz]
oběd	**lunch**
obědvat	**have lunch**
obložený chlebíček	**open (face) sandwich**
obsluha	**service**
ocet	**vinegar** [vinigə]
ohřát	**warm up**
ochucený	**flavoured** [fleivəd]
ochutnat co	**have a taste of sth**
olej	**oil**
olivový ~	**olive ~**
rostlinný ~ *(ze semen)*	**plant ~ *(from seeds)***
oloupaný	**peeled**
omáčka	**sauce** [soːs]
omastek	**fat**
omeleta	**omelette,** Amer. **omelet** [omlət]
opečený chléb, topinka	**toast** [təust] *(jen j. č.)*
dvě topinky	**two pieces of toast**
oplatka	**wafer** [weifə]
ostrý (pálivý)	**hot**
ovoce (viz str. 222)	**fruit**
čerstvé ~	**fresh ~**
kandované ~	**candied ~**

RESTAURACE – JÍDLA
RESTAURANT – MEALS

    sušené ~   **dried ~**
    zavařené ~, kompot   **preserves** [pri‍ˈzə:vz]**, stewed fruit**

ovocný salát   **fruit salad**
palačinka, lívanec   **pancake**
paprika (koření)   **pepper**
    sladká ~   **sweet ~**
    pálivá ~   **hot ~**
paprikový lusk zelený   **green pepper,** mn. č. **peppers**
párátko   **toothpick** [tu:θpik]
párek   **frankfurter** [fræŋkfə:tə]
péci (v troubě chléb, brambory apod.)   **bake**
    (maso, pražit ořechy, kávu apod.)   **roast**
pečeně   **roast**
pečený (maso)   **roasted**
    (na grilu nebo na rožni)   **grilled**
    ~ v troubě   **baked**
smažený na tuku   **fried**
pepř   **pepper**
piškot   **sponge** [spandž]
pít   **drink** (drank, drunk)
plátek (např. salámu)   **slice**
    ~ anglické slaniny   **rasher** [ræšə]
plněný   **stuffed**
podnos   **tray** [trei]
polévka   **soup** [su:p]
    bramborová ~   **potato ~**
    cibulová ~   **onion** [anjən] **~**
    hrachová ~   **pea ~**
    rybí ~   **fish ~**
    zeleninová ~   **vegetable ~**
    chřestová ~   **asparagus** [əˈspærəgəs] **~**
    hovězí ~, hovězí vývar   **beef tea, beef bouillon** [bi:f bu:jon]

RESTAURACE – JÍDLA
RESTAURANT – MEALS

pomazánka — **spread** [spred]
  rybí ~ — **fish ~**
porce — **portion** [po:šn]
prostřít — **lay the table**
prsa: kuřecí ~ — **breast** [brest]**: chicken ~**
předkrm — **starter, appetizer** [æpitaizə], **hors-doeuvre** [oːˈdəːvr]
příbor — **knife, fork and spoon**
příkrm, příloha — **side dish**
pudink; moučník (jakýkoliv) — **pudding**
rohlík — **roll** [rəul]
rožeň — **spit**
ryba (viz str. 220) — **fish**
  marinovaná ~ — **marinated** [mærineitid] **~**
rýže — **rice** [rais]
řízek — **steak** [steik]
  smažený ~ — **Viennese** [ˌviːəˈniːz] **~**
sádlo — **lard**
salát — **salad**
  bramborový ~ — **potato ~**
  hlávkový ~ — **lettuce** [letis]
  míchaný ~ — **mixed ~**
  rajčatový ~ — **tomato ~**
sklenice — **glass**
sklenka na víno — **wine glass**
sklenička na likér — **liqueur** [liˈkjuə] **glass**
sklidit se stolu — **clear the table**
skořice — **cinnamon** [sinəmən]
sladký — **sweet**
slanina — **bacon** [beikn]
slánka — **saltcellar** [soːtselə]
slaný — **salty** [soːti]
smažený — **fried** [fraid]
smažit (na oleji) — **fry**
smetana — **cream** [kriːm]
snídaně — **breakfast** [brekfəst]

217

RESTAURACE – JÍDLA
RESTAURANT – MEALS

snídaně spojená s obědem	**brunch** [brenč]
snídat	**have breakfast**
spropitné	**tip**
strouhaný	**grated** [greitid]
suchý	**dry** [drai]
sůl	**salt** [so:lt]
sušenka	**biscuit** [biskit]
svačina (odpolední)	**(afternoon) tea**
sýr (viz str. 238)	**cheese** [či:z]
syrový (o mase)	**raw**
šálek	**cup**
šlehačka	**double cream**
(ušlehaná)	**whipped** [wipt] **cream**
špagety	**spaghetti** [spəˈgeti]
šťáva (z ovoce)	**squash** [skwoš]
(z masa)	**juice, gravy** (z pečeně)
šunka (viz str. 221)	**ham**
talíř	**plate** [pleit]
hluboký ~	**soup ~**
talířek	**dessert** [diˈzə:t] **plate**
topinka	**toast** [təust] (jen j. č.)
tučný	**fat**
tuk	**fat**
umělý ~, margarín	**margarine** [ˌma:džəˈri:n], hov. **marge**
tvaroh (měkký)	**(cream) cheese**
tvrdý tvaroh	**cottage** [kotidž] **cheese**
ubrousek	**table napkin**
ubrus	**tablecloth**
účet	**bill,** Amer. **check**
uzenina (viz str. 221)	**sausage** [sosidž]
uzený	**smoked**
vařený	**boiled**
vařit	**boil**
večeře	**dinner** (hlavní jídlo dne), **supper, tea**

RESTAURACE – JÍDLA
RESTAURANT – MEALS

svačina spojená s večeří	**high tea**
večeřet	**have dinner**
vejce	**egg**
míchaná ~	**scrambled eggs**
~ naměkko	**soft-boiled ~**
~ natvrdo	**hard-boiled ~**
sázená ~	**fried ~**
vidlička	**fork**
vločky kukuřičné	**cornflakes**
ovesné vločky	**oat** [əut] **flakes**
vývar	**bouillon** [bu:jon]
vývrtka	**corkscrew** [ko:kskru:]
zákusek (slaný)	**savoury** [seivəri]
(sladký)	**cake, cream cakes, fancy cakes** (zákusky od cukráře)
chuťovky	**cocktail snacks**
zavařenina	**preserves** [pri'zə:vz] (obvykle mn. č.)
závin jablkový	**apple cake**
zelenina (viz str. 221)	**vegetables** [vedžətəblz] mn. č., **greens**
zkažený	**spoilt** (při přípravě jídla), **off** (ne čerstvý)
zmrzlina	**ice (cream)**
čokoládová ~	**chocolate** [čoklit] **~**
jahodová ~	**strawberry** [stro:bəri] **~**
oříšková ~	**hazelnut** [heizlnat] **~**
pistáciová ~	**pistachio** [pi'sta:šiəu] **~**
zralý	**ripe**
zvěřina (viz str. 220)	**venison** [venisən]
žampion	**field mushroom, meadow mushroom**

RESTAURACE – JÍDLA
RESTAURANT – MEALS

RYBY – DRŮBEŽ – ZVĚŘINA   **FISH – POULTRY – VENISON**

bažant — **pheasant** [feznt]
humr — **lobster**
husa — **goose,** *mn. č.* **geese** [gu:s, gi:z]
chobotnice — **octopus**
jazyk: mořský ~ — **sole**
jehně — **lamb** [læm]
jelen — **(red) deer**
jeseter — **sturgeon** [stə:džn]
kachna — **duck**
kanec: divoký ~ — **boar** [bo:]
kapr — **carp**
koroptev — **partridge** [pa:tridž]
krab — **crab**
králík — **rabbit**
kreveta, garnát — **shrimp**
krocan — **turkey** [tə:ki]
kuře — **chicken**
losos — **salmon** [sæmən]
makrela — **mackerel**
okoun mořský — **perch** [pə:č]
olejovka — **sardine** [sa:ˈdi:n]
perlička — **guinea fowl** [gini faul]
platýz — **plaice** [pleis]
pstruh — **trout** [traut] *(jen j. č.)*
rak — **crayfish** [kreifiš]
rejnok — **skate** [skeit]
ryba — **fish**
    mořská ~ —   **saltwater ~**
    sladkovodní ~ —   **freshwater ~**
sardel — **anchovy** [ænčəvi]
sardinka — **sardine** [sa:ˈdi:n]
sleď — **herring**
slepice — **hen**
srnec — **roe deer** [ˈrəu diə]
škeble, slávka jedlá — **clam, mussel** [masl]
štika — **pike**

RESTAURACE – JÍDLA
RESTAURANT – MEALS

treska	**cod**
tuňák	**tuna** [tju:nə] *(fish)*
úhoř	**eel** [i:l]
ústřice	**oyster** [oistə]
zajíc	**hare** [heə]

UZENINY

SAUSAGES

jelito	**blood sausage** [blad sosidž]
jitrnice; klobása	**sausage**
párek	**frankfurter** [fræŋkfə:tə]
paštika	**liver paste**
salám	**salami** [səˈla:mi], *(large)* **sausage**
uherský ~	**Hungarian** [haŋˈgeəriən] **salami**
šunka	**ham**
syrová ~	**raw** [ro:] ~
vařená ~	**boiled** ~
tlačenka	**gellied pork**

ZELENINA – LUŠTĚNINY

VEGETABLES – PULSES

artyčok	**artichoke** [a:tičəuk]
brambor	**potato**, mn. č. **potatoes**
celer (kořen)	**celeriac** [səˈləriæk]
(nať)	**celery** [seləri]
cibule	**onion** [anjən]
česnek	**garlic**
čočka	**lentil**
fazole	**bean**
zelené ~	**haricot** [hærikəu] **bean, green** ~
feferonka	**pepperoni** [ˌpepəˈrəuni]
fenykl	**fennel** [fenl]
hrách, hrášek	**pea, green peas**
chřest	**asparagus** [əˈsperəgəs]
kapusta	**cabbage** [kæbidž]
křen	**horseradish** [ho:srædiš]

221

RESTAURACE – JÍDLA
RESTAURANT – MEALS

kukuřice	**maize** [meiz], *Amer.* **corn**
květák	**cauliflower** [ko:liflauə]
lilek	**aubergine** [əubəži:n], **eggplant** [egpla:nt]
mrkev	**carrot**
okurka	**cucumber** [kju:kambə]
kyselá ~	**gherkin** [gə:kin]
paprika	**(green) pepper**
petržel	**parsley** [pa:sli]
pórek	**leek** [li:k]
rajče	**tomato** [təˈma:təu, *Amer.* təˈmeitəu]
ředkvička	**radish**
salát: hlávkový ~	**lettuce** [letis]
špenát	**spinach** [spinidž]
tykev	**pumpkin, marrow,** *Amer.* **squash** [skwoš]
zelí	**(savoy) cabbage**
kyselé ~	**sauerkraut** [sauəkraut]

OVOCE

(viz str. 215)

FRUIT

ananas	**pineapple** [painæpl]
banán	**banana** [bəˈna:nə]
borůvka	**bilberry** [bilbəri]
broskev	**peach**
brusinka	**cranberry** [krænbəri]
citron	**lemon** [lemən]
datle	**date**
fík	**fig**
grapefruit	**grapefruit** [greipfru:t]
hrozny, víno	**grapes**
hruška	**pear** [peə]
jablko	**apple** [æpl]
jahoda	**strawberry** [stro:bəri]
kaštan	**chestnut** [česnat]

RESTAURACE – JÍDLA
RESTAURANT – MEALS

kokos
malina
mandarinka
mandle
meloun
   vodní ~
   žlutý/ ananasový ~
meruňka
mišpule
ořech
   vlašský ~
   burský ~
   lískový ~
ostružina
ovoce
   sušené ~
pomeranč
rozinka
rybíz
slíva
švestka
   sušené švestky
třešně
víno
   hrozen vína
višně, amarelka

coconut [kəukənat]
raspberry [ra:zbəri]
tangerine [ˌtændžəˈri:n]
almond [a:mənd]
melon [melən]
   watermelon
   honeydew [hanidju:] ~
apricot [eiprikot]
medlar [medlə]
nut
   walnut [wo:lnat]
   peanut [pi:nat]
   hazelnut [heizlnat]
blackberry, bramble [bræmbl]
fruit
   dried [draid] ~
orange [orindž]
raisin [reizən]
currant [karənt]
damson [dæmzən]
plum
   prunes
cherry [čeri]
grapes
   a bunch of ~
morello (cherry) [məˈreləu]

NÁPOJE

alkoholické nápoje
aperitiv
čaj
   silný ~
   slabý ~
   ~ s citronem
   bylinkový ~
čokoláda

BEVERAGES, DRINKS

hard drinks, alcoholic ~
aperitif [əˌperəˈti:f]
tea
   strong ~
   weak ~
   ~ **with lemon**
   herb ~
chocolate [čoklit]

RESTAURACE – JÍDLA
RESTAURANT – MEALS

heřmánek
kakao
káva
   bílá ~
   černá ~, espresso
   kapucín, kapučíno
   silná ~
   slabá ~
koktejl
koňak
kořalka
likér
   žaludeční ~
limonáda:
   citronová ~
   pomerančová ~
minerálka
   neperlivá ~

   perlivá ~
mléko
(viz Potraviny str. 236)
mošt (jablečný)

nápoj
   nealkoholický ~

pivo
   černé ~

   světlé ~

   lahvové ~
   plzeňské ~
   točené ~
   ~ v plechovce

camomile [kæməmail]
cocoa [kəukəu]
coffee
   white ~, ~ with milk
   black ~, espresso [e'spresəu]
   cappuccino [ˌkæpju'či:nəu]
   strong ~
   weak ~
cocktail
brandy, cognac [konjæk]
hard liquor [likə]
liqueur [li'kjuə]
   bitters [liquor]

   lemonade
   orangeade [ˌorindž'eid]
mineral water
   without bubbles, still,
   Amer. **regular**
   sparkling ~
milk

cider *(v GB slabě alkoholický),*
Amer. **hard cider**
beverage [bevəridž], **drink**
   soft drink, nonalcoholic
   [ˌnonælkə'holik] **drink**
beer
   dark ~, stout *(silné*
   černé)
   light ~, ale [eil] *(slabé*
   světlé pivo)
   bottled ~
   pils(e)ner [pilznə]
   draught [dra:ft] **~**
   tinned ~, Amer. **canned ~**

RESTAURACE – JÍDLA
RESTAURANT – MEALS

rum
sekt
slivovice
sodovka
šťáva *(z čerstvého ovoce)*
   pomerančová ~
tonik
víno
   bílé ~
   červené ~
   růžové ~
   sladké ~
   stolní ~
   suché ~
   šumivé ~
   svařené ~
   značkové ~
   ročník 1992
voda
   přírodní/ obyčejná ~
   pitná ~
brčko *(na pití)*
led
   bez ledu
   s ledem
   whisky s ledem
   ledový čaj
smetana šlehaná

rum [ram]
sparkling wine
plum brandy
soda [səudə] **water**
squash [skwoš]
   orange ~
tonic [tonik]
wine
   white ~
   red ~
   rose ~
   sweet ~
   table ~
   dry ~
   sparkling ~
   mulled [mald] ~
   vintage [vintidž] ~
   vintage 1992
water [wo:tə]
   plain ~
   drinking ~
straw [stro:]
ice
   without ice
   with ice cubes
   whisky on the rocks
   iced tea
whipped cream

DISHES FROM ENGLISH AND AMERICAN MENUS

appetizers, starters
Antipasto Salad with Green Olives, Capers, Anchovies,

JÍDLA Z ANGLICKÝCH A AMERICKÝCH JÍDELNÍCH LÍSTKŮ

předkrmy
Salát se zelenými olivami, kapary, sardelkami, olivovým

RESTAURACE – JÍDLA
RESTAURANT – MEALS

Olive Oil, Vinegar, Salami & Cheese	olejem, octem, salámem a sýrem
Baked Potato (Jacket Potato) with Sour Cream, Bacon Bits, Green Onions & Cheese	Pečený brambor (se slupkou) s kyselou smetanou, kousky slaniny, zelenou cibulkou a sýrem
Amer. Basket of French Fries	Košíček s pomfrity
Cheese Board – Six Wedges of Imported Cheeses, Pepperoni Slices, Fresh Fruit & Bread	Sýrový nářez – šest kousků dovážených sýrů, nakrájené feferony, čerstvé ovoce a chleba
Amer. **Chowder**	hustá rybí polévka
French Onion Soup	Francouzská cibulová polévka
Garlic Bread	Topinka s česnekem
Green Pea Soup	Hrachová polévka
Sandwiches	Sendviče
Cheeseburger	Sendvič se sýrovým karbanátkem
Garden Burger	Zeleninový sendvič/ hamburger
Hamburger	Smažený karbanátek v housce/ Hamburger
Amer. **Sierra Hamburger with Lettuce, Onion, Tomato, Pickles, Cheese, Mustard and French Fries**	Sendvič s karbanátkem, se salátem, cibulí, rajským jablkem, nakládanou zeleninou, sýrem, hořčicí a pomfrity
Tuna Sandwich	Sendvič s tuňákem
Seafood Cocktail	Směs drobných mořských korýšů v majonéze
Smoked Mackerel	Uzená makrela
Soup of the Day	Polévka dne
Main Courses, *Amer.* **Entrées**	Hlavní jídla/ chody
Hot Pasta Variations	Různé teplé těstoviny

RESTAURACE – JÍDLA
RESTAURANT – MEALS

Jumbo Ravioli with a Tomato Cream Sauce	Velké taštičky z nudlového těsta s rajskou omáčkou
Pork Chop & Mint Sauce	Vepřová kotleta s mátovou omáčkou
Trout – served with Lemon Butter	Pstruh na másle s citronem
Spaghetti with Meat Sauce	Špagety s masovou omáčkou

MAIN COURSES — **HLAVNÍ CHODY**

Curry beef with Rice	Hovězí guláš s kořením kari a rýží
Garlic Chicken and String Bean	Kuře na česneku se zelenými fazolkami
Amer. **Prime Rib of Beef**	Prvotřídní hovězí pečeně
Roast Beef and Yorkshire Pudding	Rostbíf a yorkshirský svítek
Steak and Chips	Biftek s hranolky
Szechuan Duck	Pečená kachna s pikantní omáčkou
Amer. **Veal Royal – served with Pasta in a rich cream sauce of Mushrooms, Black Olives, Artichoke Bottoms, Greens & Onions**	Grilované telecí s těstovinami v husté smetanové omáčce s houbami, černými olivami, artyčoky, zeleninou a cibulí
Fish and Chips – Fresh Alaskan Halibut	Rybí filé s bramborovými hranolky – čerstvý aljašský platýs

DISHES MADE TO ORDER — **MINUTKY**

Omelette with Meats, Cheeses & Vegetables	Omeleta s masem, sýry a zeleninou
Vegetarian (Dishes)	Vegetariánská jídla
Japanese Eggplant with Goat Cheese	Dušený lilek s kozím sýrem

RESTAURACE – JÍDLA
RESTAURANT – MEALS

Roasted Zucchini	Pečené cukety
Vegetable Curry	Zeleninové rizoto s kari kořením
Steamed Assorted vegetables	Směs dušené zeleniny
Side Orders	Přílohy
Baked Potatoes	Pečené brambory
Bread & Butter	Chléb s máslem
Chips	Bramborové hranolky
Fresh Spring Greens with Cheese	Čerstvá jarní zelenina se sýrem
Marinated Mushrooms & Artichoke Salad	Salát s artičoky a nakládanými houbami
Mixed Salad	Míchaný salát
Rice	Rýže
Amer. **Tuna Salad Stuffed Avocado**	Avokádo s tuňákovým salátem
DESSERTS	**ZÁKUSKY, MOUČNÍKY**
Apple Pie	Jablkový páj *(koláč přikrytý těstem)*
Bread Pudding	Pudink vařený v páře
Chocolate cake	Čokoládový dort
Chocolate Mousse	Čokoládová pěna
Fresh strawberries & Cream	Jahody se smetanou
Hot Fudge Sundae *Amer.*	Zmrzlinový pohár s fondánem
Italian Ice Creams	Italské zmrzliny
Lowfat (Nonfat) Frozen Vanilla Yogurt *Amer.*	Nízkokalorický mražený vanilkový jogurt (bez tuku)
Muffins/ Pancakes/ Waffles	Vdolečky/ Palačinky/ Vafle
Beverages	Nápoje
Soft Drinks	Nealkoholické nápoje
Coffee: White Coffee/ *Amer.* **Coffee with Milk, Espresso or Mocha**	Káva: bílá káva, expresso nebo moka

RESTAURACE – JÍDLA
RESTAURANT – MEALS

Decaffeinated Coffee	Káva bez kofeinu
Diet Coke	Dietní kokakola
Ginger Ale	Nealkoholické zázvorové pivo
Ginger Beer	Mírně alkoholické zázvorové pivo
Iced or Hot Tea	Ledový nebo horký čaj
Juice	Džus
Mineral Water: Sparkling or Regular	Minerálka: perlivá nebo neperlivá
Rootbeer *Amer.*	Šumivý nealkoholický nápoj s bylinným výtažkem
Hard Drinks	Alkoholické nápoje
Beers: Ale, Budweiser, Guinness, Stout	Piva: světlé, Budweiser, Guinness, černý ležák
SPIRITS	**LIHOVINY**
Bloody Mary	Vodka se šťávou z rajčat
Cocktails	Koteily
High Balls *Amer.*	Whisky se sodou a ledem ve vysoké sklenici
Whisky on the Rocks	Whisky s ledem
Wines: Red, White, Rose & German Rhine Wine, Graham's 1991 Vintage	Vína: červené, bílé, růžové a německé rýnské, Grahamaské ročník 1991
20% Service Charge	Obsluha 20 %
A 17% gratuity will be added for parties of 7 or more. *Amer.*	17 % spropitného se připočítá společnosti o 7 nebo více osobách.

NÁKUPY – SLUŽBY
SHOPPING – SERVICES

NAMES OF THE SHOPS AND SERVICES	**NÁZVY OBCHODŮ A SLUŽEB**
Antique Shop	Starožitnictví
Arts and crafts production	Umělecká řemesla
Bakery/ Baker's	Pekařství
Barber's	Holičství
Body Care *Amer.*	Autoklempířství
Bookshop/ Bookseller's	Knihkupectví
Butcher's [bučəz]	Řeznictví
Camera Shop	Foto-kino potřeby
Chemist's [kemists]	Drogerie (a parfumerie)/ Lékárna
Cleaners	Čistírna
Clothes	Oděvy
Cosmetics/ Perfumery	Parfumerie
Costume Jewellery	Bižuterie
Dairy [deəri]/ Milk Shop	Mlékárna
Delicatessen [ˌdelikəˈtesn]	Lahůdky, uzeniny
Department store	Obchodní dům
Dressmaker	Švadlena
Drugstore *Amer.*	Lékárna a drogerie s bufetem, papírenským zbožím, zhotovováním fotografií apod.
Dyer's – Drycleaner's – One Hour Cleaning	Barvírna – Čistírna – Rychločistírna
Fabrics – Dress materials	Látky – Látky na šaty
Fashion Accessories	Doplňky *(k šatům)*
Fish and chips	Smažená ryba s bramborovými hranolky
Fishmonger's [ˈfišˌmaŋgəz]	Rybárna
Footwear	Obuv
Frozen food	Mražené potraviny
Fruit – Fruiterer's	Ovoce – Obchod s ovocem
Furniture – Home Furnishing	Nábytek – Bytové zařízení

NÁKUPY – SLUŽBY
SHOPPING – SERVICES

Furrier's/ Furs [fariəz/ fə:z]	Kožešnictví
Gift Shop	Dárky
Goldsmith's	Zlatnictví
Greengrocer's	Zelinářství
Grocer's, Grocery	Potraviny
Haberdashery [hæbədæšəri]	Galanterie
Hairdresser's/ Hairstylist/ Hairstyles	Kadeřnictví/ Kadeřnice/ Účesy
Hatter's/ Hats	Klobučnictví
Health Foods [ˌhelθ ˈfu:dz]	Zdravé potraviny
Homewares	Potřeby pro domácnost
Ice Cream/ *Amer.* **Ice Cream Parlor**	Zmrzlina – Prodej zmrzliny
Ironmonger's	Železářství
Jewellery/ Jeweller's [džu:əlri/ džuələz]	Klenotnictví
Knitwear [nitweə]	Pletené zboží
Launderette/ Laundromat [ˌlo:ndˈret/ lo:ndrəmæt]	Prádelna
Leather Goods [ˌleðə ˈgudz]	Kožené zboží
Optician [opˈtišn]	Optik
Paints [peints]	Barvy – laky
Pharmacy/ *Brit.* **Chemist**	Lékárna
Poultry [pəultri]	Drůbež
Ready Made Clothes	Konfekce
Repairs and Alterations [riˈpeəz ənd ˌo:ltəˈreišnz]	Opravy a úpravy
Shoemaker's	Obuvnictví/ Opravy bot
Shopping Centre	Nákupní centrum
Souvenirs	Suvenýry
Stationer's/ Stationery [steišənəz]	Papírnictví
Supermarket	Samoobsluha/ Obchodní dům
Sweetshop/ Confectioner's [kənˈfekšənəz]**/ Sweets**	Cukrárna
Tailor's	Krejčovství

NÁKUPY – SLUŽBY
SHOPPING – SERVICES

Take away/ Fast food	Hotová jídla s sebou/ Rychlé občerstvení
Tobacconist's [təˈbækənists]	Tabák/ Prodej tabáku
Toys/ Toy Shop	Hračky
Underwear	Prádlo
Universal Store *Amer.*	Obchod se smíšeným zbožím
Used Car Centre	Autobazar
Watchmaker's	Hodinářství

> Obchodní domy – **Department Stores** – jsou například **Marks & Spencer, Tesco, Selfridges, Harrods,** *Amer.* **Macy's** aj. **Supermarket** je výraz pro samoobsluhu s různým zbožím (potraviny, drogerie apod.). Na obchodech bývá koncem sezony oznámen výprodej nápisem: **Sales, 30 per cent off** nebo **Clearance sale** = Likvidace. Na bleším trhu – **Flea market** – se prodává různé použité zboží.

NAKUPOVÁNÍ | SHOPPING

Hledám drogerii.	I'm looking for a drugstore.
Potřebuji zubní pastu.	I need some toothpaste.
Chci si koupit česko-anglický slovník.	I want to buy a Czech-English dictionary.
Je tu někde knihkupectví?	Is there a bookshop around here?
Jdu nakupovat.	I'm going shopping.
Jdeš do samoobsluhy?	Are you going to the supermarket?
Kde jsi sehnala ta krásná jablka?	Where did you get these lovely apples?
Koupila jsem je na trhu.	I bought them at the market.

NÁKUPY – SLUŽBY
SHOPPING – SERVICES

U kterého stánku?	**What stand did you get them at?**
Nevíte, kde bych mohla dostat opalovací krém s filtrem?	**Could you tell me where to get a suntan/ sun cream with a filter?**
Kde se prodává kosmetika?	**Where's cosmetics to be had?**
Dostanete ji v obchodním domě v přízemí.	**You can get it on the ground-floor of the department store.**
Kde je oddělení dámské konfekce?	**Where's the ladies clothes department?**
V kolik hodin otvírají/ zavírají obchody?	**What time do the shops open/ close?**
Od kolika do kolika je otevřeno?	**What are the shopping hours?**

V OBCHODĚ
IN THE SHOP

Přejete si? Už dostáváte?	**Can I help you? Are you being served, madam?**
Ne, děkuji, jen se dívám.	**No, thank you. I'm just having a look round.**
Čím mohu posloužit?	**What can I do for you?/** *hov.* **Are you OK there?**
Chtěla bych čistě hedvábný šátek.	**I'd like a pure silk scarf.**
Prosím, vyberte si.	**Here you are. Take your choice.**
Tento se mi líbí nejvíc.	**I like this one best.**
Vezmu si tenhle.	**I'll take this one, please.**
Myslím, že si ho nevezmu. Děkuji vám.	**I think I'll leave it, thank you.**
Máte také vlněné šály?	**Do you also have woollen scarfs/ shawls?**

NÁKUPY – SLUŽBY
SHOPPING – SERVICES

Ukažte mi nějaké šály.	Can you show me some scarves?
Vezmu si tento kávovar.	I'll have this coffee maker.
Zabalte mi ho dobře, prosím vás.	Will you wrap it up well, please?
Tady máte účtenku a záruční list.	Here's your receipt and guarantee certificate.
Záruka je šest měsíců (od data prodeje).	There's a six months guarantee (from the date of the sale).
Ještě něčím posloužím?	Anything else, please?
Ne, děkuji, to je všechno.	No, thank you, that's all.
Platí se u pokladny, prosím.	Pay at the checkout counter, please.
Kolik platím?	How much shall I pay you?
Kolik to dělá dohromady?	How much is it altogether?
Máte drobné?	Have you got some change?
Budu muset rozměnit sto liber.	I'll have to change a hundred pound note.
Tady máte nazpět.	Here's your change, please.
Mohu platit kreditní kartou nebo šekem?	Can I pay by credit card or by cheque?
Stoupni si do fronty.	Queue up here.
Nebudu tu čekat, nerad stojím ve frontě.	I won't wait here. I hate queuing/ *Amer.* standing in line.

CENA / PRICE

Kolik to stojí?	How much is it?
Dvacet deka/ čtvrt libry stojí čtyřicet pencí.	Two hundred grams*/ a quarter of a pound is 40 pence (= 40p).

---

*Většina věcí a potravin se prodává v balíčkách s udáním váhy v gramech nebo kilech, avšak ovoce nebo jiné čerstvé potraviny se dosud stále prodávají na unce a libry, *viz* Míry – Váhy str. 53.

NÁKUPY – SLUŽBY
SHOPPING – SERVICES

Za kolik jsou ty pomeranče?	How much are these oranges?
Prodávají se na kusy.	They're sold by the piece.
Zač je jeden kus?	How much is a piece?
Zdá se mi to drahé.	I think that's expensive.
To je dražší než u nás.	It's more expensive than in my/ our country.
Nemůžete mi něco slevit?	Can you drop the price (a little)?
To je pevná cena.	Sorry, this is a fixed price.
Chtěl bych něco levnějšího.	I'd like something cheaper.
V jaké ceně to má být?	What price range are you thinking of?
Kolik vás stál ten videorekordér?	How much did this videorecorder/ VRC cost?
Koupil jsem ho za dvě stě liber.	I bought it for two hundred pounds.
To je laciné.	That's cheap.
Byla to výhodná koupě.	It was a bargain.
Byl tam výprodej.	There was a sale.
Chtěl jsem ho koupit na splátky.	I wanted to buy it on hp/ hire purchase.
Ale musel jsem platit hotově.	But I had to pay (in) cash.

(Viz Číslovky str. 48, Míry – Váhy str. 53)

VÝMĚNA | EXCHANGE

Včera jsem si tu koupil holicí strojek a už nefunguje.	I bought this electric razor here yesterday and it isn't working.
Vyměníte mi ho nebo mi vrátíte peníze?	Will you exchange it or can I get my money back/ or will you refund the money?
Máte pokladní blok a záruční list?	Have you got the receipt and guarantee certificate?
Ano, tady jsou.	Yes, here you are.
Vyměním vám ho.	I'll change it.

NÁKUPY – SLUŽBY
SHOPPING – SERVICES

OPRAVA | REPAIR

Rozbil se mi deštník.	My umbrella's broken.
Myslíte, že by šel ještě opravit?	Do you think it's worth repairing?
Kolik by stála oprava?	How much would the repair cost?
Myslím, že bude lépe koupit nový.	I think it'll be better to buy a new one.
Dá se to spravit?	Can it be repaired?
Kolik bude oprava stát?	How much will the repair cost?
Kdy to bude hotovo?	When will it be ready?

(Viz Obuv str. 251, Optik, Hodinář str. 257)

POTRAVINY | FOODS

(Viz Míry – Váhy str. 53)

Dejte mi
   10 dag másla
   20 dag mleté kávy

   půl kila hovězího na vaření/ na dušení
   kilo mouky
   půl litru/ pintu mléka
   karton mléka
   tři plátky slaniny
   láhev červeného vína
   plechovku pomerančové šťávy
   balíček sušenek
   bonboniéru
   tucet vajec
   košíček jahod.

May I have
   a hundred grams of butter
   two hundred grams of ground coffee
   half a kilo of beef for boiling/ for stewing
   a kilo of flour
   half a litre/ a pint of milk
   a carton of milk
   three rashers of bacon
   a bottle of red wine
   a tin of orange juice
   a packet of biscuits
   a box of chocolates
   a dozen eggs
   a basket of strawberries?

NÁKUPY – SLUŽBY
SHOPPING – SERVICES

Dvě minerálky, prosím.	**Two bottles of mineral water, please.**
Platí se záloha na láhve?	**Is there a deposit for the bottles?**
Ne, ty láhve nejsou vratné.	**No, these bottles aren't returnable.**
Jsou zálohované.	**There's a deposit.**
Chtěla bych litr (čistého) olivového oleje.	**I'd like a litre of (pure) olive oil.**
Jsou/ Máte sušené houby?	**Do you have dried mushrooms?**
Bohužel jsou vyprodány.	**I'm afraid, we've sold out.**
Máte pražené kukuřičné vločky ve větším/ menším balení?	**Do you have cornflakes in larger/ smaller packets?**
Menší balení není?	**Is there any smaller size?**
Jaké máte mražené potraviny?	**What frozen food do you have?**
Máte instantní kávu/ kakao?	**May I have instant coffee/ cocoa?**
Bohužel není na skladě.	**Sorry, it isn't in stock.**
Ty hrozny jsou už nahnilé.	**The grapes are off.**
Nedávejte mi je.	**I don't want them.**
Je ten chléb čerstvý?	**Is the bread fresh?**
Je úplně čerstvý.	**Yes, quite fresh.**

■

cukr
   kostkový ~
   krupicový ~
   práškový ~
   třtinový ~
   ~ v sáčcích
   kostka cukru
chléb
   bílý ~
   celozrnný/ tmavý ~

sugar
   cube ~
   granulated ~
   powder ~
   cane ~
   ~ in bags
   a cube of ~
bread
   white ~
   brown ~

NÁKUPY – SLUŽBY
SHOPPING – SERVICES

    samožitný ~   **rye ~**
    tvrdý ~   **hard ~**
    veka   **French bread**
mléko   **milk**
    čerstvé ~   **fresh ~**
    kyselé ~   **sour ~**
    nízkotučné ~   **low-fat ~**
    odstředěné ~   **skimmed ~**
    plnotučné ~   **whole ~, full-fat ~**
    polotučné ~   **semi-skimmed ~**
    sušené ~   **dried/ powdered ~**
    kondenzované ~   **tinned/** *Amer.* **canned ~**
sýr   **cheese**
    ementál   **Swiss cheese**
    kozí ~   **goat's ~**
    krémový ~   **cream ~**
    plísňový ~   **blue ~**
    ovčí ~   **sheep's ~**
    parmezán (strouhaný)   **Parmesan (grated)**
    tavený ~   **processed ~**
    uzený ~   **smoked ~**

(Viz Kuchyně – Stolování *str. 99*, Nápoje *str. 223*, Ovoce *str. 215, 222*, Ryby – Drůbež – Zvěřina *str. 220*, Uzeniny *str. 221*, Zelenina *str. 221*)

Na obalu výrobku:
Contents/ Ingredients   Obsah/ Složení
Mineral/ Chemical contents   Obsah minerálů/ chemikálií
Calorific Values   Kalorická hodnota
Nutrition facts   Údaje o výživnosti
Fatfree   Bez tuku
Serving Size 1 Tbsp *(15 g)*   Jedna porce = 1 polévková lžíce *(15 gramů)*

Net weight   Čistá váha
Use up by…/ Expiration date by…/ *Amer.* **Good through…**   Spotřebujte do…

NÁKUPY – SLUŽBY
SHOPPING – SERVICES

Proof of Purchase/ Guarantee	Záruka
Guaranteed until...	Záruční doba do…
Keep at +4 ºC	Uchovávejte při +4 ºC
Keep in a cool place between 0 and +4 ºC	Uchovejte v chladu od 0 do +4 ºC
Do not store in a refrigerator.	Neskladujte v ledničce.
Keep away from the sources of heat.	Neuchovávejte blízko zdrojů tepla.
Packaging is not recyclable. Packing is not returnable.	Obal je nevratný.
Please Recycle.	Recyklujte, prosím.

PRODEJ TABÁKU

TOBACCONIST'S

Máte americké cigarety?

Do you have American cigarettes?

Kolik stojí krabička?	**How much is a packet?**
Krabici kubánských doutníků.	**A box of Cuban cigars, please.**
Máte plyn do zapalovače?	**May I have some lighter gas?**
Dejte mi krabičku zápalek.	**I'd like a box of matches.**

■

cigareta	**cigarette**
~ s filtrem	**filter(-tipped) ~**
~ bez filtru	**~ without filter**
doutník	**cigar**
dýmka, lulka	**pipe**
špička na cigarety	**cigarette holder**
tabák	**tobacco**
jemný ~	**mild ~**
lulkový ~	**pipe ~**
zápalky	**matches**
zapalovač	**lighter** [laitə]

NÁKUPY – SLUŽBY
SHOPPING – SERVICES

KNIHKUPECTVÍ | BOOKSHOP, BOOKSELLER'S

Chtěl bych nějakou knihu o historii Anglie.
Máte průvodce po městě?

Bohužel poslední vydání je už rozebrané.
A další vydání je v tisku.
Kdy vyjde?
Máte detektivky?
(Viz Četba str. 296)

I'd like a book about the history of England.
Have you got a guidebook to the town?

I'm afraid the latest edition is sold out.
And the next edition is in print.
When will it come out?
Do you have detective stories?

Máte nějakou učebnici angličtiny pro samouky?
Můžete mi doporučit nějaký dobrý anglický slovník?
Potřebuji kapesní anglicko-český slovník.
(Viz Mluvíte anglicky? str. 92)

May I have a teach-yourself English textbok?
Can you recommend a good English dictionary?
I need an English-Czech pocket dictionary.

NOVINOVÝ STÁNEK | NEWSSTAND

Dejte mi People a The Independent.
Už vyšel Life?
Ne. Vyjde v pondělí.
Máte poslední číslo časopisu Economist?
Můžete mi nechat stranou jeden výtisk?
Jaké máte módní časopisy?

I'd like People and The Independent.
Has Life come out yet?
No. It'll be out on Monday.
Do you have the latest copy of the Economist?
Can you put a copy aside for me, please?
What fashion magazines do you have?

NÁKUPY – SLUŽBY
SHOPPING – SERVICES

PAPÍRNICTVÍ

Máte náplně do tohoto pera?

Ne, je to starý typ.
Ale podívejte se na tyto nové druhy.
Jsou to velmi kvalitní pera.

Chtěl bych nějaké hezké pohlednice.
Prodáváte známky?
Ne, známky se dostanou pouze na poště.
Kolik stojí ty diapozitivy?

STATIONER'S

Do you have refills for this pen?
No, this is an old type.
But you can have a look at these new types of pens.
They're top quality pens.

I'd like some nice postcards.

Do you sell stamps?
No, stamps are to be had only at the post office.
How much are these slides?

---

album na známky — **a (small) stamp album**
blok — **writing pad**
　poznámkový ~ — **notepad, jotter**
časopis (viz Četba str. 296) — **magazine, journal** (odborný), **periodical**
deník — **daily** (noviny)
diapozitiv — **slide**
fix (barevná tužka) — **felt pen, felt-tip pen**
guma — **eraser, rubber**
kniha — **book**
lepicí páska — **sticky tape**
　průsvitná ~ — **transparent ~**
lepidlo — **glue**
list (papíru) — **sheet (of paper)**
mapa — **map**
náplň (do pera) — **refill**
noviny (jedny) — **newspaper**, hov. **paper**
obálka — **envelope**
ořezávátko — **pencil sharpener**

NÁKUPY – SLUŽBY
SHOPPING – SERVICES

papír — **paper**
  balicí ~ — **brown ~**
  dopisní ~ — **notepaper**
  toaletní ~ — **toilet ~**
pastelka — **coloured pencil, crayon**
pero — **pen**
propisovací tužka — **ballpoint**
plán města — **map of the town**
pohlednice — **(picture) postcard**
provázek — **string**
  kousek provázku — **a piece of ~**
průvodce (kniha) — **guidebook**
sáček — **bag**
  igelitový ~ — **plactic bag**
  ~ na nedojedené jídlo — **doggy bag**
samolepka — **stick-on label**
sešit — **copy book, exercise book**
tisk — **print**
tuha — **graphite**
tužka — **pencil**
učebnice — **textbook**
zápisník — **notebook**

DÁRKY – KLENOTY

GIFTS – JEWELS

bonboniéra — **box of chocolates**
briliant — **cut diamond**
brož — **brooch**
disk: kompaktní ~, hov. cédéčko — **compact disc, CD** [ˌsiːˈdiː]

drahokam — **precious stone** [ˌpreʃəs ˈstəun]
džbán — **jug**
filigrán — **filigree**
granát — **garnet**
hračka — **toy**

NÁKUPY – SLUŽBY
SHOPPING – SERVICES

jantar	**amber**
kabelka	**handbag**
kazeta	**cassette** [kəˈset]
audiokazeta	**audio cassette** [ˌɔːdiəu kəˈset]
videokazeta	**video cassette** [ˌvidiəu kəˈset]
keramika	**ceramics** [səˈræmiks]
knoflíčky do manžet	**cufflinks**
korál	**coral** [korə]
korále	**beads** [biːdz]
košíček	**little basket**
košík	**basket**
krajka	**lace**
kroužek na klíče	**key ring** [ˈkiː riŋ]
loutka	**puppet** [papit]
mušle	**shell**
náhrdelník	**necklace** [nekləs]
náramek	**bracelet** [breislət]
náušnice	**earrings** [iəriŋz]
panenka	**doll**
~ v kroji	**~ in national costume** [ˌnæšənl ˈkostjuːm]
perla	**pearl**
platina	**platinum** [plætinəm]
popelník	**ashtray**
porcelán	**china**
porcelánový servis	**china dinner set**
pouzdro	**case**
~ na cigarety	**cigarette ~**
pozlacený	**gilt** [gilt]
prsten	**ring**
přívěsek	**pendant**
pudřenka	**powder compact** [ˌpaudə kəmˈpækt]
řetízek	**chain** [čein]

NÁKUPY – SLUŽBY
SHOPPING – SERVICES

zlatý ~	**gold ~**
sklenený	**glass**
sklo	**glass**
broušené ~	**cut ~**
české křišťálové ~	**Bohemian crystal ~** [bəʊˌhiːmiən ˈkrɪstl]
slonová kost	**ivory** [aivəri]
stříbrný; stříbro	**silver**
suvenýr	**souvenir**
svícen	**candlestick**
šátek, šála	**scarf**, mn. č. **scarves** [skaːf, skaːvz]
talíř	**plate**
tepaný	**embossed** [imˈbɒst]
těžítko	**paperweight** [peipəweit]
ubrousek	**table napkin**
ubrus	**tablecloth**
váza	**vase** [vaːz]
vějíř	**fan**
vyšívaný	**embroidered** [imˈbrɔidəd]
zlato	**gold**
18-karátové ~	**18-carat** [kærət] **~**
zlatý	**gold**

LÁTKY – LÁTKY NA ŠATY | FABRICS – DRESS MATERIALS

Je to čistá vlna? — **Is it pure wool?**
Je to 40 % vlny a 60 % polyesteru/ umělého vlákna. — **It's 40% wool and 60% polyester/ man-made fibre.**
Je to velmi kvalitní látka. — **It's top quality material.**
Doufám, že se nemačká. — **I hope it won't wrinkle.**

Kolik potřebuji na sukni? — **How much do I need for a skirt?**

Stačí vám devadesát centimetrů. — **90 centimetres will do.**

NÁKUPY – SLUŽBY
SHOPPING – SERVICES

Je to dvojitá šíře.

Ukažte mi nějaké látky na letní šaty.

Přejete si látku květovanou?
Něco ne moc nápadného.

V jakých barvách to má být?
Chcete něco světlého nebo raději něco tmavšího?

Kterou barvu mi radíte?

Podívejte se na tento modrý odstín.
Bleděmodrá by vám velmi slušela.
Mohu se na to podívat na denním světle?
(Viz Barvy *str. 56)*

It's a double width.

Can you show me some materials for a summer dress?

Would you like a floral design?
I'd like something not too bright.
What colour would you like?
Would you like something light or would you prefer a darker colour?

What colour would you recommend?
Have a look at this blue shade.

Light blue would suit you very well.
May I have a look at it in daylight?

■

bavlna
    čistá ~
flanel
froté
gabardén

hedvábí
    čisté ~
kreton
látka
    jednobarevná ~
    kostkovaná ~
    květovaná ~

cotton
    pure [pjuə] **~**
flannel
terry, Amer. **terry cloth**
gabardine, gaberdine
    [ˌgæbəˈdiːn]
silk
    pure ~
cotton print, chintz [čints]
material [məˈtiəriəl]
    plain ~
    checked ~
    floral ~

245

NÁKUPY – SLUŽBY
SHOPPING – SERVICES

    proužkovaná ~
    puntíkovaná ~
    ~ na šaty
    dekorační ~
len
manšestr
plátno
plyš
samet
viskóza
vlákno
    přírodní ~
    umělé ~

vlna
    česaná ~
vzor

    striped [straipt] ~
    dotted ~
    dress ~
    drapery
linen
cord(uroy) [ko:dəroi]
canvas [kænvəs]
plush [plaš]
velvet
viscose
fibre [faibə]
    natural ~
    artificial [ˌa:tiˈfišl]/
    man-made ~
wool
    worsted [wustid] ~
design [diˈzain], **pattern** [pætən]

GALANTERIE

bavlna (viz Látky str. 244)
bavlnka na vyšívání
    látací bavlnka
guma
háček; háčkovat
jehla
jehlice
klubko (vlny)
knoflík
    přišít ~

látat
nit
nůžky (jedny)
párat, rozpárat

HABERDASHER'S

cotton
embroidery cotton
    darning thread [θred]
elastic [iˈlæstik]
crochet [krəušei]
needle [ni:dl]
knitting needles [ˌnitiŋ ˈni:dlz]
ball [bo:l] **(of wool)**
button [batn]
    sew on [ˌsəu ˈon] **(sewed,**
    sewn) a ~
darn
thread [θred]
a pair of scissors [sizəz]
unpick

NÁKUPY – SLUŽBY
SHOPPING – SERVICES

patentka	**snap fastener** [ˌsnæp ˈfaːsənə]
plést	**knit** [nit]
pletení	**knitting**
přadeno	**hank**
přešít	**alter** [oːltə]
spona	**buckle** [bakl]
stuha	**ribbon**
střih (na šaty)	**pattern**
stříhat	**cut (cut, cut)**
šít	**sew (sewed, sewn)** [səu, səud, səun]
~ v ruce	~ **by hand**
~ na stroji	~ **with the sewing machine**
dát si ~ šaty na míru	**have a dress made**
špendlík	**pin**
zavírací ~	**safety** ~ [ˈseifti pin]
vyšívání	**embroidery** [imˈbroidəri]
vyšívat	**embroider** [imˈbroidə]
zašít	**sew up** [ˌsəu ˈap] **(sewed, sewn)**
zip	**zip fastener** [ˈzip faːsnə], **zip**, Amer. **zipper**

KONFEKCE – PLETENÉ ZBOŽÍ – PRÁDLO

READY-MADE CLOTHES – KNITWEAR – UNDERWEAR

Chtěla bych tenhle svetřík.	I'd like this jumper.
Má to být pro vás?	Is it meant for yourself, madam?
Ne, pro moji sestru.	No, for my sister.
Jakou má velikost?	What's her size, please?
Dvanáctku.	Twelve.
Kolik měří přes prsa	What's her bust size
přes boky	hip size
v pase?	waist size?
Máte stejnou velikost v jiné barvě?	Can I have the same size in a different colour?

NÁKUPY – SLUŽBY
SHOPPING – SERVICES

Máte také svetry s dlouhým rukávem?	Do you also have any long-sleeved sweaters?
Ne, máme jen svetry s krátkým rukávem.	No, there are only short-sleeved jumpers.
Chtěl bych manšestrové kalhoty.	I'd like cords/ a pair of corduroys.
Jakou barvu?	What colour?
Líbí se mi ty černé.	I'd like the black ones.
Tady je naše poslední novinka/ náš poslední model.	This is our latest style.
Tento model/ druh/ typ je nyní (velmi) módní.	This style is in now/ is high fashion now.
Chtěla bych tu sukni, kterou máte ve výloze.	Can I have the skirt which is in the window?
Mohu si ji zkusit?	May I try it on?
Jistě. Tamhle je kabina.	Certainly, madam. The dressing room's over there.
Je mi trochu malá/ velká/ dlouhá/ krátká.	It's a bit too small/ large/ long/ short.
Můžeme vám ji prodloužit/ zkrátit.	We can lengthen/ shorten it for you.
Přes boky mi je dobře, ale je mi velká v pase.	It fits well round the hips but it's too large round the waist.
Upravíme vám ji na počkání.	That can be altered right away.
Zkusím si ještě jinou.	I'll try another one.
Tato vám padne výborně.	This one is a perfect fit.
Dělá vás štíhlou.	It makes you look slimmer.
To je přesně vaše velikost.	This is just the right size.
Dá se prát a žehlit?	Can it be washed and ironed?
Nesráží se?	Does it shrink?
Ne. Ale raději ji perte ve vlažné vodě.	No. But better wash it in lukewarm water.

■

NÁKUPY – SLUŽBY
SHOPPING – SERVICES

bunda — **jacket**
   větrovka — **windcheater,** Amer. **windbreaker**
   teplá ~ — **anorak** [ænəræk]
čepice — **cap**
   koupací ~ — **swimming ~**
číslo (oděvu, prádla) — **size**
čistit — **clean**
deštník — **umbrella** [amˈbrelə]
   skládací ~ — **telescopic** [ˌteliˈskopik] **~**
doplňky (módní) — **(fashion) accessories** [əkˈsesəriz]

džíny — **jeans**
halenka — **blouse**
kabát (teplý) — **(warm) coat**
   (lehčí) plášť — **lightweight** [laitweit] **coat,** **summer coat**
kalhotky — **underpants,** hov. **panties**
kalhoty — **trousers, pants**
kapesník — **handkerchief,** hov. **hanky**
kapsa — **pocket**
klobouk — **hat**
   slaměný ~ — **straw** [strɔ:] **~**
kombiné — **slip**
kostým — **suit**
košile — **shirt**
   noční ~ — **nightshirt,** [naitšə:t], hov. **nightie** [naiti]
mikina, tričko s dlouhým rukávem — **sweatshirt** [swetšə:t]
kožený — **leather** [leðə]
kožich — **fur coat** [ˌfə: ˈkəut]
kravata — **tie**
límec — **collar**
   kožešinový ~ — **fur ~**
límeček (krajkový) — **(lace) collar**

NÁKUPY – SLUŽBY
SHOPPING – SERVICES

manžety **cuffs** [kafs]
mít na sobě, nosit **wear (wore, worn)**
navléci si, obléci si **put on**
obléci se **get dressed**
oblek **suit**
   společenský ~   **formal dress**
oděv: večerní ~ **evening dress**
pásek **belt**
plášť **coat**
   koupací ~   **bathrobe** [ba:θrəub]
   nepromokavý ~   **raincoat** [reinkəut]
plavky (dámské) **swimsuit** [swimsu:t]
   dvoudílné ~   **two-piece swimming costume, bikini** [biˈki:ni]
   pánské ~   **swimming trunks** [traŋks]
pletený **knitted** [nitid]
podprsenka **bra**
podšívka **lining** [lainiŋ]
podvazkový pás **girdle**
ponožka **sock**
prádlo (spodní) **underwear** [andəweə]
punčocha **stocking**
   punčochové kalhoty, punčocháče   **tights** [taits], Amer. **pantihose** [ˈpantihəuz]
pyžamo **pajamas** [pəˈdža:məz], Amer. **pyjamas**
rozepnout **unbotton** [ˌanˈbatn]
rukáv **sleeve**
   dlouhý ~   **long ~**
   krátký ~   **short ~**
rukavice (jedna), jedny rukavice **glove, a pair of gloves**
sako **jacket**
   dvouřadové ~   **double-breasted ~** [ˌdabl ˈbrestid]
   jednořadové ~   **single-breasted ~**
spodky **trunks, underpants**

NÁKUPY – SLUŽBY
SHOPPING – SERVICES

sukně	**skirt**
rovná ~	**straight** [streit] ~
skládaná ~	**pleated** ~
svetr	**sweater** [swetə]
svetřík	**jumper** [džampə]
svléci	**take off (took, taken)**
šál (široký), přehoz	**shawl** [šo:l]
šátek, šála	**scarf,** mn. č. **scarves**
šaty	**dress**
večerní ~	**evening** ~
široký	**wide**
šortky	**shorts**
tepláková souprava	**track suit, jogging suit**
tílko; nátělník	**undershirt**
trenýrky	**boxer shorts, trunks**
tričko	**T-shirt**
úzký, těsný	**tight** [tait]
velikost (oděvu)	**size**
vesta (k pánskému obleku)	**waistcoat**
vesta dlouhá (dámská)	**longline vest**
vesta (pletená s dlouhým rukávem)	**cardigan**
vycpávka	**shoulder pad**
výstřih	**neckline**
záhyb	**pleat**
zapnout	**button up** [ˌbatn ˈap]
zástěra	**apron** [eiprən]
zavázat	**do up**
župan	**dressing gown**

OBUV | FOOTWEAR

Ukažte mi nějaké letní střevíce na vysokém/ nízkém podpatku.

Can you show me some summer shoes with high/ low heels?

NÁKUPY – SLUŽBY
SHOPPING – SERVICES

Jaké číslo?	What size?
Třicet sedm.	A four.
Tady mám několik modelů.	There are several styles.
Zkusím si ty bílé.	I'll try on the white ones.
Prosím, posaďte se.	Sit down, please.
Jsou mi malé/ těsné.	They're too tight.
Tlačí mě palec/ pata.	They pinch me at the toe/ at the heel.
Nemohli byste mi trochu vytáhnout levou?	Can I have the left shoe stretched a bit?
Pravá je mi dobře.	The right one fits well.
Zkuste si o číslo větší.	Try this pair. It's a size larger.
Ty jsou mi moc volné.	They're too loose.
Vezmu si tamty.	I'll take those.
Můžete mi opravit ty polobotky?	Can I have these shoes repaired?
Dejte mi nové podrážky i nové podpatky.	I'd like to have my shoes soled and heeled.
Ulomil se mi podpatek.	The heel got broken off.
Utrhl se mi jeden pásek na sandálu.	A strap of my sandal came off.
Můžete mi ho přišít?	Can you sew it back on?

■

bačkora	slipper
bota	shoe
vysoká ~	boot
dřevák	clog
gumový	rubber
kozačky	high boots
kožený	**leather** [leðə]
krém na boty	shoe polish
~ v tubě	~ in a tube
lakové boty, lakýrky	patent leather shoes
lodičky	pumps
lžíce na boty	shoehorn

NÁKUPY – SLUŽBY
SHOPPING – SERVICES

mokasíny	**moccasins** [mokəsinz]
obout (boty)	**put on (shoes)**
obuv	**footwear** [futweə]
dámská ~	**ladies' ~**
dětská ~	**children's ~**
pánská ~	**men's ~**
sportovní ~	**trainers, sports shoes**
tenisky	**sneakers** Amer.
pantofel	**slipper**
pár, dva páry	**a pair, two pairs**
pata	**heel**
plátěný	**canvas**
podpatek	**heel**
nízký/ vysoký ~	**low/ high ~**
jehlový ~	**needle ~**
podrážka	**sole**
pohodlný	**comfortable**
polobotka	**shoe**
přezka	**buckle** [bakl]
sandál	**sandal**
šněrovat	**lace up**
tenisky, cvičky	**sneakers, plimsolls** [plimsəlz]
tkanička do bot	**shoelace,** Amer. **shoestring**
trepka	**slipper**
vložka do bot	**sanitary pad, shoe pad**

KOŽENÉ ZBOŽÍ

LEATHER GOODS

aktovka	**briefcase** [bri:fkeis]
batůžek	**small rucksack** [raksæk]
kabelka	**handbag,** Amer. **purse**
koženka	**leatherette** [ˌleðəˈret]
kufr	**suitcase,** hov. **case**
~ na kolečkách	**~ on wheels**
kufřík	**attaché** [əˈtæʃei] **case**

NÁKUPY – SLUŽBY
SHOPPING – SERVICES

kůže
  pravá ~
  hadí ~
  krokodýlí ~
  teletina
  měkká ~
pásek
peněženka
pouzdro na brýle
rukavice (jedna)
řemen
semišový
taška
  cestovní ~
(Viz Obuv str. 251)

leather [leðə]
  genuine [dženuin] ~
  snakeskin
  crocodile [krokədail] ***hide***
  calfskin
  soft ~
belt
purse, *wallet* [wolit]
spectacle case
glove
belt
suede [sweid]
bag
  travel ~

KVĚTINY

Chtěl bych velkou kytici růží.

Vyberte devět rudých karafiátů a pošlete je na tuto adresu.

Odevzdejte je s tímto dopisem/ touto vizitkou.
Kolik stojí tulipány?
Dejte mi jich pět.

FLOWERS

I'd like a big bouquet/ bunch of roses.

Will you pick out nine dark red carnations and send them to this address?

Will you deliver them with this letter/ visiting card?
How much are the tulips?
I'd like five of them.

■

fialka
chryzantéma

karafiát
konvalinka
kopretina
květ

violet [vaiələt]
chrysanthemum
  [krə'sænθiməm]
carnation [ka:'neišn]
lily of the valley [væli]
oxeye daisy [,oksai 'deizi]
flower

NÁKUPY – SLUŽBY
SHOPPING – SERVICES

(stromů, keřů)	**blossom** [blosm]
květináč	**flowerpot**
kytice	**bunch, bouquet** [buˈkei]
lilie	**lily**
mečík	**gladiolus** [ˌglædiˈəuləs]
orchidej	**orchid** [oːkid]
pelargonie	**geranium** [džəˈreiniəm]
pivoňka	**peony** [piəni]
pomněnka	**forget-me-not**
protěž	**edelweiss** [eidlvais]
růže	**rose**
šeřík	**lilac** [lailək]
tulipán	**tulip**

FOTOGRAFIE

PHOTOGRAPHY

Můžete mi opravit tento fotoaparát?

Can you repair this camera?

Nepřetáčí se film.
Ukažte mi to.

The film won't rewind.
Let me have a look./ Let me see.

Ano, opravíme vám to.

Yes, it can be repaired.

Chtěl bych jeden barevný film na 36 obrázků/ snímků.
Jakou značku si přejete?
Máte filmy na diapozitivy?
Jakou citlivost?
Můžete mi dát ten film do aparátu?
(Viz Záliby str. 308)

I'd like a colour film with 36 exposures.
What make would you like?
Do you have films for slides?
What sensitivity?
Can you put in this film?

Můžete mi vyvolat tento film a udělat fotografie?
Tady mám také diapozitivy k vyvolání.

Can I have this film developed and printed?
And I've also got some slides to develop.

NÁKUPY – SLUŽBY
SHOPPING – SERVICES

Tato fotografie je moc hezká, dej udělat jednu i pro mě.

This picture's very nice. Will you have one print made for me too?

■

aparát: fotografický ~	**camera: photographic ~**
automatický	**automatic**
blesk	**flash light**
cívka	**spool**
clona	**diaphragm** [daiəfræm]
čočka	**lens**
diapozitiv	**slide**
expozice	**exposure** [ikˈspəužə]
film	**film**
barevný ~	**colour ~**
černobílý ~	**monochrome ~, black and white ~**
prošlý ~	**expired** [ikˈspaiəd] **~**
filtr	**filter**
formát	**size**
fotograf	**photographer** [fəˈtogrəfə]
fotografie	**photograph** [fəutəgra:f], **photo** [fəutəu], **picture**
pasová ~	**passport ~**
pasová ~ na počkání	**instant passport ~**
hledáček	**viewfinder** [vju:faində]
negativ	**negative**
objektiv	**lens**
papír	**paper**
lesklý ~	**shiny ~**
matný ~	**matt ~**
přístroj: promítací ~	**projector** [prəˈdžektə]
samospoušť	**self-release**
spoušť	**release** [riˈli:s]
stativ	**tripod** [traipod]
teleobjektiv	**telephoto lens** [ˈtelifəutəu ˈlens]

NÁKUPY – SLUŽBY
SHOPPING – SERVICES

videokamera	**camcorder** (se zvukem), **video camera** [ˈvidiəu kæmərə]
vyvolání (filmu)	**development** [diˈveləpmənt]
vyvolat	**develop**
zaostřit	**focus** [fəukəs]
dát si udělat obrázky (z negativu)	**have prints made**
zvětšenina	**enlargement**, hov. **blow-up**
zvětšit	**enlarge, blow up**

OPTIK | OPTICIAN

Máte nějaké levné brýle proti slunci?
May I have some cheap sunglasses?
Tyhle jsou hezké, ale jsou mi velké.
These are nice, but too large.
Menší nemáte?
May I have a smaller size?
Potřebuji nové kontaktní čočky.
I need new contact lenses.
Prodáváte také dalekohledy?
Do you also have binoculars?

Zlomily se mi obroučky.
The frames of my glasses have got broken.
Můžete mi je opravit?
Can you repair them?
Rozbilo se mi jedno sklo.
A lens got broken.
Kolik máte dioptrií?
How many diopters have you got?

Tři a půl.
Three and a half.

HODINÁŘ | WATCHMAKER

Potřebuji opravit hodinky.
My watch needs repairing.
Nejdou přesně.
It doesn't keep good time.
Zpožďují se (o minutu denně).
It's slow. It loses a minute a day.

NÁKUPY – SLUŽBY
SHOPPING – SERVICES

Vnikla do nich voda.	Some water got inside it.
Dejte mi novou baterii.	I'd like a new battery.
Hodinky mi upadly a nejdou.	I dropped my watch and it won't go/ it stopped.
Rozbil jsem sklíčko.	I broke the glass.
Půjde to opravit?	Can you repair/ mend it?
Platí se hned nebo až potom?	Do I have to pay now or when I pick it up?

baterie (el. článek) — **battery**
   tužková ~ —   **pencil ~**
budík — **alarm clock** [əˈlɑːm klok]
   natáhnout ~ —   **wind (wound, wound) up ~**
ciferník — **dial** [daiəl]
hodinky — **watch**, mn. č. **watches**
   digitální ~ —   **digital** [didžitl]
   náramkové ~ —   **wrist** [rist] ~
   zlaté ~ —   **gold ~**
hodiny: nástěnné ~ — **clock**, mn. č. **clocks**
pásek (k hodinkám) — **watchband, watchstrap**
pero — **spring**
pokažený — **broken, faulty**
ručička (u hodin) — **hand**
   hodinová ~ —   **hour ~**
   minutová ~ —   **minute ~**
   vteřinová ~ —   **second ~**
sklíčko — **glass**, Amer. **crystal**
stopky — **stopwatch**

HOLIČ – KADEŘNÍK
BARBER – HAIRDRESSER

Mohla byste mi doporučit nějaké dobré kadeřnictví?	Could you recommend a good hairdresser's?

NÁKUPY – SLUŽBY
SHOPPING – SERVICES

Právě dnes se jdu dát učesat ke své kadeřnici.
I'm going to the hairdresser's today to have my hair done.

Mohla bych jít s vámi, nebo se musím objednat?
Could I join you or do I have to make an appointment?

Raději se objednejte, abyste nemusela dlouho čekat.
Better make an appointment not to wait long.

Dám vám její telefonní číslo.
I'll give you her telephone number.

Jdu k holiči.
I'm going to the barber's.

Musím se dát ostříhat.
I must have my hair cut.

PÁNSKÉ ODDĚLENÍ
MEN'S HAIRDRESSER

Kdo je teď na řadě?
Whose turn is it now?

Řada je na mně.
It's my turn.

Přejete si, prosím?
What will you have, sir?

Oholit a ostříhat.
A shave and a haircut, please.

Jak chcete vlasy ostříhat?
How would you like your hair cut?

Ne moc na krátko.
Not too short.

Zkrátit vzadu a po stranách.
Cut it short at the back and the sides.

To je dobré. To stačí.
That's OK. That will do.

Umyjte mi hlavu.
I'd like a shampoo.

Udělejte mi pěšinku vlevo.
The parting on the left, please.

Mám dát trochu gelu?
Shall I apply a little gel?

Ne, nedávejte mi na vlasy nic.
No, thank you. I won't have anything on my hair.

Nemám to rád.
I don't like it.

DÁMSKÉ ODDĚLENÍ
WOMEN'S HAIRDRESSER

Co si budete přát?
What will you have?

Umýt hlavu a vodovou.
A shampoo and set, please.

Chtěla bych obarvit vlasy (na černo).
I'd like to have my hair dyed (black).

NÁKUPY – SLUŽBY
SHOPPING – SERVICES

Udělejte mi trvalou.	I'd like a perm.
Umyjte mi vlasy heřmánkovým šamponem	I'd like a camomile shampoo.
Udělejte mi tizianový přeliv.	I want a titian rinse.
Chtěla bych ostříhat a foukanou.	I'd like to have my hair cut and blow-dried.
Zastřihněte mi pouze konečky.	Just trim the ends, please.
Chci si nechat narůst vlasy.	I want to let my hair grow.
Přejete si pěšinku na straně?	Would you like the parting at the side?
Nenosím pěšinku.	No parting, please.
Jak dlouho mám zůstat pod sušákem?	How long do I have to stay under the dryer?
Slečno! To pálí!	Miss! Please! It's too hot.
Ztlumte to, prosím.	Turn it down, please.

PARFUMERIE

COSMETICS

barva na vlasy	**hair dye**
barvit si vlasy	**dye one's hair**
čepice: koupací ~	**swimming cap**
červeň/ růž na tvář	**rouge** [ru:ž]
česat	**comb** [kəum]
de(z)odorant	**deodorant** [diːˈəudərənt]
holit	**shave**
hřeben	**comb**
kartáč na vlasy	**hairbrush**
kartáček na zuby	**toothbrush**
kartáčovat	**brush**
krém	**cream**
~ na obličej	face ~
~ na ruce	hand ~
denní ~	day ~
noční ~	night ~

NÁKUPY – SLUŽBY
SHOPPING – SERVICES

    hydratační ~   moisturizing ~
    výživný ~   nourishing ~
    opalovací ~   suntan/ sun ~
    ~ ~ s filtrem   ~ ~ with a protective filter
lak na nehty — **nail varnish/ polish/ enamel**
    perleťový ~ ~ ~   **pearl ~ ~**
lak na vlasy — **hairspray**
    ~ na mastné vlasy   **~ for greasy hair**
    ~ na suché vlasy   **~ for dry hair**
líčení, make-up — **make-up**
lupy — **dandruff** [dændraf]
manikúra — **manicure** [mænikjuə]
masáž; masírovat — **massage** [mæsa:ž]
mléko: pleťové — **skin lotion** [ləušn]
mýdlo — **soap**
    holicí ~   **shaving ~**
    ~ na praní   **washing ~**
    toaletní ~   **toilet ~, bath ~**
mýt — **wash**
    mýt si vlasy/ hlavu   **shampoo** [ˌšæmˈpu:]
namočit (prádlo) — **soak** [səuk]
namydlit — **lather**
natáčka — **curler**
natočit si vlasy — **curl one's hair**
odbarvovač (na vlasy) — **hair dye** [heəˈdai]
odbarvovat (vlasy) — **dye**
olej na opalování — **suntan/ sun oil**
ondulace: trvalá — **perm**
    vodová ~   **shampoo and set**
parfém — **perfume** [pəːfjuːm]
pasta: zubní ~ — **tooth paste**
pěna do koupele — **bubble bath**
pinetky — **hair clips**
pleť — **complexion** [kəmˈplekšn], **skin**
    citlivá ~   **sensitive skin**
    mastná ~   **greasy/ oily skin**

NÁKUPY – SLUŽBY
SHOPPING – SERVICES

suchá ~	**dry skin**
prášek: prací ~	**washing powder**
přeliv	**rinse**
pudr	**powder**
tuhý ~	**compact ~**
rtěnka	**lipstick**
řasenka	**eyelash mascara** [ˌailæsˈməˈskaːrə]
náplň (do řasenky)	**refill**
síťka	**hairnet**
sponka (do vlasů)	**hairgrip**
stíny: oční ~	**eye shadows**
modré/ šedé ~ ~	**blue/ gray ~ ~**
strojek: holicí ~	**shaving machine**
sůl do koupele	**bath salts**
sušit	**dry**
šampon	**shampoo**
heřmánkový ~	**camomile** [kæməmail] **~**
~ na světlé/ tmavé vlasy	**~ for light/ dark hair**
tampon	**pad (of cotton wool)**
tuba	**tube**
tužidlo (na vlasy)	**hairstyling lotion**
tužka na obočí	**eyebrow pencil**
hnědá/ černá ~ ~	**brown/ black ~ ~**
účes	**hairdo, hairstyle**
vata	**cotton wool**
vložky (dámské)	**sanitaty towels**, Amer. **sanitary napkins**
voda (kosmetická)	**lotion**
kolínská ~	**eau-de-cologne** [ˌəudəkəˈləun], **toilet water**
toaletní ~	**eau de toilette**
pleťová ~	**skin tonic/ toner**
vlasová ~	**hair ~**
~ po holení	**aftershave ~**

NÁKUPY – SLUŽBY
SHOPPING – SERVICES

voňavka	**scent**
vysoušeč vlasů, fén	**hairdrier, hairdryer**
zrcátko	**hand mirror**
žiletka	**razor blade**
žínka	**flannel,** Amer. **face cloth**

ČISTÍRNA – PRÁDELNA

DRY CLEANER'S – LAUNDRY, LAUNDROMAT, LAUNDERETTE

Chtěl bych vyčistit tyto kalhoty.	I'd like to have these trousers cleaned.
Myslíte, že půjdou odstranit ty skvrny od kávy?	Will it be possible to remove these spots of coffee?
Dejte pozor, ten svetr je z choulostivého materiálu.	Will you take care, please? This sweater is of delicate material.
Kdy to bude hotové?	When will it be ready?
Za tři dny nebo expres za 24 hodin.	In three days or express service in 24 hours.
Udělejte to tedy expres.	Make it express then.
Tady máte lísteček.	Here's your slip/ ticket.
Je blízko nějaká samoobslužná prádelna?	Is there a laundromat/ launderette near here?
Kolik liber/ kilogramů prádla se vejde do jedné pračky?	How many pounds/ kilos can I put in?
Jak dlouho trvá jedno praní?	How long does the wash cycle take?
Jedno praní i se sušením trvá dvě hodiny.	One washing and drying take two hours.
Stojí to 90 pencí včetně pracího prášku.	The price is 90p including the washing powder.
Prádelna je otevřena od osmi hodin ráno do dvanácti večer.	The launderette is open from eight in the morning to twelve in the evening.

POŠTA – TELEFON
POST OFFICE – TELEPHONE

KDE JE POŠTA, PROSÍM VÁS? | **WHERE'S THE POST OFFICE, PLEASE?**

Známky dostanete v Anglii jen na poště. V menších městech jsou poštovní přepážky v některých obchodech. Pošta v Anglii funguje velmi spolehlivě a rychle. Dopisy se roznášejí dvakrát denně. Existuje první třída roznášky – **First Class speed of delivery**, kdy je dopis doručen týž den, a druhá třída – **Second Class**, kdy je dopis dodán o něco později. Doporučené dopisy nebo balíky lze poslat buď **Recorded Mail**, což je o něco dražší než **First Class**, nebo **Registered Mail**, což je dražší než **Recorded Mail**, protože zásilka je zároveň pojištěna proti ztrátě. Peníze listonoši nedonášejí do domu ani v USA. Peněžní poukázky jsou dvojí. Vedle našeho typu peněžní poukázky **postal orders** existuje **money order** na určitou předtištěnou sumu peněz (např. dvě libry), vydávané bankou nebo poštou.

Kde se podávají doporučené dopisy? | Where can I hand in registered letters?/ Where's the counter for registered letters?

Kde se podávají balíky? | Where can parcels be handed in?

Je možno odtud poslat fax? | Is it possible to send a fax from here?

U kterého okénka? | Which counter?
U okénka/ přepážky číslo 10. | Counter number ten.

DOPISY – DOPORUČENÉ ZÁSILKY
LETTERS – REGISTERED & RECORDED DELIVERIES

Tři známky na pohlednici, prosím. | Three stamps for a postcard, please.
Do které země? Kam? | What country is it to? Where to?

Do České republiky. | The Czech Republic.

POŠTA – TELEFON
POST OFFICE – TELEPHONE

Jaké je poštovné na dopis do Spojených států?	**How much for a letter to the United states?**
Kolik do zámoří?	**What's the overseas postage?**
Tento dopis doporučeně.	**I'd like to send this letter by registered mail.**
Nemáte tu adresu odesílatele.	**There's no sender's address.**
Vyplňte si podací lístek, prosím.	**Fill in/** *Amer.* **Fill out this registration receipt/ form, please.**
Chci poslat tento dopis expres *(v ČR).*	**I want to send this letter express.**
Ten dopis je těžší. Musíte doplatit.	**The letter's excess weight. You'll have to pay excess/ additional postage.**
Za jak dlouho dojde?	**When will it be delivered?**

POSTE RESTANTE

POST RESTANTE, *Amer.* **GENERAL DELIVERY**

Mám tu nějaký dopis (poste restante) na jméno Miller?	**Is there a (post restante) letter in the name of Miller?**
Vaše jméno a příjmení?	**Your first name and surname?**
Máte tu dva dopisy.	**There are two letters for you.**
Prosím váš osobní/ občanský průkaz.	**Your identity card, please.**

BALÍKY

PARCEL POST

Můžete mi zvážit ten balíček?	**Can you weigh this parcel for me, please?**
Pozor, je to křehké.	**Be careful, it's fragile.**
Kde dostanu poštovní průvodku?	**Where can I get a dispatch form?**
Vyplňte čitelně adresu příjemce.	**Fill in the address of the recipient in block letters.**
Zde napište PSČ.	**Put the postcode/** *Amer.* **zip code in this blank space.**

POŠTA – TELEFON
POST OFFICE – TELEPHONE

Musí se udat hodnota a obsah balíku?
Chci ho pojistit na padesát liber.

Do I have to decare the value and contents of the parcel?
I'd like to have it insured at/ for fifty pounds.

TELEGRAMY

Chtěl bych poslat telegram do Londýna.
Kolik stojí jedno slovo?

Text telegramu napište tiskacím písmem.
Kdy bude doručen?

TELEGRAMMES

I'd like to send a telegram to London.
How much is a word?/ What's the charge per word?
Write the text of the telegram in block letters.
When will it be delivered?

POŠTOVNÍ POUKÁZKY

U které přepážky se posílají peníze?
Dejte mi poštovní poukázku.
Částku vyplňte číslicí i slovy.

POSTAL ORDERS

Where's the counter for postal orders?
May I have a postal order?
Fill in the amount (of money) in figures and words/ letters as well.

FILATELISTICKÁ SLUŽBA

Chtěl bych známky pro filatelisty.
Můžete mi ukázat nějaké novinky?
Tady je jedna nová série.
Pak je tu aršík ke stému výročí osvobození a obálka prvního dne s razítkem.

PHILATELY SERVICE

I'd like some stamps for philatelists.
Can you show me the latest issues?
Here's a new set of stamps.
Then there is a sheet marking the hundredth anniversary of liberation and a first day stamp envelope.

(Viz Záliby str. 308)

POŠTA – TELEFON
POST OFFICE – TELEPHONE

POŠTOVNÍ SCHRÁNKA | POSTBOX

Některé poštovní schránky ve Velké Británii mívají tvar kulatého červeného sloupku stojícího na okraji chodníku. Známky lze kupovat pouze na poště. V menších městech jsou však poštovní přepážky v obchodech a lze tam koupit nejen známky, ale též odeslat dopisy, telegramy, peníze a balíčky.

Hledám poštovní schránku.	I'm looking for a postbox/ pillar box/ *Amer.* mail box.
V kolik hodin se vybírá?	When's the next collection?
Musím koupit známky.	I must buy some stamps.
Ty dostanete jen na poště.	They are to be had only at the post office.
Už tu byl listonoš?	Has the postman/ *Amer.* mailman been yet?
Přišla mi nějaká pošta?	Is there any mail for me?
Nesu vám doporučený dopis.	There's a registered letter for you.
Tady potvrďte příjem.	Will you please sign for it?
Kam se mám podepsat?	Where shall I sign my name?
Sem na zadní stranu.	Please sign the overleaf.

POHLEDNICE – DOPISY | POSTCARDS – LETTERS

POZDRAVY | GREETINGS

Milou vzpomínku z našeho výletu do Švýcarska zasílá...
Srdečný pozdrav z Londýna zasílají...
Mnoho srdečných pozdravů od nás všech...

Greetings from our trip to Switzerland from...
We're sending you our best greetings from London...
A lot of greetings from all of us...

POŠTA – TELEFON
POST OFFICE – TELEPHONE

Zasíláme Vám srdečné pozdravy z hor se stálou vzpomínkou na…

We are sending you our best greetings from the mountains and happy memories of…

OSLOVENÍ V DOPISE

FORMS OF ADDRESS

Milý Petře	**Dear Peter**
Milá Audrey	**Dear Audrey**
Drahý příteli/ Drahá přítelkyně	**Dear friend**
Drazí přátelé	**Dear friends**
Vážený pane Browne	**Dear Mr Brown**
Vážený pane doktore Williamsone	**Dear Mr Williamson**
Vážený pane řediteli Forde	**Dear Mr Ford**
Vážená paní	**Dear Madam**
Vážení	**Dear Sirs**
Vážená redakce	**Dear Sirs**

ÚVODNÍ FRÁZE

OPENING PHRASES

Děkuji Ti za krásný pohled.

Thank you for the lovely postcard.

Právě jsem dostal Váš milý dopis, který mě velmi potěšil.

I have just received your letter which pleased me no end.

Měl jsem velkou radost z vašeho milého dopisu.

It was a great joy to receive your nice letter.

Posílám Vám srdečné pozdravy a děkuji za rychlou odpověď a za zaslání brožury o Stratfordu.

I am sending you my best greetings and many thanks for your speedy reply as well as for sending me the brochure about Stratford.

Nejprve bych se chtěl omluvit, že odpovídám teprve nyní na Váš dopis.

First of all I'd like to apologize for being so slow in replying to your letter.

Dovoluji si obrátit se na Vás s prosbou, abyste…

Allow me to approach you with the request to…

POŠTA – TELEFON
POST OFFICE – TELEPHONE

Posílám ti těchto pár řádek, abych ti sdělil, že…	I've dropped you a few lines to tell you that…

ZÁVĚREČNÉ FRÁZE

CLOSING PHRASES

Se srdečným pozdravem	Yours sincerely/ With my best regards
Děkuji Vám předem a zdravím Vás	Thanking you in advance, I am sending you my best regards
Doufám, že Tě brzy uvidím, a srdečně Tě zdravím	Hoping to see you soon, Love
Používám této příležitosti, abych Vám zaslal srdečné pozdravy	At this opportunity I'd like to send you my best regards
Bratr se ke mně připojuje s přáním brzkého uzdravení.	My brother is joining me in wishing you a speedy recovery.
Očekávám od Tebe zprávu a srdečně Tě zdravím	Awaiting your news, Yours sincerely
S přátelským pozdravem	With love
Pozdravuj ode mne Marii.	Give my love to Mary.
Vyřiďte můj pozdrav Vaší manželce.	Gice my regards to your wife.

(Viz Obchodní korespondence str. 374)

ON THE ENVELOPE	NA OBÁLCE
Registered delivery/ letter	Cenné psaní
Registered	Doporučeně
Express	Expres
By Airmail	Letecky
Sender	Odesílatel
Postage paid/ Post Free	Vyplaceně/ Poštovné paušalováno
Printed matter	Tiskopis
Attention Mr…	K rukám pana…

POŠTA – TELEFON
POST OFFICE – TELEPHONE

Hand delivered	Zde
c/o Mr N.	(bytem) u pana N.
Please forward	Nelze-li doručit, vraťte zpět (odesílateli)
ADDRESS	**ADRESA**

Adresa se píše podobně jako u nás, ale Angličané uvádějí vždy nejprve číslo domu a pak název ulice a za jménem města nebo obce píší zkratku označující hrabství, např. **Hamps = Hampshire**, v USA zkratku státu, např. **Ca = California**. V adrese se oslovení jako „vážený", „ctěný" neuvádějí. Rovněž tituly se zpravidla neuvádějí:

Mr John Shipley **15 Hill Street** **Winchester, Hamps. TC3 2NA**	Vážený pan John Shipley
Mrs Mary Shipley	Vážená paní Mary Shipleyová
Miss Helen Shipley	Vážená slečna Helena Shipleyová
Ms *(nevíme-li, zda je vdaná)* **Helen Shipley**	Vážená paní/ slečna Helena Shipleyová
Mr and Mrs John Lee	Vážení manželé Leeovi
Computer centre	(Ctěná) firma Počítačové centrum
Headquarters	Ředitelství

V adrese najdete tyto zkratky:

Ave = Avenue	třída
COD = Cash On Delivery	dobírka
Dr = Doctor	doktor, doktorka

POŠTA – TELEFON
POST OFFICE – TELEPHONE

Esq = Esquire

Miss *(vždy se jménem)*
Mr *(vždy se jménem)*
Mrs *(vždy se jménem)*
Ms *(vždy se jménem)*
Po Box = Post office Box
Prof = professor
Rd = Road
Sq = Square
Str = Street

vážený *(velmi zdvořilé, dnes už málo používané, klade se za jméno místo titulů)*
slečna, vážená slečna
pan, vážený pan
paní, vážená paní
paní, slečna
poštovní přihrádka *(na poště)*
profesor, profesorka
ulice
náměstí
ulice

■

adresa
   nečitelná ~
   neúplná ~
   zpáteční ~
   změna adresy
adresát
balík
blanket
   vyplnit ~
číslo
   poštovní směrovací ~, PSČ

datum
   ~ poštovního razítka
dobírka
   poslat (knihu) na dobírku

dopis
   doporučený ~
   obyčejný ~
dopisovat si s
doplatek

address
   illegible ~
   incomplete ~
   return ~
   change of ~
addressee
parcel
form
   fill in/ Amer. fill out a ~
number
   postcode, postal code, Amer. zip code
date
   ~ of the postmark
cash on delivery, COD
   send (a book) cash on delivery
letter
   recorded ~, registered ~
   ordinary ~
be in correspondence with
postage-due stamp

POŠTA – TELEFON
POST OFFICE – TELEPHONE

doručenka, podací lístek	**postal receipt** [ri'si:t]
doručit	**deliver**
expres	**express delivery** (v ČR); **first class (speed of delivery)** (v GB)
korespondence	**correspondence** [ˌkorə'spondəns]
kolek	**fiscal/ revenue stamp**
listonoš	**postman**, Amer. **mailman**
místo určení	**(place of) destination**
obálka	**envelope** [envələup]
obsah	**content**
odesílatel	**sender**
odpověď	**reply** [ri'plai]
papír	**paper**
dopisní ~	**notepaper, writing paper**
podpis	**signature** [signičə]
nečitelný ~	**illegible** [i'ledžibl] ~
pohlednice	**picture postcard**
dopisnice, korespondenční lístek	**postcard**, Amer. **postal card**
pojistit	**insure**
posílat, poslat	**send (sent, sent)**
pošta (úřad)	**post office**
dát na poštu	**post**
dostat poštu	**receive mail/ post**
poštovné	**postage**
poukázka	**order**
poštovní ~	**postal** ~
prohlášení	**declaration**
celní ~	**customs** ~
průvodka: poštovní ~	**dispatch form**
přepážka	**counter**
přihrádka (na poštu)	**pigeon hole**
poštovní ~ (na poště)	**post office box**
příjem	**receipt**
potvrdit ~	**acknowledge** [ək'nolidž] ~
příjemce	**recipient** [ri'sipiənt]
přijmout	**receive**

POŠTA – TELEFON
POST OFFICE – TELEPHONE

příloha
   zaslat v příloze
psaní
   cenné ~
razítko (poštovní)
schránka na dopisy, poštovní schránka
   hodit do schránky
stvrzenka
telegram
   blahopřejný ~
   spěšný ~
   ~ s placenou odpovědí
tiskopis (tiskovina)
   (formulář)
vyplnit
zapečetit
zásilka
   doporučená ~
zaslat
známka (poštovní)
   nalepit známku
zvážit

enclosure [inˈkləuʒə]
   enclose
letter
   registered mail ~
postmark
letter box

   drop in a postbox
receipt [riˈsiːt]
telegram
   ~ of congratulations
   urgent ~
   reply paid ~
printed matter
   printed form
fill in, Amer. **fill out**
seal
delivery
   registered ~, recorded ~
send (sent, sent)
(post) stamp, postage stamp
   stick on a stamp
weigh [wei]

TELEFON

DÁ SE ODTUD TELEFONOVAT?

Dovolíte, abych si od vás zatelefonoval?
Prosím. Tady je telefon.

Je obsazeno.
Nehlásí se.

TELEPHONE

IS IT POSSIBLE TO PHONE FROM HERE?

May I use your phone?

You're welcome. Here's the phone.
The line's busy.
There's no reply.

273

POŠTA – TELEFON
POST OFFICE – TELEPHONE

Půjčil byste mi telefonní seznam?	May I have the telephone directory/ *Amer.* telephone book?
Mohu vám zatelefonovat?	Can I ring you up?
Zavolejte mi domů.	Call me at home.
Jaké máte číslo domů/ do práce?	What's your home number/ office number?
Poznamenám si ho.	I'll put it down.
Zítra ráno budu čekat na vaše zavolání.	I'll be waiting for your call tomorrow morning.
Volají vás k telefonu.	You are wanted on the phone.
Kdo mě volá?	Who's calling?
Haló!	Hello! [həˈləu]
Haló! Kdo je u telefonu?	Hello! Who's calling?
Je tam pan Brown?	Am I speaking to Mr Brown?
Ne, to máte špatné číslo.	I'm afraid, you've got the wrong number.
Promiňte.	Sorry.
Haló, tady firma EXIM, obchodní oddělení.	Hallo! This is the sales department of the EXIM company.
Koho si přejete?	Who would you like to speak to?
Chtěl bych mluvit s panem Brownem.	I'd like to speak to Mr Brown.
Promiňte, kdo volá?	Sorry, who's calling?
Tady inženýr Nový.	This is Mr Nový.
Bohužel pan Brown není přítomen.	I'm afraid Mr Brown isn't in.
Mohu mu něco vyřídit?	Can I leave a message?
Řekněte mu, prosím, že jsem mu volal a že zavolám znovu později.	Please, tell him that I've called and that I'm going to call back later.

POŠTA – TELEFON
POST OFFICE – TELEPHONE

Vyřídím mu to, jakmile přijde.	I'll give him your message as soon as he is back.
Počkejte okamžik.	Will you wait a minute, please?/ Hold on, please./ *hov.* Hang on.
Právě se vrátil.	He's just come back.
Hned vám ho předám.	I'll get him for you right away.
Okamžik, nezavěšujte.	Just a moment, hold on, please.
Haló, pan Brown?	Hello, is this Mr Brown?
U telefonu.	Brown speaking./ It's Brown here.
Haló?	Hello?/ Hallo?/ Hullo?
Haló, tady Jiří.	Hello, it's George.
Je Roman doma?	Is Roman at home?
Ano, to jsem já.	Yes, that's me.
Odkud voláš?	Where are you calling from?
Z Prahy, z nádraží.	From Prague, from the railway station.
Slyšíš mě?	Can you hear me?
Mluv hlasitěji, je špatně slyšet.	Speak up, please, I can hardly hear you.
Chci zavolat do Brna.	I'd like to call Brno.
Můžete volat přímo.	You can call direct.
Kabina čtyři je volná.	Booth number four is vacant.
Jaké je směrové číslo do České republiky?	What's the country code of the Czech Republic?
Musím volat znovu.	I must call again.
Přerušilo se to.	We've been cut off.
Potřebuji další mince.	I need some more coins.
Půjčím ti svou telefonní kartu.	I'll lend you my phonecard.

POŠTA – TELEFON
POST OFFICE – TELEPHONE

VEŘEJNÝ TELEFON **PUBLIC PHONE**

Voláte-li z České republiky do Anglie, musíte vytočit 00 (**International code**), 44 (**country code** = směrové číslo země), dále pak číslo příslušného místa – **area code** – a nakonec číslo volaného. Voláte-li od nás do Londýna, musíte vytočit 00 44 171 (vnitřní Londýn) nebo 181 (jde-li o vnější Londýn) a pak vytočíte číslo volaného. Chcete-li volat z Anglie do České republiky, vytočíte 00 420, pak směrové číslo příslušného místa a nakonec číslo volaného.
Dnešní anglické telefonní automaty mají zařízení na mince – **pay phone** – (nejmenší mince je 10p) a na telefonní kartu – **phonecard**, kterou lze koupit na poště a v řadě obchodů.

Sejměte sluchátko
1 PICK UP THE PHONE/ LIFT RECEIVER

Čekejte na oznamovací tón
2 CHECK IF YOU HAVE DIALLING TONE

Vložte telefonní kartu (projeďte rychle kartu otvorem s černým proužkem směrem od vás)
3 INSERT CARD (slide card quickly down the slot with the black strip facing away from you)

Volte číslo (čekejte, až uslyšíte zprávu, že můžete volat)
4 DIAL THE NUMBER (wait for voice message telling you to dial)

Položte sluchátko
5 REPLACE RECEIVER

ZÁZNAMNÍK

Dovolali jste se na číslo 10277648.
Momentálně nikdo není přítomen.
Po zaznění zvukového signálu zanechte prosím vzkaz.

ANSWERING MACHINE

This is number one–o–two– –double seven–six–four–eight.
No one is present at the moment.
Leave your message please after the sound signal.

POŠTA – TELEFON
POST OFFICE – TELEPHONE

buzení telefonem	**waking by phone**
číslo (telefonu)	**(telephone/ phone) number**
směrové číslo země	**country code**
směrové číslo oblasti	**area code**
(např. Londýn SW 3)	
mezinárodní rozlišovací ~	**international code**
vytočit ~	**dial a number**
hovor (telefonický)	**telephone/ phone call**
~ na účet volaného	**reverse charge call,** Amer. **call collect**
zlevněný ~	**economy rate call,** Amer. **cheap rate call**
impuls	**pulse**
karta (telefonní)	**phonecard**
linka	**line**
~ důvěry	**~ of confidence**
~ je obsazena	**~ is engaged/** Amer. **busy**
porucha	**defect**
přepojit	**connect, put through** [θruː]
přerušit	**cut off**
přístroj (telefonní)	**phone**
seznam (telefonní)	**telephone directory,** Amer. **telephone book**
Zlaté stránky	**Yellow Pages**
síť	**network**
sluchátko	**receiver, headset, headphone**
zvednout	**lift, pick up**
spojení	**connection**
telefon	**telephone, phone**
mobilní ~	**mobile ~**
telefonicky	**by phone, over the phone**
telefonistka	**telephonist, operater**
telefonovat	**telephone, phone, call, make a telephone call**
tón: volací tón	**tone: dialling tone**

POŠTA – TELEFON
POST OFFICE – TELEPHONE

účastník	**telephone subscriber**
účet za telefon	**telephone bill**
ústředna	**exchange**
automatická ~	**automatic ~**
volba	**choice**
vzkaz	**message** [mesidž]
zavěsit (sluchátko)	**replace (the headset)**
nezavěšujte	**hold on,** hov. **hang on**
zvonit	**ring (rang, rung)**
brnknout komu hov.	**ring sb up,** hov. **give sb a ring**

KULTURA
CULTURE

DIVADLO

Šla byste se mnou do divadla?

Ano, velmi ráda.
Chcete jít na činohru nebo na operu?
Raději bych viděla nějakou moderní hru.

Co dnes dávají v Covent Garden?
Podíváme se na plakáty/ do novin.
Dnes večer je premiéra Aidy.

Máte už lístky?
Dají se zamluvit v předprodeji.

Zavolám do pokladny divadla.
Máte ještě lístky na dnes večer?

Můžete mi rezervovat dva lístky v přízemí vpředu/ jednu lóži?

U POKLADNY

Jsou ještě lístky na zítřek?

Jaká místa si přejete?
Dvě místa vedle sebe na balkoně, druhou řadu.

Bohužel mám už jen poslední řadu.

THEATRE

Would you like to go to the theatre with me?
Yes, I'd love to.
Would you like to see a play or an opera?
I'd prefer a modern play.

What's on at the Covent Garden tonight?
Let's have a look at the playbills/ the newspaper.
There's a premiere/ first night performance of Aida tonight.

Have you got the tickets?
We can book them in advance booking.

I'll call the box office.
Are there any tickets left for tonight?

Can I book two seats in the stalls/ in the box?

AT THE BOX OFFICE/ TICKET OFFICE

Are there any seats left for tomorrow?
What seats would you like?
Two seats together in the second row/ Row B of the balcony.

I'm afraid there's only the last row left.

KULTURA
CULTURE

Je vyprodáno.	I'm afraid, we've sold out./ The house is full.
Kolik stojí lístek do první řady v přízemí?	How much is a seat in the stalls, row A?
V kolik hodin je začátek/ konec představení?	What time does the performance begin/ end?

V DIVADLE / AT THE THEATRE

Kde jsou šatny?	Where are the cloakrooms?
Kolik se platí (za kus)?	How much do you charge (per piece)?
Máte sudá/ lichá čísla.	You've got even/ odd numbers.
To je z druhé strany.	That's on the other side.
Přejete si program?	Would you like the programme?
Promiňte, sedíte na mém místě.	I'm afraid you've taken my seat.
Odpusťte, spletl jsem si řadu.	Sorry, I've mistaken the row.
Vidíte dobře?	Can you see?
Nechcete si vyměnit místo?	Would you like to change seats?
Kdy bude přestávka?	When's the interval?
Po druhém dějství.	After the second act.
Kdo hraje hlavní roli?	Who's playing the leading part?
To je vynikající herečka.	She's an outstanding actress.
Dnes je výborné obsazení.	There's a very good cast today.
Jak se vám líbí výprava?	How do you like the set design?
Už zvoní, musíme se vrátit na svá místa.	There's the bell now, we must return to our seats.

KULTURA
CULTURE

Herci byli několikrát vyvoláváni před oponu.
Obecenstvo volalo: Opakovat! Přidat!

The actors took several curtain-calls.
The audience was calling: Bravo! Encore!

∎

autor — **author**
balet — **ballet** [bælei]
baletka — **ballet dancer**
baletní soubor — **corps** [ko:] **de ballet, ballet ensemble** [on'sombl]
balkon — **balcony**
　první ~ — **dress circle**
　druhý ~ — **upper circle** [sə:kl]
činohra — **drama, straight play**
děj — **action**
　děj se odehrává — **the ~ takes place**
dějství — **act**
dekorace — **scenery**
dialog — **dialogue**
dílo — **work**
divadlo — **theatre** [θiətə]
　ochotnické ~ — **amateur** [æmətə] **~**
　stálé / repertoární ~ — **standing / repertory ~**
　~ v přírodě — **open-air ~**
divák — **spectator**
drama — **drama**
dramatizace románu / knihy — **stage version of a book**
fraška — **farce**
galerie — **gallery**
herec — **actor**
herečka — **actress**
herecké podání, herecký výkon — **performance**
hlediště — **auditorium** [ˌo:diˈto:riəm]
hra (divadelní) — **play**
hrát — **play, act**
hrát roli — **play the part**

281

KULTURA
CULTURE

hrdina	*hero*
inscenace	*production*
jednání	*act*
jednoaktovka	*one-act play*
jeviště	*stage*
(přední část)	*front stage*
kostým	*costume*
kukátko	*opera glasses*
kulisa	*set, scene, scenery*
lóže	*box*
~ uprostřed	*~ in the middle*
postranní ~	*side ~, ~ at the side*
~ v přízemí	*~ in the pit*
místo	*seat*
~ na balkoně	*~ in the balcony*
~ v přízemí v předních řadách	*~ in the stalls*
~ k sezení	*seat*
~ k stání	*standing place*
nápověda	*prompter*
obecenstvo	*audience* [oːdiəns]
obsazení	*cast*
opera	*opera*
opona	*curtain* [kəːtn]
~ jde nahoru	*~ is rising/ going up*
~ jde dolů	*~ is falling/ going down*
osoba	*character* [kærəktə]
osoby a obsazení	*characters and cast*
plakát	*playbill, bill, poster*
potlesk	*applause* [əˈploːz]
prázdniny (divadelní)	*closing down of the theatre for the summer vacation*
premiéra	*premiere, first night (performance)*
program	*programme*
předpremiéra	*preview* [priːvjuː]
předprodej	*advance booking* [ədˈvaːns bukiŋ]

KULTURA
CULTURE

představení	**performance** [pəˈfoːməns]
dopolední/ odpolední ~	**matinee** [mætinei]
~ pro děti	**children's ~, pantomime**
večerní ~	**evening ~**
slavnostní ~	**gala ~**
přestávka	**interval**
přízemí	**pit**
rampa	**proscenium** [prəuˈsiːniəm]
světla rampy	**footlights**
repríza	**repeat performance**
řada repríz	**run**
revue	**revue, show**
režie	**(stage) direction**
režisér	**stage director**
inspicient	**stage manager**
role	**part, role**
hlavní ~	**leading part**
v roli koho, hrát roli koho	**playing the part of sb**
řada	**row**
scéna	**stage** [steidž]
sedadlo	**seat**
šatna	**cloakroom** [kləukruːm]
tanec	**dance**
tleskat	**applaud** [əˈploːd]
tragédie	**tragedy**
umělec	**artist**
umění	**art**
uvaděčka	**usherette** [ˌašəˈret]
veselohra	**comedy**
vstupenka	**ticket**
výprava	**set/ stage design** [ˌsteidž diˈzain]
vyvolání herce před oponu	**curtain call**
zákulisí	**behind the scenes**
zkouška	**rehearsal** [riˈhəːsl]
generální ~	**dress ~**
změna programu	**change in the programme**

KULTURA
CULTURE

KINO | CINEMA

Jdu do kina.	I'm going to the cinema.
Nechceš jít se mnou?	Would you like to come with me?
Co dávají?	What's on?
Premiéru nového amerického filmu.	The premiere of a new American film.
Do kterého kina jdeš?	What cinema are you going to?
Do Apolla.	To the Apollo.
Já už jsem ten film viděl.	I've seen the film already.
Je pěkný. Pobavíš se.	It's nice. You'll enjoy it.
Máte ještě lístky na toto představení?	Are there any tickets left for this show/ performance?
Ne, už nejsou.	No, there aren't.
Hraje se ještě zítra dnešní film?	Will today's film still be on tomorrow?
Ne, zítra se mění program.	No, there'll be a change in the programme tomorrow.
Prodáváte už lístky na neděli?	Can I book seats for Sunday?
Už začal film?	Is the film running yet?
Ještě ne, běží reklamy.	Not yet. The adverts are on.
Je nějaký krátký film?	Are there any short films?
Ano, dokumentární film.	Yes, there's a documentary.
Máte rád horory?	Are you fond of horrors?
Ne, mám raději komedie.	No, I prefer comedies.
Jděte se tedy podívat na francouzský film „Mon amour".	You must go and see the French film Mon Amour.
Je dabovaný?	Is it dubbed?
Ne, je v původním znění.	No, it's the original version.
S anglickými titulky.	With English captions/ subtitles.

KULTURA
CULTURE

Je mládeži do osmnácti let nepřístupný.	It's an X-certificate film.
Je přístupný mládeži.	It's a U-film.
Film získal první cenu na festivalu v Benátkách.	The film was awarded first prize at the film festival in Venice.
Byl natočen v italsko-anglické koprodukci.	The film's an Italian-English coproduction.
Kdo je váš oblíbený filmový herec?	Who's your favourite actor?

■

ateliér (filmový)	**film studio**
dabovat	**dub**
festival	**festival**
filmový ~	**film ~**
film	**film,** Amer. **movie**
akční ~	**action ~**
animovaný ~	**animated cartoon**
barevný ~	**colour ~**
černobílý ~	**black-and-white ~**
detektivní ~	**crime story**
dobrodružný ~	**adventure ~**
historický ~	**historical ~**
kreslený ~	**animated cartoon**
loutkový ~	**puppet ~**
němý ~	**silent ~**
populárně-vědecký ~	**popular science ~**
vědecko-fantastický ~	**science fiction, sci-fi** [ˌsai ˈfai]
celovečerní ~	**feature ~**
dokumentární ~	**documentary ~**
krátký ~	**short ~**
~ podle románu ze školního života	**~ version of a novel about school life**
Dny českého filmu	**Czech Film Days**
filmový šot	**film clip/ shot**

KULTURA
CULTURE

hvězda (filmová)	**film star**
kino	**cinema,** Amer. **movie (house), motion-picture theater**
jít do kina	**go to the pictures, go to the cinema,** Amer. **go to the movies**
letní ~	***open-air ~***
komentář	**commentary**
napínavý	**thrilling**
natočit scénu	**shoot/ make a scene**
plátno	**screen**
premiéra	**premiere**
promítání	**screening**
promítat	**show (showed, shown), screen**
předpremiéra	**preview**
scénář	**screenplay**
titulky	**captions, subtitles**
ukázka/ záběry (z filmu)	**(film) trailer**
zfilmovat román	**make a film version of a novel/ of a book**
zvuk	**sound**

HUDBA | MUSIC

Máte rád hudbu?	**Do you like music?**
Mám rád vážnou hudbu.	**I like serious/ classical music.**
Někdy si ale rád poslechnu i džez.	**But sometimes I also like listening to jazz.**
Mám ráda taneční hudbu.	**I enjoy dance music.**
Chodíš často na diskotéku?	**Do you often go to the disco?**
Která je tvoje oblíbená skupina?	**What's your favourite group?**
V neděli jdeme na koncert.	**We're going to a concert on Sunday.**

KULTURA
CULTURE

Kdo hraje?	**Who's performing?**
Symfonický orchestr.	**Symphony orchestra.**
Co je na programu?	**What's on?**
Symfonie b moll od Beethovena.	**Beethoven's Symphony in B Minor.**
Kdo diriguje?	**Who's the conductor?**
Včera večer jsme byli na koncertě komorní hudby.	**We were at a concert of chamber music last night.**
Na sobotu mám lístky na varhanní koncert.	**I've got the tickets for an organ recital/ a concert on Saturday.**
Kde se koná?	**Where will it be performed?**
Bude se konat v kostele svatého Jakuba.	**It'll be performed in St James's Church.**
Jak se vám líbí naše zpěvačka?	**How do you like the singer?**
Je výborná.	**She's perfect.**
Kdo ji doprovází na klavír?	**Who accompanies her at/ on the piano?**
Hrajete na housle?	**Do you play the violin?**
Ne, na flétnu. A vy?	**No, the flute. And you?**
Já hraju na klavír.	**I play the piano.**
Zahrajte nám něco.	**Will you play something for us?**
Bohužel tu nemám noty a zpaměti nic neumím.	**I'm afraid I haven't got any music here and I can't play anything from memory.**
Na jaký hudební nástroj hraje váš bratr?	**What musical instrument does your brother play?**
Hraje na trubku v orchestru Národního divadla.	**He plays the trumpet in the National Theatre Orchestra.**
Dnes večer je v rádiu zajímavý pořad klasické hudby.	**There's an interesting programme of classical music on the radio tonight.**

KULTURA
CULTURE

Co hrají? | What's on?
Skladby barokních mistrů. | Pieces of music by Baroque masters.

Zpíváš rád? | Are you fond of singing?
Znám mnoho anglických písní. | I know a lot of English songs.
Který je tvůj oblíbený zpěvák? | Who's your favourite singer?

akustika — **acoustics**
   je tu dobrá ~ — **~ are good**
alt — **alto**
árie — **aria** [a:riə]
baryton — **baritone** [bæritəun]
bas — **bass** [beis]
basa — **doublebass** [dablbeis]
buben — **drum**
dirigent — **conductor** [kənˈdaktə]
dirigovat — **conduct**
doprovázet koho na klavír — **accompany** [əˈkampəni] **sb** at/ on the piano
doprovod — **accompaniment** [əˈkampnimənt]
   s doprovodem orchestru — **with an orchestra** [o:kistrə] **accompaniment**
dueto — **duet**
dur — **Major** [meidžə]
   C dur — **C Major**
fagot — **basoon** [bəˈsu:n]
flétna — **flute** [flu:t]
harfa — **harp**
harmonika — **accordion** [əˈko:diən]
   foukací ~ — **mouthorgan** [ˈmauθˌo:gən], **harmonica**
hlas — **voice**
hoboj — **oboe** [əubəu]
housle — **violin** [vaiəlin]

288

KULTURA
CULTURE

houslista — **violinist**
hrát — **play**
  ~ *na kytaru* — ~ *the guitar* [giˈtaː]
  ~ *na piano* — ~ *the piano* [piˈænəu]
  ~ *čtyřručně* — ~ *piano duet* [djuˈet]
hudba — **music**
  džezová ~ — **jazz** ~
  instrumentální ~ — **instrumental** ~
  klasická ~ — **classical** ~
  komorní ~ — **chamber** [čeimbə] ~
  lehká ~ — **light** ~
  reprodukovaná ~ — **recorded** ~
  taneční ~ — **dance** ~
  vokální ~ — **vocal** ~
hudební — **musical**
hudebník — **musician**
klarinet — **clarinet**
klavír — **piano**
koncert — **concert**
  klavírní ~ — **piano** ~
  klavírní sólový ~ — **piano recital** [riˈsaitl]
  promenádní ~ — **promenade/** hov. **prom** ~
  varhanní ~ — **organ** ~
  sólový ~ *(recitál)* — **recital** [riˈsaitl]
  pořádat ~ — **perform** [pəˈfoːm] ~
kvarteto — **quartet** [ˌkwoːˈtət]
  smyčcové ~ — **string** ~
kvinteto — **quintet** [ˌkwinˈtet]
kytara — **guitar** [giˈtaː]
ladit — **tune up**
moll — **Minor** [mainə]
  G moll — **G minor**
muzikál — **musical** [mjuːzikl]
nápěv — **tune, melody**
nástroj — **instrument**
  hudební ~ — **musical** ~

KULTURA
CULTURE

    bicí ~ — **percussion** [pəˈkašn] **~**
    dechový ~ — **wind ~**
    elektronický ~ — **electronic ~**
    strunný ~ — **string ~**
noty — **music**
obecenstvo — **audience** [oːdiəns]
opera — **opera**
opereta — **light opera, operetta**
orchestr — **orchestra** [oːkistrə]
    komorní ~ — **chamber ~**
    symfonický ~ — **symphony ~**
partitura — **score**
pianista, pianistka — **pianist**
piano — **piano** [piˈænəu]
píseň — **song**
    lidová ~ — **folk ~** [ˈfəuk soŋ]
pochod — **march**
potlesk — **applause** [əˈploːz]
předehra — **overture** [əuvətjuə]
předplatné — **subscription** [səbˈskripšn]
    abonentní koncerty — **~ concerts**
repertoár — **repertory**
roh, lesní roh — **French horn**
rozladěný (nástroj) — **out of tune**
sbor — **choir** [kwaiə]
    pěvecký ~ — **vocal ~**
sbormistr — **choir master**
síň — **hall**
    koncertní ~ — **concert ~**
skládat — **compose** [kəmˈpəuz]
skladatel — **composer**
skladba — **piece** [piːs] **of music**
skupina — **group**
slova/ text (písně) — **lyrics**
smyčec — **bow** [bəu]
sólista — **soloist** [səuləuist]

KULTURA
CULTURE

soprán; sopranistka	**soprano** [səˈpra:nəu]
soubor	**company, ensemble** [onˈsombl]
hudební ~	**music ~**
pěvecký ~	**choir** [kwaiə]
symfonie; symfonický	**symphony** [simfəni]
takt	**bar**
tanec	**dance**
tenor	**tenor** [tenə]
trubka	**trumpet**
varhaník	**organist**
varhany	**organ**
viola	**viola** [viˈəulə]
violoncello	**violoncello** [ˌvaiələnˈčeləu]
virtuos	**virtuoso** [ˌvə:čuˈəusəu]
~ na housle	**violin** [vaiəlin] ~
vystoupení	**performance** [pəˈfo:məns]
zkouška	**rehearsal** [riˈhə:sl]
zpěv	**singing**
sborový ~	**choir ~**
zpívat sólo	**sing (sang, sung) solo** [səuləu]
zpěvák, zpěvačka	**singer**
operní ~	**opera ~**
rockový ~, rocková ~	**rocker, rock ~**
zpívat	**sing (sang, sung)**
~ falešně	**~ out of tune**

ROZHLAS | RADIO

Posloucháte často rádio?	**Do you often listen to the radio?**
Obvykle mám puštěné rádio celý den.	**I usually have the radio on all day.**
Slyšel jsem to v rádiu.	**I heard it on the radio.**
Poslouchám obvykle programy jazykové výuky angličtiny BBC.	**I usually listen to the BBC English teaching programmes.**

KULTURA
CULTURE

V kolik hodin budou zprávy?	What time will the news be on?
Chtěla bych si poslechnout předpověď počasí.	I'd like to listen to the weather report.
Počkáme si na časové znamení.	Let's wait for the time signal.
Zapni/ Vypni rádio.	Switch the radio on/ off.
Nedávej to tak silně.	Don't turn it up so much.
Ztiš/ Zesil to trochu.	Turn it down/ up a bit.
Vylaď to na Rádio Praha.	Tune it in to Radio Prague.
Nemohu chytit Paříž.	I can't get/ pick up Paris.
Ráda poslouchám BBC.	I like listening to the BBC.
Na jakých vlnách a na jaké frekvenci vysílá?	What wavelength and frequency does it broadcast on?
Na středních vlnách na frekvenci 1230 kHz.	Medium wave, 1230 kilohertz. [kiləuhə:ts]

TELEVIZE | ### TELEVISION

Chceš se dívat na televizi?	Would you like to watch television?
Co dávají (v televizi) dnes večer?	What's on (television) tonight?
Třetí pokračování nového seriálu na 4. programu.	The third part of a new series on Channel Four.
Na prvním programu bude přímý přenos zápasu v ledním hokeji.	On Channel One there's a live broadcast of an ice-hockey match.
Po televizních zprávách budou vysílat pořad věnovaný boji proti drogám.	After the TV news there will be a programme dealing with the fight against drugs.
Viděl jsi včera v televizi ten film s Antonym Hopkinsem?	Did you watch the film featuring Antony Hopkins on television yesterday?

KULTURA
CULTURE

Je špatný obraz.	The picure's bad/ poor.
Můžeš to seřídit?	Can you adjust it?
Nemám dálkové ovládání.	I haven't got the remote control.
Dej tam/ Přepni na jiný program.	Let's switch channels.
Zkusíme, co tam dávají.	Let's try what's on there.
Mně se líbí soutěžní hry.	I like quiz shows.
Zůstaňte u televizorů.	Don't switch off the TV.

MAGNETOFON
– GRAMOFON
– CD-PŘEHRÁVAČ

CASSETTE RECORDER
– RECORD PLAYER
– CD PLAYER

Mohu vám pustit nějakou desku?	Can I play a record for you?
Mám bohatou sbírku taneční hudby.	I've got a large collection of dance music.
Máte také kompaktní disky/ hov. cédéčka?	Do you also have CDs?
Mám několik CD s nahrávkami českých a italských oper.	I've got several CDs with recordings of the Czech and Italian operas.
Můžete mi ještě jednou pustit Pavarottiho?	Can you play back Pavarotti for me?
Mně se velmi líbila poslední árie.	I enjoyed the last aria very much.
Mohla bych si ty árie nahrát na kazetu?	Could I record these arias on a cassette?
Musíte zmáčknout tento knoflík.	You must press this button.
Poslechneme si to.	Let's listen to it.
Vraťte to zpátky.	Rewind it, please.
Vymažte to a začněte znovu.	Wipe it (off) and start again.

KULTURA
CULTURE

anténa	antenna, aerial
audiokazeta	audio cassette [ˌoːdiəu kəˈset]
baterie (do tranzistorového přijímače)	battery (for the transistor set)
deska (gramofonová)	(gramophone) record, disc
disk: kompaktní ~	compact ~, CD [ˌsiːˈdiː]
divák (televizní)	viewer
gramofon	record player
hlasatel(ka), moderátor(ka)	presenter [priˈzentə], Amer. anchorman [æŋkəmən]
hlasitost	volume [voljuːm]
nastavit ~	adjust ~
inscenace (televizní)	production [prəˈdakšn]
konferenciér	compere [kompeə], master of ceremonies [serəməniz], MC [ˌemˈsiː]
magnetofon (kazetový)	cassette player
~ s nahráváním	cassette recorder
mikrofon	microphone, hov. mike
nahrát	record [riˈkoːd]
~ na kazetu	~ on a cassette
~ na videokazetu	videotape [vidiəuteip]
nahrávka	recording [riˈkoːdiŋ]
obraz	picture
obrazovka	screen
porucha	defect, fault
pořad	programme
hudební ~	music ~
zábavný ~	amusing ~
posluchač	listener
program (televizní kanál)	programme, channel
přehrát znovu (desku, kazetu)	play back (a record, cassette)
přehrávač CD, CD-přehrávač	CD player
přenos	broadcast
přímý ~	live [laiv] ~
přijímač (rozhlasový)	(radio) receiver

KULTURA
CULTURE

reproduktor	**loudspeaker**
rozhlas	**radio**
~ po drátě	**relay ~**
rozhlasová stanice	**radio station**
rozdvojka	**adapter** [əˈdæptə]
sluchátka	**headphones**
televize	**television, TV,** hov. **telly,** Amer. hov. **video**
barevná ~	**colour ~**
v televizi	**on television**
seriál (televizní)	**TV serial/ series**
televizor	**television set, TV**
video	**video** [vidiəu]
videokamera	**camcorder, video camera**
videokazeta	**video cassette**
vlnová délka	**wavelength**
vlny (rozhlasové)	**waves**
dlouhé ~	**long ~**
krátké ~	**short ~**
střední ~	**medium ~**
velmi krátké ~, FM	**VHF (= very high frequency)**
vypnout	**switch off, turn off**
vysílání; vysílat	**broadcast**
zapnout	**switch on, turn on**
přepnout na	**switch over to**
zapojit (do sítě)	**plug in**
zástrčka	**plug**
zásuvka	**socket**
záznam	**record**
znamení	**signal**
časové ~	**time ~**
zpráva (jedna)	**a piece of news**
zprávy	**news** (jen j. č.)
rozhlasové ~	**radio ~**
televizní ~	**television ~**
zvuk	**sound**

KULTURA
CULTURE

ČETBA

READING

Co čtete?	What are you reading?
Máte raději prózu nebo poezii?	Do you prefer fiction to poetry?
Nejraději čtu historické romány.	I like historical novels best.
Čtete cizí literaturu v originále?	Do you read foreign books in the original language?
Ne, v českém překladu.	No, in the Czech translation.
Koupila jsem si krásnou knihu.	I've bought a beautiful book.
Je to výbor z americké poezie.	They're selected American poems.
V kterém nakladatelství vyšla?	Where/ In what publishing house was it published?
Už je rozebrána.	It's already out of print.
Kdo ji ilustroval?	Who is it illustrated by?
Četl jste dnešní noviny?	Have you read today's newspaper?
Je tam něco zajímavého?	Is there anything interesting?
Co říkáte článku o korupci?	What do you think about the article on bribery?
Na které je stránce?	What page is it on?
Co to máte za časopis?	What magazine have you got?
Mohl byste mi ho půjčit?	Could you lend it to me?
Můžete si ho nechat, já už ho mám přečtený.	You may keep it. I've already finished with it.
Vychází tu nějaký časopis pro učitele angličtiny?	Is there any periodical for teachers of English?
Odebíráte nějaký odborný časopis?	Do you take any journals?
Předplatil jsem si Reader's Digest.	I've subscribed to the Reader's Digest.

KULTURA
CULTURE

Kolik stojí předplatné na rok?	How much is the subscription per year?
(Viz Knihkupectví str. 240)	

V KNIHOVNĚ | IN THE LIBRARY

Chtěl bych si vypůjčit nějakou knihu o výzkumu vesmíru.
I'd like to borrow a book about space exploration.

Podívejte se do věcného katalogu.
Have a look at the subject index.

Mohla byste mi signaturu vyhledat v počítači?
Could you look the index number up in the computer?

Vyplňte tento výpůjční lístek: jméno autora, název knihy, signaturu, číslo čtenářského průkazu, datum a váš podpis.
Fill in this lending card: the author's name, the title of the book, index number, the number of your library card, date and signature.

Pošleme vám knihu do čítárny.
We'll send the book to the reading room.

Mohu si tento časopis půjčit domů?
May I borrow this journal?

Časopisy se půjčují pouze prezenčně.
Sorry, periodicals aren't lent out.

Můžeme vám ho tu uschovat. Řekněte mi, dokdy vám ho máme rezervovat.
We can keep it for you. Just tell me how long we are to reserve it for you.

---

antikvární (kniha) — **second-hand (book)**
autor — **author** [oːθə]
bajka — **fable** [feibl]
báseň — **poem**
  sbírka básní — *collection of poems*
básník — **poet**
brožura — **brochure** [brəuʃə]
cestopis — **travel book**

297

KULTURA
CULTURE

comics, komiks	*comics*
časopis	*magazine, periodical* [ˌpiəriˈodikl]
dětský ~	*children's magazine*
humoristický ~	*humorous ~*
módní ~	*fashion ~*
odborný ~	*(technical) journal*
týdeník	*weekly*
čtrnáctideník	*fortnightly*
měsíčník	*monthly*
četba	*reading*
článek o	*article about/ on* (jde-li odborný předmět)
deník	*daily*
detektivka	*detective story*
díl	*volume* [volju:m]
dílo	*work*
encyklopedie	*encyclopedia* [inˌsaikləˈpi:diə]
esej	*essay*
exemplář	*copy*
ilustrovaný	*illustrated* [iləstreitid]
kapitola	*chapter* [čæptə]
kniha o	*book about/ on* (jde-li o odborný předmět)
brožovaná ~	*paperback*
vázaná ~	*hardback*
~ vázaná v kůži	*leather bound ~*
~ vychází v sešitech	*~ appears in numbers*
knihovna	*library*
(nábytek)	*bookcase*
police na knihy	*bookshelf,* mn. č. *bookshelves*
kuchařka	*cookbook*
literární	*literary*
literatura	*literature* [litrəčə]
odborná ~	*technical ~*

KULTURA
CULTURE

beletrie	**fiction** [fikšn]
~ faktu	**non-fiction**
nakladatel	**publisher**
nakladatelství	**publishing house**
napínavý	**thrilling**
noviny (jedny)	**newspaper,** hov. **paper**
poezie	**poetry**
pohádka	**fairy-tale** [feəriteil]
povídka	**story**
předplatit si časopis	**take/ subscribe to a periodical**
překlad	**translation** [træn'sleišn]
příloha	**supplement** [saplmənt]
recenze	**review** [ri'vju:]
redakce	**editorial office** [ˌedi'to:riəl 'ofis]
redaktor(ka)	**editor** [editə]
reportáž	**report** [ri'po:t]
ročník	**volume** [volju:m]
román	**novel** [novl]
detektivní ~	**detective story**
dobrodružný ~	**adventure story** [əd'venčə 'sto:ri]
historický ~	**historical** [hi'storikl] **~**
milostný ~	**love story**
vědecko-fantastický ~	**science fiction** [ˌsaiəns 'fikšn] **~, sci-fi** [ˌsai'fai]
rým	**rhyme** [raim]
řada: ediční ~	**series** [siəriəs]**: ~ of editions**
signatura	**index number**
spis	**work**
spisovatel(ka)	**writer**
stránka	**page**
svazek	**volume**
tisk	**print**
je v tisku	**is in print**
úryvek (textu)	**passage, part of the text**
úvodník	**editorial** [ˌedi'to:riəl]**, leader**

KULTURA
CULTURE

verš	**line (of poem), verse**
vydání	**edition** [iˈdišn]
vydat	**publish**
vyjít	**appear** [əˈpiə], **come (came, come) out**
kniha vyšla	**the book has come out**
vyprodaný, rozebraný	**sold out, out of print**
vypůjčit si	**borrow**
výstřižek z novin	**newspaper cutting**
výtisk	**copy, number**
vytisknout	**print**
životopis	**biography** [baiˈogrəfi]
vlastní ~	**autobiography** [ˌoːtabaiˈogrəfi]

VÝTVARNÉ UMĚNÍ

THE FINE ARTS

Kdy je otevřena galerie?	**What time is the gallery open?**
Každý den od 10 do 18 hodin kromě pondělí.	**From 10 am to 6 pm every day except Monday.**
Kolik je vstupné?	**How much is the admission fee?**
Je sleva pro skupinu/ pro důchodce?	**Is there a reduced fee for a group/ for seniors?**
V neděli je vstup volný.	**The entrance is free on Sunday./ No admission fee on Sunday.**
Vstupné pro studenty/ pro důchodce.	**Admission fee for students/ for OAPs (= Old Age Pensioners).**
Vaši průkazku, prosím.	**Your card, please.**
Je možno uvnitř fotografovat?	**Can I take photographs inside (the gallery)?**

KULTURA
CULTURE

Ano, ale jen bez blesku.	**Yes, you can, but only without flash.**
Musíte mít zvláštní povolení.	**You must have a special permit.**
Viděl jste už výstavu gotického umění?	**Have you seen the exhibition of Gothic art?**
Předevčírem byla vernisáž.	**The preview/ The opening ceremony was the day before yesterday.**
Kde je sbírka moderního umění?	**Where's the collection of modern art?**
Půjdete se podívat do Národní galerie?	**Will you visit the National Gallery?**
V kterém sále jsou Constablovy obrazy?	**What hall number has the paintings by Constable?**
Mně se velmi líbí krajiny od Turnera.	**I like landscapes by Turner very much.**
To je zajímavý portrét. Od koho to je?	**This is an interesting portrait. Who is it by?**
Podíváme se do katalogu.	**Let's have a look at the catalogue.**
To je kopie slavného Rafaelova obrazu.	**It's a copy of a famous Raphael painting.**
Co říkáte tomuto zátiší/ této lesní scéně od Mařáka?	**What do you think about this still life/ woodland scene by Mařák?**
Kterého malíře máte nejraději?	**Who's your favourite painter?**
Velmi se mi líbí Kupka.	**I like Kupka very much.**
Já abstraktnímu umění příliš nerozumím.	**Abstract art is rather difficult to understand.**
Mám raději realismus.	**I prefer realism.**

KULTURA
CULTURE

Byl jste se podívat v kostele sv. Clementa?	Have you been to St Clement's (Church)?
Jsou tam velmi zachovalé nástropní fresky.	The frescoes on the ceiling are well preserved.
V první kapli vlevo je náhrobek básníka … od známého sochaře …	In the first chapel on the left side there is a tomb of the poet … by a famous sculptor …
V pravé postranní lodi jsou pěkné basreliéfy.	In the right aisle there are some nice bas-reliefs.
V apsidě za hlavním oltářem jsou mozaiky z XII. století.	In the apse behind the high altar there are mosaics dating from the twelfth century.
Máte nějaké reprodukce anglických malířů/ diapozitivy Moorových soch?	Do you have any prints of English painters/ any slides of Moore's statues?
Zajímám se o architekturu. Co mi doporučujete navštívit?	I'm interested in architecture. What sights would you recommend?
Jděte se podívat na románskou baziliku sv. Jiří a renesanční zámek v našem městě.	Go to see the Romanesque Basilica of St George and the renaissance palace in the town.
Z které doby je tento hrad? (Viz Prohlídka města str. 182)	What period is the castle?

■

abstraktní	**abstract**
akvarel	**watercolor** [wo:təkalə]
apsida	**apse**
architekt	**architect** [a:kitekt]
ateliér	**studio** [stju:diəu]
barva	**colour**
olejové barvy	oil paints

KULTURA
CULTURE

temperová ~	**tempera ~**
bysta	**bust** [bast]
dílo	**work**
umělecké ~	**~ of art**
souborné ~	**the collected works**
mistrovské ~	**masterpiece** [ma:stəpi:s]
dřevoryt	**woodcarving** [wudka:viŋ]
freska	**fresco** [freskəu], mn. č. **frescoes**
galerie	**(art) gallery, picture gallery**
grafika	**graphics** [græfiks]
grafické listy	**prints**
krajina	**landscape**
krajinář	**landscape painter**
kresba	**drawing** [dro:iŋ]
~ tuhou	**~ in graphite** [græfait], **graphite ~**
~ tuší	**~ in Indian ink**
~ tužkou	**~ in pencil, pencil ~**
~ uhlem	**charcoal** [ča:kəul] **~**
kreslíř	**draughtsman** [dra:ftsmən]
kreslit	**draw (drew, drawn)**
~ perem	**~ in ink**
lept	**etching**
loď (chrámová, hlavní)	**nave**
postranní ~	**aisle** [ail]
příčná ~	**transept** [trænsept]
malba	**painting**
~ na skle	**stained glass**
~ na plátně	**canvas ~**
malíř	**painter**
malířství	**art of painting**
malovat	**paint**
mědirytina	**copper engraving**
mozaika	**mosaic** [məu'zeiik]
mramor	**marble**

KULTURA
CULTURE

náčrtek — **sketch** [skeč]
náhrobek — **tombstone** [tu:mstəun]
obraz — **painting, picture**
   žánrový ~ — **genre** [ža:nrə] ~
obrazárna — **picture gallery**
oltář — **altar** [o:ltə]
   hlavní ~ — **high** ~
originál — **original** [əˈridžnəl]
paleta — **palette** [pælət]
památka — **monument**
   chráněná ~ — **protected** ~
   národní ~ — **national** ~
pastel — **pastel** [pæstl]
perokresba — **pen-and-ink drawing**
plátno — **canvas**
podstavec (sochy) — **base (of a statue)**
portrét — **portrait** [po:trət]
   autoportrét — **self-portrait**
průčelí — **front**
reliéf — **relief**
   basreliéf, nízký reliéf — **bas-relief** [ˈbæsriˌli:f]
rytectví — **art of engraving** [inˈgreiviŋ]
rytina — **engraving**
řezbář — **woodcarver** [wudka:və]
sbírka — **collection** [kəˈlekšn]
   soukromá ~ — **private** [praivət] ~
sloh — **style**
   barokní ~ — **Baroque** [bəˈrok] ~
   empírový ~ — **Empire** [empaiə] ~
   gotický ~ — **Gothic** ~
   renesanční ~ — **the Renaissance** [riˈneisns]
   rokokový ~ — **rococo** [rəˈkəukəu] ~
   románský ~ — **Romanesque** [ˌrəuməˈnesk] ~
   secesní ~ — **Art Nouveau** [a:t ˈnu:vəu]
socha — **statue** [stætju:]

KULTURA
CULTURE

    bronzová ~ — **bronze ~, ~ in bronze**
    mramorová ~ — **marble ~**
    ~ z pálené hlíny — **baked clay ~**
    jezdecká ~ — **equestrian** [iˈkwestriən] **~**
    udělat sochu — **make a statue**
sochař — **sculptor** [skalptə]
sochařství — **sculpture** [skalpčə]
soška — **statuette** [ˌstæčuˈet]
současný — **present, contemporary** [kənˈtempərəri]

starožitnost — **antique** [ænˈtiːk]
stojan (malířský) — **easel** [iːzl]
století — **century** [senčəri], *zkr.* **c**
    15. století — **15th century**, *zkr.* **15th c**
štětec — **brush** [braš]
umělec, umělkyně — **artist**
umělecký — **artistic** [aːˈtistik]
umění — **art**
    moderní ~ — **modern ~**
    užité ~ — **applied** [əˈplaid] **~**
    výtvarné ~ — **creative** [kriˈeitiv] **~**
vernisáž (soukromá) — **(private) preview** [priːvjuː]
    (veřejná) — **public preview, opening ceremony** *(slavnostní)*

výstava — **exhibition** [ˌeksiˈbišn]
    stálá ~ — **standing ~**
výstavní pavilon — **exhibition hall**
vystavovat; vystavený předmět, exponát — **exhibit** [igˈzibit]
    být vystaven — **be on show**
zátiší — **still life**

KULTURA
CULTURE

PŘEHLED SLOHŮ ARCHITEKTURY U NÁS A V ANGLII

	U NÁS		IN ENGLAND	
	Sloh:	Století:	Style:	Century:
Romanesque	Románský	9.–12. stol.	Saxon	7th–11th c
			Norman	12th c
Early Gothic	Raně gotický	13. stol.	Early English	13th c
High Gothic	Vrcholná gotika	14. stol.	Decorated	14th c
Late Gothic	Pozdní gotika	15. stol.	Perpendicular	15th c
Renaissance	Renesance	16. stol.	Tudor, Elizabethan	16th c
Baroque	Baroko	17. stol.	Classical Baroque	17th c
Rococo	Rokoko	18. stol.	Georgian	18th c
Empire	Empír	zač. 19. stol.	Regency	1811–20
Neo-Renaissance		19. stol.	Neoclassic	18th–19th c
Neo-Gothic		19. stol.	Neo-Gothic	19th c
			Victorian	19th c
Art Nouveau	Secese	1890–1910	Art Nouveau	1890–1910

VOLNÝ ČAS – SPORT
LEISURE TIME – SPORT

KAM JDETE DNES VEČER?

WHERE ARE YOU GOING TONIGHT?

Ještě nevíme.
Asi do kina nebo na diskotéku.

We don't know yet.
Maybe to the cinema or to the disco.

My jdeme na ples.
Příjemnou zábavu.

We're going to the ball.
Have a good time.

Co děláš dnes odpoledne?

What have you got on for this afternoon?

Půjdu do zoologické zahrady.
Nechceš jít se mnou?

I'm going to the zoo.
Will you join me?/ Will you come with me?

Velmi rád.
Přijdu pro tebe po obědě.

Yes, with pleasure.
I'll pick you up after lunch.

Jak jste strávili neděli/ víkend?

How did you spend (the) Sunday/ the weekend?

Byli jsme na výletě.
Navštívili jsme přátele na venkově.
Děti byly v loutkovém divadle.

We were away on a trip.
We went to see our friends in the country.
The children were at the puppet theatre/ a puppet show.

HRY

GAMES

Nechceš si dát se mnou partii šachů?
Raději bych hrál dámu.

Would you like to play a game of chess with me?
I'd rather prefer draughts.

Nechcete si s námi zahrát karty?
Ano, ale moc to neumím.

Would you like to play a game of cards with us?
Yes, I'd like to, but I'm not much of a player.

Pořádně je zamíchejte.

Give the cards a good shuffle.

VOLNÝ ČAS – SPORT
LEISURE TIME – SPORT

Snímejte.	Will you cut (for the deal)?
Rozdávejte.	You deal.
Vynášejte. Jste na řadě.	You start. It's your turn.
Dáme si ještě jednu partii?	Shall we play another game?

Vsaďme se, že vyhraju. — Let's make a bet that I'll win.
Sázím se o sto liber. — I'm betting a hundred pounds.
Přijímám sázku. — OK. I accept your bet.
Prohrál jsem (sázku). — I've lost the bet.
Vyhrál jsi. — You've won.

TANEC / DANCE

Smím prosit, slečno? — May I have this dance?
Chcete si zatančit? — Would you like to have a dance?

Promiňte, netančím. — I'm sorry but I don't dance.

Mohu vás požádat o příští tanec? — May I have the next dance?
Lituji, jsem již zadána. — Sorry, I'm already spoken for.

Promiňte. *(při tanci)* — I'm so sorry, it's my fault.
Nejsem dobrý tanečník. — I'm not much of a dancer.
Naopak, tančíte velmi dobře. — On the contrary, you're a very good dancer.

Dovolíte, abych vás doprovodil domů? — May I see you home?
Mohu vás pozvat na kávu? — Would you like to have a coffee with me?
Mohl bych vás zítra vidět? — Could we meet tomorrow?

ZÁLIBY / HOBBIES, INTERESTS

Jak trávíš volný čas? — How do you spend your spare time?

Obvykle čtu. — I usually read.

VOLNÝ ČAS – SPORT
LEISURE TIME – SPORT

Mám zahrádku a pěstuji květiny.	I've got a garden where I grow flowers.
Chodím na ryby.	I go fishing.
Rád jezdím na koni.	I'm fond of horse riding.
Jaký je váš koníček?	What's your hobby?
Sbírám telefonní karty.	I collect telephone cards.
Hraju na kytaru.	I play the guitar.
(Viz Hudba str. 286)	
Baví mě fotografování.	I'm fond of photography./ I enjoy taking photographs.
Mám nový fotoaparát.	I've got a new camera.
Děláte fotografie černobílé nebo barevné?	Do you take black-and-white or colour photographs?
Dovolíte, abych si vás vyfotografoval?	Let me take a photograph of you.
Jděte blíže k sobě.	Will you move a little closer to each other?
Pojďte kousek dopředu.	Will you move a little forward?
Je to pěkný záběr.	That's a nice shot.
(Viz též str. 255)	
Používáš stále svoji starou filmovou kameru?	Are you still using your old cine-camera/ movie camera?
Už ne. Nyní mě baví video.	Not any longer. I enjoy making videos now.
Koupil jsem si videokameru.	I've bought a camcorder.
Mým koníčkem je počítač.	My hobby is the computer/ PC.
Mám několik nových her.	I've got several new video games.
Nechceš si zahrát?	Would you like to play a game?

VOLNÝ ČAS – SPORT
LEISURE TIME – SPORT

Raději bych si zkusil ten IQ test, o kterém jsi mluvil.	I'd rather try the IQ test you've spoken about.
Mám velkou sbírku evropských známek.	I've got a large collection of European stamps.
Ty jsi také filatelista?	Are you also a stamp collector/ a philatelist?
Mohli bychom si vyměňovat známky.	We could exchange/ swap stamps.
Sbírám známky s tematikou „rostliny".	I collect stamps with the theme of plants.
Přijď se ke mně podívat. Mám nový aršík a dvě série, které nedávno vyšly.	Come and see me. I've got a new sheet and two sets of stamps which have been recently issued.
Sbíráš také známky přetištěné?	Do you also collect used stamps?
(Viz Pošta str. 264)	

■

akvárium	**fish tank, aquarium**
album	**album**
~ na známky	**stamp ~**
bavit se	**enjoy oneself, have a good time**
cirkus	**circus** [sə:kəs]
divadlo (viz str. 279)	**theatre** [θiətə]
loutkové ~	**puppet ~**
maňáskové ~	**glove puppet ~**
herna	**casino** [kəˈsi:nəu]
~ s hracími automaty	**amusement arcade** [əˈmju:zmənt a:keid]
houpačka	**swing**
hra	**game**
hazardní ~	**gambling**
společenská ~	**parlour ~**

VOLNÝ ČAS – SPORT
LEISURE TIME – SPORT

počítačová ~	**computer ~**
hrací automat	**gaming machine**
hráč	**player**
hračka	**toy**
hrát	**play**
~ karty	**~ cards**
~ bowls/ koulenou	**~ bowls** [bəulz]
~ kuželky	**~ ninepins**/ Amer. **bowling**
~ šachy	**~ chess**
hrát si na schovávanou	**play hide-and-seek**
chování	**manners**
dobré ~	**good ~**
nevychovanost	**bad ~**
karta	**card**
káro	**diamond** [daiəmənd]
kříže	**clubs**
křížové eso	**the ace of clubs**
piky	**spades**
piková dáma	**the queen of spades**
srdce	**hearts** [ha:ts]
srdcový král	**the king of hearts**
trumf	**trump**
spodek (kluk)	**jack** [džæk]
žolík	**joker** [džəukə]
kolotoč	**merry-go-round, roundabout** [ˈraundəˌbaut]
koníček, záliba	**hobby, interest**
kostka (hrací)	**die** (zastaralé), **dice**
házet kostkou	**roll the ~**
křížovka	**crossword puzzle** [ˈkrɔswəːd pazl]
řešit/ luštit křížovku	**do/ solve ~ ~**
rozluštění	**solution** [səˈluːšn]
kulečník	**billiards** [biljədz]
hrát ~	**play ~**
koule	**ball**

311

VOLNÝ ČAS – SPORT
LEISURE TIME – SPORT

tágo	**cue** [kju:]
karambol	**carom** [kærəm]
lov	**hunt, hunting**
lunapark	**amusement park** [əˈmju:zmənt pa:k], **funfair**
návštěvník	**visitor**
navštívit	**visit**
noční podnik	**night club**
odznak	**badge** [bædž]
partie šachů	**game of chess**
ples	**ball**
polibek; políbit	**kiss**
pouť	**(country) fair**
pozvat	**invite** [inˈvait]
prohrát	**lose (lost, lost)**
přátelství	**friendship**
představení	**performance** [pəˈfo:məns]
přítel, přítelkyně	**friend**
přítel (chlapec, s kterým dívka chodí)	**boyfriend**
sázka	**bet**
sázet se oč	**bet sth**
sběratel (známek)	**(stamp) collector**
sbírat	**collect** [kəˈlekt]
~ starožitnosti	**~ antiques** [a:nˈti:ks]
sbírka	**collection** [kəˈlekšn]
~ mincí	**~ of coins**
~ pohlednic	**~ of postcards**
schůzka	**meeting, date** (též rande)
(u lékaře, kadeřníka, obchodní jednání)	**appointment**
mít schůzku	**have a meeting/ date**
dát si schůzku	**make an appointment**
(u lékaře, kadeřníka, obchodní jednání)	**(with the doctor etc)**
slavnost	**celebration** [ˌseləˈbreišn]

VOLNÝ ČAS – SPORT
LEISURE TIME – SPORT

společnost	**society** [səˈsaiəti]
šachovnice	**chessboard** [česbo:d]
šachy	**chess**
dáma	**queen**
král	**king**
kůň	**knight** [nait]
pěšec	**pawn** [po:n]
střelec	**bishop**
věž	**rook** [ruk]
dát šachmat	**checkmate** [čekmeit]
tančit; tanec	**dance**
společenský tanec	**ballroom dancing**
lidový ~	**folk** ~
tanečnice, tanečník	**dancer**
tykat si s kým	**be on first-name terms with sb**
úbor: večerní ~	**evening dress**
uhodnout	**guess** [ges]
uklonit se	**bow** [bau]
valčík	**waltz** [wo:ls]
vídeňský ~	**Viennese** [ˌviːəˈniːz] ~
varieté	**variety theatre** [vəˈraiəti θiətə]
kabaret, estráda, varieté (představení)	**cabaret** [kæbərei], **variety show**, Amer. **vaudeville**
večírek	**party**
~ s pohoštěním (koktejly, večeří)	**dinner ~, cocktail ~**
vykat (si)	**not to be on first-name terms**
vyzvat k (tanci)	**ask for (a dance)**
zábava	**amusement** [əˈmjuːzmənt]
zábavný	**amusing**
zahrada	**garden**
botanická ~	**botanical** ~
zoologická ~	**zoological** [zəuəˈlodžikl] ~, **zoo** [zu:]
zástava	**forfeit** [fo:fit]
hrát na fanty	**play forfeits**

VOLNÝ ČAS – SPORT
LEISURE TIME – SPORT

vykoupit fant	*get the* ~ *back*
zdvořilost	**politeness** [pəˈlaitnəs]
známý	**acquaintance** [əˈkweintəns]
jedna moje známá	***an* ~ *of mine***
váš známý	***an* ~ *of yours***
žert; žertovat	**joke** [džəuk]

SPORT

SPORT

Děláte nějaký sport? Jaký sport máte rád?
Hraju tenis
   košíkovou.
Pěstuji turistiku.
Jezdím na kole.
Chodím plavat.
Každý den cvičím.

Do you do any sports? What kind of sports do you like?
I play tennis
   basketball.
I go in for hiking./ I go hiking.
I go biking.
I go swimming.
I (take) exercise every day.

Jak se umístilo vaše družstvo na Světovém poháru?
Skončili (jsme) na předposledním místě.

How did your team place in the World Cup?
We finished last but one.

ATLETIKA

ATHLETICS, TRACK AND FIELD EVENTS

Zajímáš se o atletiku?

Are you interested in athletics?

Mám rád běh a skok do dálky.
Kdo vytvořil nový rekord v běhu na 100 metrů?

I like running and long jump.
Who set up a new record in the one hundred metre sprint?

Jaký byl jeho nejlepší výkon ve skoku do výšky?
Železný překonal světový rekord v hodu oštěpem.

What was his personal best in the high jump?
Železný broke the world record in javelin.

VOLNÝ ČAS – SPORT
LEISURE TIME – SPORT

Jaký je světový rekord ve vrhu koulí?	What's the world record in shot put?
Barnes se umístil jako druhý.	Barnes was placed second.
Kolik hodil diskem?	How far did he throw the discus?
Ve skoku o tyči získal zlatou medaili Bubka.	Bubka won the gold (medal) in the pole vault.
Připravit se ke startu – pozor – teď!	Ready – steady – go!
Fanoušci povzbuzují sportovce voláním „do toho!".	The fans are cheering the athletes by shouting "go! go!".

FOTBAL / FOOTBALL, SOCCER

Hraješ fotbal?	Do you play football?
Ne, ale chodím občas na zápasy.	No, but I sometimes go to a football match.
Nepůjdeš s námi zítra na zápas mistrovství Evropy/ mistrovství světa?	Would you like to go to the European Championship match/ to the World Cup match with us?
Kdo hraje? Která mužstva?	Who's playing whom?
Kdo myslíš, že vyhraje?	Who do you think will win?
Jak skončilo včerejší utkání?	What was the score of yesterday's match?
Nerozhodně: jedna jedna.	It was a draw – one all.
Naši vyhráli 3 : 2.	Our team won three two.
Kdo vstřelil první branku?	Who was the first to score?
Kdo vyrovnal?	Who scored the equalizer?
Naši fotbalisté vedli v prvním poločase 1 : 0.	Our footballers gained the lead in the first half one nil/ *Amer.* one to nothing.
Soupeř měl dobrou obranu, ale špatný útok.	The opponent had a good defence, but their offence was lousy/ was no good.

VOLNÝ ČAS – SPORT
LEISURE TIME – SPORT

Mají výborného brankáře.	They have an excellent goalkeeper.
Dva hráči byli vyloučeni.	Two players were sent off the field.
Kdy se hraje odvetný zápas?	When will the return match be played?
Zápas skončil vítězstvím domácích.	The match ended in the victory of the home team.
Manchester United porazil West Ham 2 : 1.	Manchester United defeated West Ham two one.
Naši postupují do semifinále.	Our team qualified for the semifinals.

VOLEJBAL / VOLLEYBALL

Nezahraješ si s námi volejbal? — Will you play volleyball with us?

Ráda, ale už jsem to dlouho nehrála. — I'd like to, but I haven't played it for ages.

Já mám servis. — It's my turn to serve.

Kolik je to? — What's the score?

Dvanáct deset pro vás. — Twelve points to ten for you.

Dáme si ještě jeden set/ jednu hru? — Let's have another set./ Let's play another game, shall we?

ZIMNÍ SPORTY / WINTER SPORTS

Lyžujete? — Do you go skiing?

Rád jezdím na běžkách. — I like cross country skiing.

Kam jezdíte lyžovat? — Where do you go skiing?

Jsou tam dobré sjezdovky? — Are there good ski slopes there?

Je tam vlek nebo sedačková lanovka? — Is there a ski lift or chair lift?

Jaký je sníh? — What's the snow like?

Prachový/ mokrý/ zmrzlý. — Powdery/ wet/ icy.

VOLNÝ ČAS – SPORT
LEISURE TIME – SPORT

Je možno si vypůjčit sáňky?	**Can I hire a sledge?**
Kdo získal titul mistra světa ve sjezdu na lyžích?	**Who won the world championship in downhill skiing?**
V obřím slalomu zvítězil M.	**M. won the giant slalom.**
Kde se bude konat příští utkání v ledním hokeji?	**Where will the next ice--hockey match be held?**

NA PLÁŽI | ON THE BEACH

(Viz Loď str. 175)

Anglické pláže jsou rozděleny na veřejné pláže – **public beach**, které jsou všem volně přístupné, a soukromé pláže – **private beach**, které jsou vybaveny veškerým zařízením (kabinami, sprchami, hřištěm, barem). O bezpečnost koupajících se stará plavčík – **lifeguard**, který má k dispozici záchranný člun s nápisem **lifeboat**.
Pokud najdete někde nápis **No bathing/ No swimming**, je tam koupání zakázáno. V USA jsou jak veřejné, tak soukromé pláže. Na některých veřejných plážích se vybírá poplatek (3–5 dolarů). Soukromé pláže vlastní většinou kluby a vstup je povolen pouze pro členy. Plavání je povoleno jen v označených místech.

Na plážích bývá vyvěšen praporek, který označuje stupeň bezpečnosti nebo nebezpečnosti koupání a plavby:
bílý – moře je klidné, koupání a plavba bez nebezpečí
červený – výstraha pro plavce i pro malá plavidla – moře je bouřlivé
černý/ tmavomodrý – rozbouřené moře je nebezpečné – zákaz plavání i plavby

Kolik se platí vstupné na pláž za den?	**What's the admission fee to the beach per day?**

VOLNÝ ČAS – SPORT
LEISURE TIME – SPORT

Chtěli bychom si pronajmout slunečník se dvěma lehátky.	We'd like to hire a beach umbrella/ a parasol and two deck chairs.
Je tu někde poblíž volná pláž?	Is there a public beach around here?
Kolik stojí kabina/ skříňka na týden?	How much is a cabin/ locker per week?
Kde jsou teplé sprchy?	Where are the hot showers?
Kde je nejlepší koupání?	Where's the best beach for swimming?
Pojďme si zaplavat.	Let's have a swim.
Pojďme do moře (trochu si zaplavat).	Let's have a dip in the sea.
Já raději půjdu surfovat.	I'd prefer surfing.
Jaká je voda?	How's the water?
Teplá.	Warm.
Moře je klidné	The sea's calm
bouřlivé.	rough.
Neskákej do vody.	Don't dive.
Je tu mělko.	The water's shallow.
Tady nestačím.	I'm out of my depth (here).
Neplavte daleko, je tam hluboko.	Don't swim too far, the water's too deep there.
Plavte jen k bójím.	Swim only as far as the buoys.
Neumím plavat, půjčte mi vaše nafukovací kolo.	I can't swim. Will you lend me your rubber ring?
Pomóc! Je tu silný proud.	Help! There's a strong current here.
Jsou tu víry.	There are whirlpools here.
Kde se půjčují šlapací čluny?	Where can I hire a pedal boat?
Kolik se platí za hodinu?	How much do you charge per hour?

VOLNÝ ČAS – SPORT
LEISURE TIME – SPORT

Nechcete se projet na plachetnici?	**Would you like to go sailing?**
Sednete si ke kormidlu?	**Will you take the rudder?**
Dnes je červený praporek.	**There's a red flag today.**
Moře je dnes rozbouřené.	**The sea's rough today.**
Jsou velké vlny.	**There're big waves.**
Je nebezpečné se koupat.	**Swimming's dangerous.**
Musím se osprchovat.	**I must take a shower.**
Chtěla bych sedět ve stínu/ na slunci.	**I'd like to sit in the shade/ in the sun.**
Já se budu opalovat.	**I'm going to sunbathe.**
Měl by ses namazat olejem, ať se nespálíš.	**You should put some suntan oil on or you might get sunburnt.**
Mám opalovací krém s faktorem 8.	**I've got a sun cream with a number eight factor.**

amatér	*amateur* [æmətə]
bazén	*swimming pool*
krytý ~	*indoor ~*
běh	*run, race*
překážkový ~	*hurdle race*
štafetový ~	*relay race*
kondiční ~	*jogging*
běhat	*go for a run*
běžky (jedny)	*a pair of cross-country skis*
boby	*bobsled, bobsleigh* [bobslei]
bod	*point*
box	*box, boxing*
boxer	*boxer*
bradla	*parallel bars*
branka	*goal*
dát branku/ gól	*score*
brankář	*goalkeeper, hov. goalie* [gəuli]

VOLNÝ ČAS – SPORT
LEISURE TIME – SPORT

brusle (jedna),   skate
    kolečkové ~   **roller-skates** [rəuləskeits]
    (s kolečky v jedné linii)   **in-line skates, rollerblades**
bruslit   **(ice-)skate**
cena   **prize**
cíl   **goal**
    dosáhnout cíle (dotknout   **breast the tape**
    se cílové pásky)
cvičit   **exercise, take exercises**
cvičit, trénovat   **train, practise**
cyklistika   **cycling**
činka   **dumbbell** [dambel]
člun   **boat**
    motorový ~   **motor ~**
disciplína (sportovní)   **event** [iˈvent]
disk   **discus**
dostihy   **horse races**
dráha   **track**
fandit komu   **support sb**
fanoušek   **fan, supporter**
fotbalista   **footballer, football player**
gymnastika   **gymnastics** [džimˈnæstiks]
házená   **handball**
házet   **throw (threw, thrown)**
        [θrəu, θru:, θrəun]
hod (diskem)   **(discus) throw**
hokej (pozemní)   **hockey**
    lední ~   **ice ~**
hokejka   **hockey stick**
horolezectví   **rock climbing**
hráč   **player**
hrazda   **trapeze** [trəˈpi:z]
hřiště   **sports ground**
    dětské ~   **playground**
hůl   **stick**
    golfová ~   **golf club**

VOLNÝ ČAS – SPORT
LEISURE TIME – SPORT

lyžařská hůl(ka)	**ski stick**
chaluha	**seaweed** [si:wi:d]
jachta	**yacht** [jot]
jezdit	**go (went, gone)**
~ na kole	**bike, cycle, ride (rode, ridden) a bicycle**
~ na koni	**ride on horseback**
~ na loďce	**~ by boat, go boating**
jízda na koni	**horseback riding**
kánoe	**canoe** [kəˈnu:]
kolo (jízdní)	**bicycle** [baisikl], **bike** [baik]
(turnaje)	**round**
(v atletice)	**lap**
kopaná	**football**
košíková	**basketball**
koule (na vrh, koulí)	**shot**
(na koulení)	**ball**
krasobruslení	**figure skating** [ˈfigə skeitiŋ]
kruhy	**rings**
kurt	**tennis court**
antukový ~	**clay court** [ˌklei ˈko:t]
letectví	**aviation** [ˌeiviˈeišn]
lov	**hunt**
lovit, jít na lov/ hon	**go hunting**
lovit (pstruhy)	**fish (for trout)**
(ryby)	**catch (caught, caught) fish**
~ na udici	**angle**
luk	**bow** [bəu]
lukostřelba	**archery** [a:čəri]
lyžař	**skier**
lyže	**ski, (jedny) a pair of skis**
vodní ~	**water ~**
lyžovat	**go skiing**
medaile	**medal** [medl]
zlatá ~	**gold ~**
stříbrná ~	**silver ~**

VOLNÝ ČAS – SPORT
LEISURE TIME – SPORT

    bronzová ~   **bronze ~**
míč   **ball**
    hrát si s míčem   **play with the ball**
    tenisový míček   **tennis ball**
mikina, tričko s dlouhým rukávem   **sweatshirt** [swetšə:t]

mistr(yně) světa   **world champion** [ˌwə:ld ˈčæmpiən]

mistrovství   **championship** [čæmpiənšip]
můstek (odrazový, skokanský)   **springboard** [spriŋbo:d]
mužstvo   **team**
    domácí ~   **home ~**
    hostující ~   **visiting ~**
nářadí   **apparatus** [ˌæpəˈreitəs]
odbíjená   **volleyball** [volibo:l]
okruh (dráhy)   **circuit (of the track)**
    (v atletice)   **lap**
olympiáda   **Olympiad** [əˈlimpiæd]
    olympijské hry   **Olympic Games**
oštěp   **javelin** [džævlin]
pískat   **whistle** [wisl]
    odpískat konec zápasu   **blow the whistle to end the match**
plachetnice   **sailing boat**
plachtění (letadlem)   **gliding**
    ~ (lodí)   **sailing**
plavat   **swim (swam, swum)**
    kraul   **crawl** [kro:l]
    motýlek   **butterfly** [batəflai]
    prsa   **breaststroke** [breststrəuk]
    znak   **backstroke**
    ~ pod vodou   **dive**
plavčík   **lifeguard** [laifga:d]
plavec   **swimmer**
pláž   **beach** [bi:č]
    nudistická ~   **nudist** [nju:dist] ~

VOLNÝ ČAS – SPORT
LEISURE TIME – SPORT

plovárna	**swimming baths**
pohár	**cup**
pólo: vodní ~	**polo: water polo** [ˈwoːtə pəuləu]
poločas: první/ druhý ~	**half-time: first/ second ~**
porazit	**defeat, beat (beat, beaten)**
porážka	**defeat** [diˈfiːt]
potápět se	**dive**
potápěčské brýle	**goggles**
potápěčské ploutve	**flippers**
potápění s kyslíkovým přístrojem	**scuba** [skuːbə] **diving**
profesionál	**professional** [prəˈfeʃənl]
prohrát	**lose (lost, lost)**
prostná	**floor exercises**
přeplavat řeku	**swim across the river**
puk	**puck** [pak]
puška	**rifle** [raifl], **gun**
vzduchovka	**air rifle**
raketa (tenisová)	**(tennis) racket** [rækit]
rekord	**record** [rekoːd]
překonat ~	**break the ~**
vytvořit nový ~	**set up a new ~**
rozhodčí	**referee** [ˌrefəˈriː], **umpire** [ampaiə] *(v tenise, kriketu)*
roztleskávačky	**cheerleaders** [čiəliːdəz]
rybolov	**fishing**
sáňkovat	**go sledging, go tobogganing** [təˈbogəniŋ]
sáňky	**sledge** [sledž]
síť	**net**
sjezd	**downhill (skiing)**
sjezdovka	**ski slope, ski run**
skákat	**jump**
~ do vody	**dive**
skok	**jump**

VOLNÝ ČAS – SPORT
LEISURE TIME – SPORT

~ daleký — **long ~**
~ vysoký — **high ~**
~ o tyči — **pole vault** [pəul vo:lt]
~ na lyžích — **ski jump**
~ do vody — **dive**
soupeř — **opponent** [əˈpəunənt]
soutěž — **contest**
soutěžit — **compete** [kəmˈpi:t]
sportovec — **sportsman,** mn. č. **sportsmen**
sportovkyně — **sportswoman** [spo:tswumən], mn. č. **sportswomen** [spo:tswimin]

sportovní boty — **trainers, sports shoes**
  tenisky — **sneakers**
stadion — **sports stadium** [steidiəm]
  zimní ~ — **indoor ice rink**
start; startovat — **start**
střelba — **shooting**
střelec — **marksman,** mn. č. **marksmen**
střídání — **waiting to play**
střídat (nahradit) — **replace**
střílet — **shoot (shot, shot)**
šatna se skříňkami — **locker-room**
šerm — **fencing**
šermovat — **fence**
šíp — **arrow** [ærəu]
tělocvična — **gym** [džim] **hall**
tělocvik — **gymnastics** [džimˈnæstiks]
  (školní předmět) — **physical training**
tenis — **tennis**
  stolní ~ — **table ~**
  hrát ~ — **play ~**
tepláky — **tracksuit** [træksu:t]
  oteplovačky — **warmups**
terč — **target** [ta:git]
trenér — **coach**

VOLNÝ ČAS – SPORT
LEISURE TIME – SPORT

trénink — **training**
   kondiční ~ —   **fitness ~**
trénovat — **train, practise**
trenýrky — **boxer shorts**
tretry — **spikes, spiked shoes**
trojskok — **hop, step and jump**
tribuna (hlavní) — **grandstand** [grændstænd]
turistika — **hiking**
turnaj — **tournament** [tuənəmənt]
účastnit se čeho — **take part in sth, participate in sth**
umístit se (jako první, druhý) — **place (first, second)**
utkání — **meeting, contest**
utkat se (v závodě) — **compete (in a race)**
útočit; útok — **attack** [əˈtæk]
váha — **weight** [weit]
   muší ~ —   **flyweight**
   těžká ~ —   **heavy ~**
vázání na lyže — **binding** [baindiŋ]
veslo — **oar** [oː]
veslování — **rowing** [rəuiŋ]
veslovat — **row**
větroň — **glider** [glaidə]
vítěz — **winner**
vítězství — **victory**
vrh koulí — **shot put**
vyhrát — **win (won, won)**
výkon — **performance** [pəˈfoːməns]
vyrovnat — **equalize** [iːkwəlaiz]
výsledek (zápasu) — **score**
   nerozhodný ~ —   **draw** [droː]
zápas — **match**
   fotbalový ~ —   **football ~**
   odvetný ~ —   **return ~**
   řeckořímský ~ —   **wrestling** [resliŋ] **~**
zápasit — **wrestle** [resl]

VOLNÝ ČAS – SPORT
LEISURE TIME – SPORT

závod
  automobilový ~
  cyklistický ~
  plavecký ~

  vylučovací ~
závodit (v čem)
závodník

  (v běhu)
  (na kole)
  (v autě)
žebříček
  ~ 10 nejlepších tenistů
    světa

race
  motor racing
  cycle [saikl] ~
  **swimming race/ contest/
    competition**
  qualifying [kwolifaiiŋ] ~
compete (in sth)
contestant [kənˈtestənt],
  competitor [kəmˈpetitə]
  racer, runner
  cyclist
  race car driver
ranking
  **the world's 10 top tennis
    players**

ZDRAVÍ – NEMOC
HEALTH – DISEASE

CO JE VÁM?

Necítím se dobře.
Bolí mě hlava.
Je mi špatně od žaludku.
Chce se mi zvracet.
Měl byste jít k lékaři.
To nic není, to přejde.

WHAT'S THE MATTER WITH YOU?

I'm not feeling well.
I've got a headache.
I feel sick./ I'm sick.
I'm going to be sick.
You should go to the doctor's.
It's nothing. It will pass.

CO SE VÁM STALO?

Udělalo se mi nevolno.
Omdlela jsem. Je mi mdlo.
Upadla jsem a odřela jsem si nohu.
Uhodila jsem se do kolena.

Vyvrtnul jsem si kotník.
Zlomil jsem si ruku.
Řízl jsem se do prstu.
Mám puchýř na patě.

Spálil jsem si záda na slunci.
Něco mi spadlo do oka.
Bodl mě nějaký hmyz.
Otekla mi ruka.
Zranil jsem se na hlavě.

Kdy jste byl naposled očkován proti tetanu?
Jakou máte krevní skupinu?

WHAT'S WRONG WITH YOU?
WHAT'S THE TROUBLE?

I don't feel well.
I've fainted. I feel faint.
I fell down and bruised my leg.
I hurt my knee.

I sprained my ankle.
I broke my arm.
I cut my finger.
I've got a blister on my heel.

My back is sunburnt.
There's something in my eye.
I was bitten by an insect.
My arm's swollen.
I hurt my head.

When were you given a tetanus shot?
What's your blood group?

ZDRAVÍ – NEMOC
HEALTH – DISEASE

První pomoc při úrazu vám v Anglii poskytne zvláštní ošetřovna první pomoci, oddělení pro úrazy a naléhavé případy – **Accident and Emergency Department**, zkr. **A & E dept.** Existují zde jednak zdravotní střediska, polikliniky a nemocnice – **health centres, policlinics, hospitals** – řízené státními zdravotnickými trusty – **Health Trusts** – podléhajícími ministru zdravotnictví – **Minister of Health** – a pracovníkům ministerstva financí – **Treasury Officers**. Dále je zde systém soukromých lékařů a nemocnic, kde si pacienti platí léčení sami nebo jejich pojišťovna.

První pomoc v USA poskytují nemocnice v tzv. **emergency room**. V USA jsou dva druhy nemocnic: státní a soukromé – **public and private**. **Public hospitals** patří obci, jsou podporované státem a teoreticky tam může jít každý. Zdarma však ošetří jen nemajetné. Občanům po 65. roce věku se dostane lékařské péče – **medicare** – za poplatek 48 dolarů měsíčně. Naprosto nemajetní dostávají **medic aid**, to znamená ošetření zdarma.

Je těžce raněn.	He's badly wounded.
Je v bezvědomí.	He's unconscious.
Zavolejte lékaře!	You must call the doctor!/ The doctor must be called!
Kde je pohotovost	Where's the emergency service
zdravotní středisko	the health centre/ *Amer.* medical clinic
nemocnice?	hospital?
Zavolejte sanitku.	Call the ambulance.
Je nutno ho převézt do nemocnice.	He must be taken to hospital.

ZDRAVÍ – NEMOC
HEALTH – DISEASE

U LÉKAŘE

AT THE DOCTOR'S

Jaké máte potíže?	What's the matter?
Máte bolesti?	Do you feel any pain?
Kde vás to bolí?	Where do you feel the pain?

Bolí mě břicho. — I have got a stomach ache.
Bolí mě v zádech. — I have (*Amer.* a) backache.
Cítím tlak na prsou. — I feel pressure on my chest.
Dusím se. Špatně se mi dýchá. — I'm choking. I'm short of breath./ I can't breath properly.

Točí se mi hlava. — I feel dizzy.
Mám závratě. Omdlela jsem. — I feel giddy. I've fainted.
Mám žaludeční potíže. — My stomach's been troubling me.

Nemám chuť k jídlu. — I have no appetite.
Zvrátila jsem všechno, co jsem snědla. — I threw up everything I had eaten.

Špatně spím. — I don't sleep well.
Potím se. — I'm sweating.
Nastydl jsem (se). — I've caught a cold.
Bolí mě v krku. — I have a sore throat.
Mám rýmu. — I've got a cold.
Mám chřipku. — I've got the flu.
Kašlu. — I have a cough.
Mám silný kašel. — I've got a bad cough.
Chraptím. — I'm hoarse.
Hučí mi v uších. — My ears are ringing.
Pálí mě oči. — My eyes are burning/ smarting.
Mám zácpu/ hrozný průjem. — I'm constipated./ I have a bad attack of diarrhoea.

Zlobí mě žlučník. — I'm troubled with my gall bladder./ *Amer.* My gall bladder's bothering me.

ZDRAVÍ – NEMOC
HEALTH – DISEASE

Máte horečku?	Have you got a temperature?
Včera jsem měl třicet sedm osm.	My temperature was 37.8 Celsius (= 98.6 Fahrenheit) yesterday.
K večeru mi teplota stoupla/ klesla.	Towards the evening my temperature went up/ dropped.
Dnes jsem si neměřila teplotu.	I haven't taken my temperature today.
Trpíte nějakou alergií?	Do you have any allergy?
Jaké nemoci jste prodělala?	What diseases have you had?
Měla jste nějakou operaci?	Have you had any surgery?/ Have you been operated on?
Byla jsem operována na slepé střevo.	I was operated on for appendicitis./ I had appendix surgery.
Odkdy cítíte bolesti u srdce?	How long have you had the heart complaint?
Vyšetřím vás.	Let me examine you.
Svlékněte si sako.	Take off your jacket.
Svlékněte se.	Will you undress, please?
Položte se sem.	Now lie down here.
Bolí vás toto (když zmáčknu)?	Does it hurt (when I press here)?
Dýchejte zhluboka.	Take a deep breath.
Nedýchejte.	Stop breating./ Hold your breath.
Zakašlete.	Cough.
Otevřete ústa.	Open your mouth.
Otevřete ústa a řekněte Á.	Please, say Ah.
Máte pravidelnou stolici?	Are your stools normal?
Vezmu vás na rentgen./ Jděte na rentgen.	I'll take you for an X-ray./ Go and have an X-ray.
Sestra vám dá injekci.	The nurse will give you a shot.

ZDRAVÍ – NEMOC
HEALTH – DISEASE

Musíte se šetřit a držet dietu.	Don't strain yourself and you should go on a diet.
Jaké léky užíváte?	What medicine do you take?
Nejste alergický na některá antibiotika?	Are you allergic to any antibiotics?
Napíšu vám recept.	I'll write out a prescription.
Uklidněte se, není to nic vážného.	Don't worry. It's nothing serious.
Je to jen nevolnost.	It's only a slight indisposition.
Kolik jsem vám dlužen, pane doktore?	How much do I pay/ owe you, doctor?
Potřebuji doklad o pojištění. U které pojišťovny jste pojištěn?	I need your insurance certificate/ card. Give me the name of your insurance company.
Jsem pojištěn u Všeobecné zdravotní pojišťovny České republiky.	I've got Czech National Health Insurance.
Tady je moje pojistka na tuto cestu.	Here's my medical insurance policy for this journey.
Je těžce nemocen.	He's seriously ill.
Měl srdeční záchvat.	He had a heart attack.
Je mu stále hůř.	He's getting worse.
Zemřel na infarkt.	He died of a heart attack.
Kdy onemocněl?	When did he fall ill?
Na co zemřel?	What did he die of/ from?
Na rakovinu/ na zápal plic/ na mrtvici.	He died of cancer/ pneumonia/ stroke.
Nemocný je mimo nebezpečí.	The patient is out of danger.
Brzy bude zdráv.	He'll get well soon.
Pojede na léčení do lázní.	He'll go to a spa for a cure.
Přeji vám brzké uzdravení.	I wish you a speedy recovery.

ZDRAVÍ – NEMOC
HEALTH – DISEASE

Zhubla./ Ztloustla.	She lost weight./ She put on weight.
Chodí každý den na injekce vitaminu B.	She gets a shot of vitamin B every day.

U ZUBNÍHO LÉKAŘE

AT THE DENTIST

Kdy ordinuje zubní lékař? — What are the dental surgeon's office hours/ surgery hours?

Musím se objednat? — Do I have to make an appointment?

Nemůže mě pan doktor vzít hned? — Can the doctor see me at once?

Mám oteklou tvář. — My cheek's swollen.
Bolí mě zuby. — I've got (*Amer.* a) toothache.
Uvolnil se mi můstek. — My bridge has come loose.

Který zub vás bolí? — Which tooth is hurting/ troubling you?

Tato stolička vpravo nahoře/ vlevo dole. — The back tooth/ molar up on the right side/ down on the left side.

Je úplně zkažená. — It's completely decayed.
Musí ven. — It must come out.
Umrtvím vám to. — I'll give you a local anaesthetic.

Nedá se ještě zaplombovat? — Can't you fill it any more?
Jste alergický na nějaké léky? — Are you allergic to any drugs?

Vypadla mi plomba. — My filling has come out.
Dám vám vložku. — I'll give you a temporary filling.
Nezavírejte ústa. — Don't close your mouth.
Vypláchněte si. — Give your mouth a rinse.
Dvě hodiny nejezte. — Don't eat anything for two hours.

ZDRAVÍ – NEMOC
HEALTH – DISEASE

Zlomil se mi přední zub.
Půjde na něj dát korunka?

**My front tooth got broken.
Can you put a crown on it?**

akutní	**acute** [əˈkjuːt]
alergický na co	**allergic to sth**
alkoholik	**alcoholic** [ˌælkəˈhɒlik]
angína	**tonsilitis** [tɒnsəˈlaitis], **a sore throat** [soː ˈθrəut]
astma	**asthma** [æsmə]
bakterie	**bacteria** [bækˈtiəriə]
bolest	**pain** (jen j. č.)
nesnesitelná ~	**unbearable** [anˈbeərəbl] ~
bradavice	**wart** [wɔːt]
cukrovka	**diabetes** [ˌdaiəˈbiːtiːz]
cesty dýchací	**respiratory tract** [riˈspirətri trækt]
čelist	**jaw** [džɔː]
dárce krve	**blood donor** [ˌblad ˈdəunə]
dáseň	**gum**
diagnóza	**diagnosis** [ˌdiəgˈnəusis]
dieta	**diet** [daiət]
držet dietu (na zhubnutí)	**be on a (slimming) diet**
dýchání	**breathing** [briːðiŋ]
umělé ~	**artificial respiration**
~ z úst do úst	**mouth-to-mouth resuscitation** [mauθtəˈmauθ riˌsasiˈteišn]
gynekolog	**gynecologist** [ˌgainiˈkɒlədžist]
hluchoněmý	**deaf-and-dumb** [ˌdefənˈdam]
hluchý	**deaf**
hnis	**pus** [pas]
holeň	**shin** [šin]
horečka, teplota	**fever, temperature**
vysoká ~	**high fever,** Amer. **high temperature**
mít horečku	**be feverish, have fever**

ZDRAVÍ – NEMOC
HEALTH – DISEASE

hospitalizovat	**hospitalize** [hospitəlaiz]
hrudník	**chest**
hubnout	**losing weight** [weit]
chirurg	**surgeon** [sə:džən]
chirurgie	**surgery** [sə:džəri]
chodidlo	**sole of the foot**
cholera	**cholera** [kolərə]
cholesterol	**cholesterol** [kəˈlestərol]
chraptět	**be hoarse** [ho:s]
chronický	**chronic** [kronik]
chrup	**set of teeth**
umělý ~	**set of dentures** [denčəz], **dental plate**
chřipka	**influenza** [ˌinfluˈenzə], **flu** [flu:]
imunita	**immunity** [iˈmjunəti]
snížená ~	**low ~**
imunní proti čemu	**immune** [iˈmju:n] **to sth**
infekce	**infection** [inˈfekšn]
infarkt	**heart attack** [ˈhɑ:t əˌtæk]
injekce	**injection** [inˈdžekšn], hov. **shot**
protitetanová ~	**tetanus** [tetənəs] **~**
dát komu injekci	**give sb an injection/ a shot**
ischias	**sciatica** [saiˈætikə]
játra	**liver**
jazyk	**tongue** [taŋ]
jizva	**scar** [skɑ:]
kámen	**stone**
žlučový ~	**gallstone** [go:lstəun]
kašel	**cough** [kof]
černý ~	**whooping** [ˈhu:piŋ] **~**
kašlat	**have a cough**
katar	**catarrh** [kəˈtɑ:]
kloktat	**gargle** [gɑ:gl]
kloub	**joint** [džoint]
kolika	**colic** [kolik]
konečník	**anus** [einəs]

ZDRAVÍ – NEMOC
HEALTH – DISEASE

kornatění cév	**arteriosclerosis** [aːˌtiəriəuskləˈrəusis]
kost	**bone**
kostra	**skeleton** [skelitən]
kotník	**ankle** [æŋkl]
krátkozraký	**short-sighted** [šoːtˈsaitid]
krev	**blood** [blad]
dát transfuzi krve	**give/ administer (a blood) transfusion** [trænsˈfjuːžn]
krevní	**blood**
~ skupina	**~ group**
krvácení	**bleeding**
zastavit ~	**stop the ~**
krvácet	**bleed**
krvácím z nosu	**my nose is bleeding**
krvinka	**blood cell** [sel]
křeč	**cramp** [kræmp]
kyčel	**hip**
kýla	**hernia** [həːniə]
lázně	**spa**
lebka	**skull** [skal]
léčení	**medical treatment**
léčit	**attend** [əˈtend]
ledvina	**kidney** [kidni]
ledvinový kamínek	**kidney stone**
lékař	**physician** [fiˈzišn], **doctor**
ošetřující ~	**attending doctor**
poradit se s lékařem	**consult** [kənˈsalt] **a ~**
dětský ~	**pediatrician** [ˌpiːdiəˈtrišn]
krční, ušní, nosní ~	**throat, ear, nose specialist** [spešəlist], **otolaryngologist** [ˌəutəuˌlæriŋˈgolədžist]
oční ~	**eye specialist, oculist** [okjulist]
odborný ~	**specialist**
praktický ~	**general practitioner** [ˌdženərl prækˈtišənə]

ZDRAVÍ – NEMOC
HEALTH – DISEASE

lopatka (kost) — **shoulder blade** [ˈšəuldə bleid]
mdloba — **faint** [feint]
měchýř — **bladder** [blædə]
menstruace — **menstruation** [ˌmenstruˈeišn]
migréna — **migraine** [miːgrein]
mícha — **spinal chord** [ˌspainl ˈkoːd]
moč — **urine** [juərin]
modřina — **bruise** [bruːz]
mozek — **brain** [brein]
mrtvice — **stroke** [strəuk]
   být raněn mrtvicí —   have a ~
nádor — **tumor** [tjuːmə]
   zhoubný ~ —   **malignant** [məˈlignənt] ~
   nezhoubný ~ —   **benign** [bəˈnain] ~
   metastáze —   **secondary** ~
nachladit se — **catch a cold**
náchylný k — **be prone** [prəun] **to**
nákaza — **infection** [inˈfekšn]
nakazit (chorobou) — **infect, pass on (a disease)**
nakažlivý — **infectious** [inˈfekšəs]
narkóza — **anaesthetic** [ˌænəsˈθetik]
   dát narkózu —   **give/ administer** ~
   být v narkóze —   **be under an** ~
nedoslýchat — **be hard of hearing**
nemoc — **illness, disease** [diˈziːz]
   duševní ~ —   **mental** ~
   infekční ~ —   **infectious disease** [inˌfekšəs diˈziːz]
   kožní ~ —   **skin disease**
   nervová ~ —   **nervous** ~
   vnitřní nemoci —   **internal diseases**
   dětské nemoci —   **chidren's diseases**
nemocný (osoba) — **patient** [peišnt]
nemocný (jaký je) — **ill, sick**
nerv — **nerve**
   trojklaný ~ —   **trigeminal** [traiˈdžeminl] ~

ZDRAVÍ – NEMOC
HEALTH – DISEASE

nespavost	**sleeplessness** [sliːpləsnəs]
neštovice	**small pox**
plané ~	**chicken pox**
nevolnost	**indisposition** [ˌindispəˈzišn]
nevyléčitelný	**incurable** [inˈkjuərəbl]
nosítka	**stretcher** [strečə]
oběh (krevní)	**circulation** [ˌsəːkjuˈleišn]
obklad	**compress** [kompres]
dávat studený ~	**apply a cold ~**
obratel	**vertebra** [vəːtibrə]
obrna	**polio** [pəuliəu]
obvaz; obvázat	**bandage** [bændidž]
očkování	**vaccination** [ˌvæksiˈneišn]
očkovat proti	**vaccinate against**
oddělení (v nemocnici)	**ward** [woːd]
chirurgické ~	**surgical** [səːdžikl] ~
omdlít	**faint** [feint]
omrzlina	**chilblain** [čilblein]
opařit se	**scald** [skoːld]
operace	**operation, surgery**
podrobit se operaci (čeho)	**undergo an ~ for/ have surgery for**
opuchlý	**swollen** [swəulən]
ordinace	**surgery** [səːdžəri]
ordinační hodiny	**~ hours**
ordinovat	**have surgery hours**
orgán	**organ**
ošetřit ránu	**dress a wound** [wuːnd]
ošetřovat (pacienta)	**attend to/ nurse (the patient)**
ošetřovatelka	**nurse**
ošetřovna	**first aid station, accident and emergency department,** Amer. **emergency room**
otok	**swelling**
otrava	**poisoning**
otřes mozku	**concussion** [kənˈkašn]

ZDRAVÍ – NEMOC
HEALTH – DISEASE

palec	**thumb** [θam]
pata	**heel**
páteř	**backbone** [bækbəun]
péče	**care**
lékařská ~	**medical ~**
zdravotní ~	**health ~**
pečovat o	**care for**
plíce	**lung** [laŋ]
plomba	**filling**
plynatost	**intestinal gases**
pohlavní	**venereal** [vəˈniəriəl]
~ nemoc	**~ disease**
~ orgán	**sex organ**
~ styk	**sexual intercourse** [ˌsekšuəlˈintəkoːs]
pohotovost(ní služba)	**emergency service**
pojištění	**insurance** [inˈšuərəns]
zdravotní ~	**health ~**
pomoc	**help, aid**
první ~	**first aid**
poskytnout první ~	**give/ administer first aid**
popálenina	**burn**
~ prvního stupně	**first degree ~**
poranit (si nohu)	**hurt (one's leg)**
porod	**childbirth**
potrat	**abortion** [əˈboːšn]
prohlídka (lékařská)	**(medical) examination** [igˌzæmiˈneišn], **(medical) check-up**
protéza	**artificial limb** [ˌaːtiˈfišl ˈlim]
průdušky	**bronchial tubes** [ˌbroŋkiəl ˈtjuːbz]
průjem	**diarrhoea** [ˌdaiəˈriə]
příušnice	**mumps**
příznak	**symptom**
psychiatr	**psychiatrist** [saiˈkaiətrist]

ZDRAVÍ – NEMOC
HEALTH – DISEASE

puchýř	**blister**
rakovina	**cancer** [kænsə]
rána	**wound** [wu:nd]
raněný	**injured** [indžəd], **wounded** [wu:ndid]
rekonvalescence	**convalescence** [ˌkonvəˈlesns]
rentgen	**X-ray**
~ žaludku	stomach ~
rentgenovat co	**take an X-ray of sth**
revmatismus	**rheumatism** [ˈru:məˌtizm]
rýma	**(a) cold in the head**
sanatorium	**convalescent home**
sanitka	**ambulance** [æmbjuləns]
slepý	**blind** [blaind]
slina	**saliva** [səˈlaivə]
sliznice	**mucous membrane** [ˌmju:kəs ˈmembrein]
smrt	**death** [deθ]
náhlá ~	sudden ~
smrtelný	**mortal**
spála	**scarlet fever** [ˌska:lət ˈfi:və]
spálit si ruku	**burn one's hand**
spalničky	**measles** [mi:zlz]
spánek	**sleep**
neklidný ~	restless ~
stehno	**thigh** [θai]
střevo	**intestine** [inˈtestin]
slepé ~	appendix [əˈpendiks]
tenké ~	small ~
tlusté ~	large ~
svědění	**itch** [ič]
šíje	**neck**
šlacha	**sinew** [sinju:]
těhotenství	**pregnancy**
těhotná	**pregnant**
tep	**pulse** [pals]

ZDRAVÍ – NEMOC
HEALTH – DISEASE

    pravidelný ~ — **regular ~**
    nepravidelný ~ — **irregular ~**
    pomalý ~ — **slow ~**
    zrychlený ~ — **quickened** [kwikənd] **~**
    měřit komu ~ — **take/ feel sb's ~**
teploměr — **thermometer** [θəˈmomitə]
teplota — **temperature** [temprəčə]
    zvýšená teplota — **temperature**
    teplota stoupá/ klesla — **the temperature is rising/ has dropped (to normal)**
    měřit komu/ si teplotu — **take sb's/ one's ~**
tepna — **artery**
tlak (krevní) — **blood pressure** [prešə]
    vysoký ~ — **high ~**
    nízký ~ — **low ~**
    měřit komu/ si ~ — **take sb's/ one's ~**
trpět čím — **suffer** [safə] **from sth**
trup — **body**
tuberkulóza, TBC — **tuberculosis** [tjuˌbəːkjuˈləusis], **TB**
tyfus — **typhus** [taifəs]
úd — **limb** [lim]
umrtvení — **anaesthesia** [ˌænəsˈθiːziə]
    místní ~ — **local ~**
úpal — **sunstroke** [sanstrəuk]
úplavice — **dysentery** [disəntri]
úraz — **accident**
    pracovní ~ — **~ at work, industrial ~**
ústrojí — **system**
    dýchací ~ — **respiratory** [riˈspirətəri] **~**
    zažívací ~ — **digestive** [daiˈdžestiv] **~**
uzdravit se — **get well, recover**
uzlina (lymfatická) — **(lymphatic) node** [nəud]
vada (tělesná) — **defect** [diːfekt]
    vrozená ~ — **inborn** [inˈbɔːn] **~**
víčko (oční) — **eyelid** [ailid]

ZDRAVÍ – NEMOC
HEALTH – DISEASE

vřed — **ulcer** [alsə]
   žaludeční ~ —   **stomach** [stamək] ~
vyčerpání — **exhaustion** [ig'zo:sčn]
vyléčit (se) — **get well, recover**
vyrážka (kožní) — **rash** [ræš]
vysvědčení — **certificate** [sə'tifikət]
   lékařské ~ —   **medical** ~
vyšetření (lékařské) — **examination, general check-up**
záducha, dušnost — **asthma** [æsmə]
záchvat — **attack** [ə'tæk]
   srdeční ~ —   **heart** [ha:t] ~
zákrok — **(medical) treatment**
   chirurgický ~ —   **surgical** ~
zánět — **inflammation** [ˌinflə'meišn]
   ~ průdušek —   **bronchitis** [broŋ'kaitis]
   ~ spojivek —   **~ of the conjunctiva** [ˌkondžaŋk'taivə], **conjunctivitis** [kənˌdžaŋkti'vaitis]
   ~ slepého střeva —   **appendicitis** [əˌpendi'saitis]
   ~ středního ucha —   **~ of the middle ear**
zápal plic — **pneumonia** [nju'məuniə]
záškrt — **diphtheria** [dif'θiəriə]
závrať — **giddiness** [gidinəs]
zažívací/ trávicí (trubice) — **digestive** [dai'džestiv] **(tract)**
zažívání — **digestion** [dai'džesčən]
zdravotní středisko (v GB) — **health centre**
zdravý — **well, in good health**
   být ~ —   **be well, be in good health**
   (o potravě) —   **healthy (food)**
zlomit si nohu — **break one's leg**
zranění — **injury** [indžəri]
   vnitřní ~ —   **internal** ~
zub (moudrosti) — **(wisdom) tooth**, mn. č. **teeth**
žaludek — **stomach** [stamək]
žebro — **rib**

ZDRAVÍ – NEMOC
HEALTH – DISEASE

žíla	**vein** [vein]
žláza	**gland**
štítná ~	**thyroid** [θairoid] ~
žloutenka	**jaundice** [džo:ndis]
infekční ~	**infectious hepatitis** [ˌhepəˈtaitis]
žluč	**gall** [go:l]
žlučník	**gall bladder**
bolí mě ~	**I'm troubled with the ~**

(Viz Lidské tělo *str.* 109)

V LÉKÁRNĚ

AT THE CHEMIST'S
IN THE PHARMACY

Chtěla bych něco proti bolení hlavy a prášky na spaní.

I'd like something for a headache and some sleeping pills/ tablets.

Potřeboval bych projímadlo a mast na spáleniny.

I need a laxative and ointment for skin burns.

Potřebovala bych něco
   proti kašli
   proti průjmu
   na sražení horečky.

I'd like some medicine
   for a cough
   for diarrhoea
   for reducing fever.

Tady je recept.
Ten sirup proti kašli se musí připravit.
Přijďte za hodinu.

Here's the prescription.
The cough syrup must be made up.
Could you come back in an hour?

Jak se to má užívat?

How should it be taken?/ What's the dosage?

Jednu kávovou lžičku každé dvě hodiny.

Take a teaspoonful every two hours.

ZDRAVÍ – NEMOC
HEALTH – DISEASE

Budete brát dvě dražé
   před jídlem
   po jídle
   na lačný žaludek.

Deset kapek do trochu vody
   před spaním.
Před upotřebením zatřepat.
Třikrát denně jednu pilulku.
Tablety polykejte celé.
   Nekousejte.
Tato mast je k zevnímu
   upotřebení.
Tento lék je jen na lékařský
   předpis.

Lékař mi předepsal lék na
   utišení bolesti.
Ulevilo se vám po něm?

Take two tablets
   before meals
   after meals
   on an empty stomach.

Take ten drops with a little
   water before going to bed.
Shake before use.
Take a pill three times a day.
Swallow the whole tablets.
   Don't crush them.
This ointment is for external
   use only.
This medicine is only on
   prescription.

The doctor prescribed some
   medicine to relieve my pain.
Did it give you any relief?

---

ampulka
antibiotikum
bylina
   léčivé byliny
čípek
dezinfekce
dražé
gáza
   sterilní ~
heřmánek
injekce
inzulin
kapesníčky: papírové ~

kapky

ampoule [æmpu:l]
antibiotic [ˌæntibaiˈotik]
herb
   medicinal herbs
suppository [səˈpozitri]
disinfectant [ˌdisinˈfektənt]
tablet
(cotton) gauze [go:z]
   sterile [sterail] **~**
camomile [kæməmail]
injection [inˈdžekšn], *hov.* **shot**
insulin [insjulin]
hankies: Kleenexes [kli:neksiz],
   Amer. **paper napkins**
drops

ZDRAVÍ – NEMOC
HEALTH – DISEASE

kloktadlo	**gargle**
krém	**cream**
kysličník	**peroxide** [pəˈroksaid]
lahvička	**bottle**
lék	**medicine**
~ proti kašli	cough ~
pastilka proti kašli	cough drop
sirup proti kašli	cough mixture
brát ~	take a ~
lékárnička (první pomoci)	**medicine chest, first-aid kit**
líh	**spirits**
mast	**ointment**
náplast, leukoplast	**(stricking-)plaster,** Amer. **Band-Aid**
obinadlo (pružné), obvaz	**(elastic) bandage** [bændidž]
obklad	**compress**
dávat si studené obklady	apply cold compresses
odvar (z bylin)	**infusion,** hov. **herb(al) tea**
pastilka	**tablet**
penicilin	**penicillin** [ˌpenəˈsilin]
pilulka	**tablet**
polykat	**swallow** [swoləu]
prášek	**pill**
projímadlo	**laxative**
předpis, recept	**prescription** [priˈskripšn]
roztok	**solution** [səˈluːšn]
sirup	**syrup**
sterilní	**sterile**
suchar	**digestive biscuit**
tabletka	**tablet**
tampony	**pads (of cotton wool)**
tekutý	**liquid** [likwid]
účinný	**effective**
utišující prostředek	**sedative** [sedətiv]
vata	**cotton wool**
balíček vaty	packet of ~

ZDRAVÍ – NEMOC
HEALTH – DISEASE

vitamin

vložky (dámské)
voda
    borová ~
    destilovaná ~
zásyp

    dětský pudr
živočišné uhlí

vitamin [vitəmin, *Amer.* vaitəmin]
sanitary towels
water
    boric acid [æsid]
    distilled ~
talcum powder [ˌtælkəm ˈpaudə]
    baby powder
activated carbon

PŘÍRODA – ZEMĚDĚLSTVÍ
NATURE – AGRICULTURE

PŘEDPOVĚĎ POČASÍ | WEATHER REPORT

Jaká je předpověď počasí? | What's the weather report/ forecast?

Doufám, že pěkné počasí potrvá. | I hope the nice weather will keep up.
Bude změna počasí. | The weather's going to change./ There's going to be a change in the weather.

Podle předpovědi má pršet. | According to the weather forecast it'll rain.

Tlakoměr klesá/ stoupá. | The glass/ barometer is falling/ rising.

Je nízký/ vysoký tlak. | The pressure's low/ high.

JAK JE DNES VENKU? | WHAT'S IT LIKE OUTSIDE? WHAT'S THE WEATHER LIKE?

Je hezky. | It's nice.
Je teplo/ chladno. | It's warm/ chilly.
Je pod mrakem. | It's cloudy.
Vyjasňuje se. | It's clearing up.

Je **slunečno**. | It's sunny.
Slunce pálí. | The sun's very hot/ scorching.
Je dusno. | It's sultry/ *Amer.* humid.
Je sucho. | The weather's dry./ We're having a dry season.

Je strašné vedro. | It's awfully hot.

Přijde **bouřka**. | There's going to be a thunderstorm./ A storm's coming.

Zatahuje se. | It's getting cloudy.
Zablesklo se. | The lightning's flashed.
Hřmí a blýská se. | There's thunder and lightning.
Někde blízko uhodilo. | The lightning struck near here.

PŘÍRODA – ZEMĚDĚLSTVÍ
NATURE – AGRICULTURE

Fouká **vítr**.	It's windy./ The wind's blowing.
Zvedá se prach.	The dust's rising.
Odkud vane vítr?	Where's the wind blowing from?
Fouká čerstvý větřík.	It's breezy.
Vítr se utišil.	The wind's dropped.
Vypadá to na **déšť**.	It looks like rain.
Zmokneme.	We'll get wet.
Začíná pršet.	It's beginning to rain.
Prší.	It's raining.
Je liják.	It's pouring down.
Padají kroupy.	It's hailing.
Přestalo pršet.	It's stopped raining.
Promokli jsme na kůži.	We got drenched/ wet to the skin.
Pršelo celou noc.	It was raining all night.
Je **mlha**.	It's foggy.
Ocitli jsme se v mlze.	We found ourselves in a fog.
Je zataženo.	It's overcast.
Je zima.	It's cold.
Bude padat **sníh**.	It's going to snow.
Sněží.	It's snowing.
Napadlo mnoho sněhu.	There was a heavy snowfall.
Mrzne.	It's freezing.
Začíná obleva.	It's starting to thaw.

TEPLOTA | **TEMPERATURE**

Teplota se ve Velké Británii dosud často udává jak v Celsiově stupnici, označované **C** (= **Celsius, centigrade**), tak i v tradiční Fahrenheitově (**F**). Chcete-li převést Celsia na Fahrenheita, násobte číslo nejprve devíti, pak dělte pěti a odečtěte 32, např.

PŘÍRODA – ZEMĚDĚLSTVÍ
NATURE – AGRICULTURE

30 stupňů C = 86 stupňů F. Potřebujete-li změnit F na C, odečtěte 32, násobte pěti a dělte devíti. V USA se většinou užívá Fahrenheitova stupnice.

Kolik je stupňů?	What's the temperature?
Je 30 stupňů ve stínu/ na slunci.	It's thirty degrees (= 86 F) in the shade/ in the sun.
Je 10 stupňů pod nulou.	It's ten degrees below zero.
Je na nule.	It's zero.
Není ti zima?	Are you cold?
Je mi zima na nohy.	My feet are cold.
Mám zmrzlé ruce.	My hands feel frozen/ are numb with cold.
Třesu se zimou.	I'm shivering from cold.
Jaká je u vás průměrná teplota?	What's the annual average temperature in your country/ in this country?

PŘÍRODA
NATURE

V kolik hodin vychází slunce?	What time does the sun rise/ come up?
V kolik hodin zapadá slunce?	What time does the sun set/ go down?
Chceme se jít podívat na východ slunce.	We'd like to go and watch the sunrise.
Rozednívá se.	It's getting light.
Stmívá se.	It's getting dark.
Svítí hvězdy.	The stars are shining.
Která souhvězdí znáte?	What constellations do you know?

PŘÍRODA – ZEMĚDĚLSTVÍ
NATURE – AGRICULTURE

Malý vůz s Polárkou. — **The Little Bear with the North Star/ Pole Star.**

Svítí měsíc. — **The moon's shining.**
Dnes je úplněk. — **There's a full moon today.**
Měsíc dorůstá/ ubývá. — **The moon's waxing/ waning.**

Kam jedete letos na dovolenou? — **Where are you going for your holiday/ *Amer.* vacation this year?**

Jedeme na venkov. — **We're going to the country.**
Je tam koupání? — **Is there any bathing place?**
Je tam rybník koupaliště. — **There's a lake a swimming-bath.**
Je tam také les? — **Are there any woods?**
Chodíte na houby? — **Do you go mushrooming?**
Jsou tam hluboké lesy. — **There are forests stretching for miles.**

Máme tam chatu s malou zahrádkou. — **We've got a cottage there with a small garden.**
Co tam pěstujete? — **What do you grow there?**
Zeleninu a květiny. — **Vegetables and flowers.**
Je tam i několik ovocných stromů. — **There are also several fruit trees there.**

Jaké je to pohoří? — **What mountain range is it?**
Která je tu nejvyšší hora? — **Which is the highest mountain?**

Jak je vysoká? — **How high is it?**
Kde pramení tato řeka? — **Where does the river spring from?**

Jsou vaše řeky hodně znečištěné? — **Are the rivers badly polluted?**

Více nás trápí znečištěné ovzduší. — **We're more concerned about air pollution.**

PŘÍRODA – ZEMĚDĚLSTVÍ
NATURE – AGRICULTURE

V mnoha zemích zamořují ovzduší tepelné elektrárny.

In a lot of countries the fossil fuel power stations pollute the environment.

Jsou u vás jaderné elektrárny?

Are there any atomic power stations in your country/ in this country *(jste-li v té zemi)*?

Ochrana životního prostředí je velmi důležitá.

Protection of the environment is very important.

Zajímáte se o řešení ekologických problémů?

Are you interested in solving ecological problems?

Co si myslíte o výrobě jaderné energie?

What do you think about the generation of atomic energy?

∎

bažina — **marsh**
bláto — **mud**
břeh (řeky) — **bank**
břeh (moře) — **sea shore**
dráha: oběžná ~ — **orbit**
   uvést na oběžnou dráhu — **launch** [lo:nč] **into orbit**
družice — **satellite** [sætəlait]
duha — **rainbow** [reinbəu]
džungle — **jungle** [džaŋgl]
hmyz — **insect**
   blecha — **flea**
   brouk — **beetle**
   cvrček — **cricket**
   komár — **mosquito** [məˈski:təu]
   motýl — **butterfly**
   moucha — **fly**
   pavouk — **spider**
   včela — **bee**
   veš — **louse**, mn. č. **lice** [lais]
   vosa — **wasp** [wosp]
hora — **mountain** [mauntən]
hornatý — **mountainous** [mauntənəs]
hřeben (horský) — **a ridge of mountains**

PŘÍRODA – ZEMĚDĚLSTVÍ
NATURE – AGRICULTURE

hvězda	**star**
jeskyně	**cave**
jezero	**lake**
kometa	**comet** [komit]
kopec	**hill**
kosmický	**cosmic**
kosmická loď	**spaceship**
kosmonaut	**astronaut** [æstrəno:t]
krajina	**countryside** [kantrisaid]
květina *(viz str. 254)*	**flower**
lavina	**avalanche** [ævəla:nč]
ledovec	**iceberg** [aisbə:g]
les	**wood(s)** *(menší),* **forest** *(velký)*
lesnatý	**wooded** [wudid]
louka	**meadow** [medəu]
louže	**puddle** [padl]
měsíc	**moon**
přistání člověka na Měsíci	**the landing of man on the Moon**
moře *(viz str. 317–319)*	**sea**
mrak	**cloud**
nerost	**mineral**
nížina	**lowland**
obloha	**sky**
odliv	**low tide**
ochrana	**protection** [prəˈtekšn]
ostrov	**island** [ailənd]
ovzduší	**atmosphere** [ætməsfiə]
pahorek	**hill**
pevnina	**mainland**
planeta	**planet** [plænit]
Jupiter	**Jupiter** [džu:pitə]
Mars	**Mars** [ma:s]
Merkur	**Mercury** [mə:kjuri]
Neptun	**Neptune** [neptju:n]
Pluto	**Pluto** [plu:təu]
Saturn	**Saturn** [sætə:n]

PŘÍRODA – ZEMĚDĚLSTVÍ
NATURE – AGRICULTURE

   Uran   **Uranus** [juərənəs]
   Venuše   **Venus** [vi:nəs]
   Země   **the Earth** [ə:θ]
plod   fruit
pobřeží   coast, shore
počasí   weather
   proměnlivé ~   **changeable** [čeindžəbl] ~
podnebí   **climate** [klaimit]
   drsné ~   **rough** [raf] ~
   mírné ~   **mild/ temperate** ~
   přímořské ~   **oceanic** [ˌəuši'ænik] ~
   tropické ~   **tropical** ~
   vnitrozemské ~   **inland** ~
pohoří   **range of mountains**
pól (Země)   pole
   jižní ~   the South Pole
   severní ~   the North Pole
pole   **field** [fi:ld]
   na poli   **in the fields**
poledník   **meridian** [mə'ridiən]
poloostrov   **peninsula** [pə'ninsjulə]
potok   **brook**
poušť   **desert** [dezət]
pramen; pramenit   **spring (sprang, sprung)**
propast   gorge
prostředí   **environment** [in'vaiərənmənt]
   životní ~   the ~
protékat (městem)   **flow (through the town)**
proud   stream
průsmyk   **(mountain) pass**
příliv   high tide
přítok   **tributary** [tribjutəri]
pták   **bird**
   čáp   stork
   havran   rook
   holub   **pigeon** [pidžən]
   koroptev   **partridge**

PŘÍRODA – ZEMĚDĚLSTVÍ
NATURE – AGRICULTURE

kos	**blackbird**
orel	**eagle**
racek	**seagull** [si:gal]
slavík	**nightingale** [naitingeil]
sup	**vulture** [valčə]
vrabec	**sparrow** [spærəu]
raketa (kosmická)	**(space) rocket**
vypustit raketu	**launch** [lo:nč] **a rocket**
raketoplán	**space shuttle**
rezervace (přírodní)	**(nature) reserve**
rostlina	**plant**
rostlinstvo	**flora**
rovina	**plain** [plein]
rovník	**equator** [iˈkweitə]
rovnoběžka (Země)	**(the Earth's) parallel** [pærəlel]
ryba (viz str. 220)	**fish**
lovit ryby	**fish, angle** (na udici jako sport)
rybník	**lake**
řeka	**river**
skála	**rock**
skalnatý	**rocky**
slunce	**sun**
sopka	**volcano** [volˈkeinəu]
souhvězdí	**constellation** [ˌkonstəˈleišn]
souostroví	**isles** [ailz]
britské ~	**the British Isles**
soutok	**confluence**
strom	**tree**
ovocný ~	**fruit ~**
broskvoň	**peach ~**
hrušeň	**pear** [peə] **~**
jabloň	**apple ~**
třešeň	**cherry ~**
listnatý ~	**deciduous** [diˈsidjuəs] **~**
bříza	**birch**
buk	**beech**

PŘÍRODA – ZEMĚDĚLSTVÍ
NATURE – AGRICULTURE

dub	**oak** [əuk]
kaštan	**chestnut** ~
lípa	**lime** ~
topol	**poplar**
vavřín	**laurel** [lorəl]
vrba	**willow**
jehličnatý ~	**conifer** [konifə]
borovice	**pine**
cypřiš	**cyprus** [saiprəs]
jedle	**fir (tree)**
modřín	**larch**
smrk	**spruce** [spru:s]
svah	slope
svítání	dawn [do:n]
šelma	beast of prey
tlak (vzduchu)	atmospheric pressure [ˌæməsˌferik ˈprešə]
tok (vodní)	watercourse
tráva	grass
údolí	valley [væli]
úplněk	full moon
ústí (řeky)	estuary
venkov	the country [kantri]
vesmír	space
výzkum vesmíru	*space research* [riˈsə:č]
vesmírná stanice	*space station*
vinice	vineyard [vinjəd]
vlévat se do	flow into
vodopád	waterfall
vrchol	summit, top
na vrcholu hory	*on top of the mountain*
vrstva	layer [leiə]
ozonová ~	*ozone* [əuzəun] ~
výška	height [hait]
nadmořská ~	*altitude* [æltitju:d]
vzduch	air [eə]
čerstvý ~	*fresh ~*

PŘÍRODA – ZEMĚDĚLSTVÍ
NATURE – AGRICULTURE

špatný (v místnosti) ~ | **stuffy** [stafi] ~
znečištěný ~ | **polluted** [pəˈluːtid] ~
čištění vzduchu | **air-purification**
západ (slunce) | **sunset**
zatmění | **eclipse** [iːˈklips]
zeměkoule | **globe**
zemětřesení | **earthquake** [əːθkweik]
znečištění | **pollution** [pəˈluːšn]
zvíře (viz str. 220) | **animal**
   divoké ~ | **wild** [waild] ~
   domácí ~ | **domestic** [dəˈmestik] ~
zvířena | **fauna** [foːnə]
život | **life,** *mn. č* **lives** [laivz]

ZEMĚDĚLSTVÍ

FARMING

Pracujete v zemědělství už dlouho?
Have you been working in farming for a long time?

Byl nám vrácen statek po rodičích.
We got back the farm which we had inherited from our parents.

Kolik hektarů/ akrů polí máte?
(How large is the farm?) How many hectares/ *GB, USA* acres do you farm?

Jsou tu také pastviny.
There're also pastures.

Věnujeme se chovu dobytka.
We've taken up cattle farming./ We're farming beef cattle.

Mně by se líbil chov koní.
I'd like to breed horses.

Soustřeďujeme se na pěstování ekologických produktů.
We focus on the cultivation of ecological products.

Máte potřebné zemědělské stroje?
Have you got the necessary farm machinery?

Spolupracujeme s místním zemědělským družstvem.
We cooperate with the local collective farm.

PŘÍRODA – ZEMĚDĚLSTVÍ
NATURE – AGRICULTURE

Připravujeme se na agroturistiku.	**We're making preparations for organizing tours round the farms/ agrotourism.** ■
akr	**acre** [eikə] (*plošná míra užívaná v GB a USA; 1 acre = 4 050 m²*)
bob	**bean**
sójový ~	**soya ~**
brambora	**potato** [pəˈteitəu], *mn. č.* **potatoes**
býk	**bull** [bul]
cukrovka (řepa)	**sugar beet**
čekanka	**chicory** [čikəri]
česat (ovoce)	**pick (fruit)**
dobytek	**cattle**
hovězí ~	**beef ~**
dojit	**milk**
dojnice	**milk cow**
domácí	**domestic** [dəˈmestik]
drůbež (viz str. 220)	**poultry** [pəultri]
drůbežárna	**poultry farm**
družstvo	**cooperative** [kəuˈopərətiv]
zemědělské ~	**collective farm** [kəˈlektiv fa:m]
dřevo	**wood**
farma	**farm**
fík, fíkovník	**fig, fig tree**
hektar	**hectare** (*1 hectare = 2 471 acres = 10 000 m²*)
hmyz (viz str. 350)	**insect**
hnojit	**manure** [məˈnjuə], **fertilize** [fəːtəlaiz]
hnojivo	**manure, fertilizer** (*umělé*)

PŘÍRODA – ZEMĚDĚLSTVÍ
NATURE – AGRICULTURE

hnůj	**dung**
housenka	**caterpillar** [kætəpilə]
hrábě	**rake**
hrozen (vína)	**bunch of grapes**
chlév	**cowhouse, cowshed**
chmel	**hops**
chov	**breeding, farming**
~ dobytka	cattle breeding/ farming
~ koní	horse breeding
~ ovcí	sheep farming
~ včel	bee keeping
chovat (dobytek)	**breed (bred, bred), rear, farm (cattle)**
jatky	**slaughterhouse** [slo:təhaus]
ječmen	**barley**
jetel	**clover** [kləuvə]
kácet (stromy)	**fall (trees), cut down**
keř	**shrub** [šrab]
klas (ječmene)	**ear (of barley)**
kobyla	**mare** [meə]
kočka	**cat**
kohout	**cock**
kombajn (sklízecí)	**combine harvester**
konev (kropicí)	**watering can**
kořen	**root**
kosa	**scythe** [saiθ]
koza	**goat** [gəut]
kráva	**cow**
krmit	**feed (fed, fed)**
krmivo	**fodder**
kukuřice	**maize**, Amer. **corn**
kůlna	**tool-shed, garden shed**
kůň	**horse**
kurník	**henhouse**
květ(ina) (viz str. 254)	**flower**
polní ~	wild ~

PŘÍRODA – ZEMĚDĚLSTVÍ
NATURE – AGRICULTURE

len	flax
list	**leaf**, mn. č. **leaves** [li:vz]
lopata	**shovel** [šavl]
luštěnina (viz str. 221)	**pulse** [pals]
mák (rostlina)	**poppy**
(semeno)	**poppy seed**
med	**honey**
mlátit (obilí)	**thresh**
mlít; mlýn	**mill**
moruše (plod); morušovník	**mulberry** [malbəri]
motyka	**hoe** [həu]
obdělávat (půdu)	**cultivate, farm**
obilí, obilnina	**corn,** Amer. **grain**
okopávat	**hoe**
orat; pluh	**plough** [plau], Amer. **plow**
orba	**ploughing**
ořech: vlašský ~, ořešák	**walnut tree**
(plod)	**walnut**
ovce	**sheep,** mn. č. **sheep**
oves	**oats** [əuts]
ovoce (viz str. 215, 222)	**fruit** [fru:t]
ovocnářství	**fruit farming/ growing**
pastvina	**pasture** [pa:sčə]
pes	**dog**
pěstovat (rostliny)	**grow (grew, grown) (plants)**
pil(k)a	**saw** [so:]
plít	**weed, do the weeding**
plod	**fruit, product**
pluh	**plough** [plau], Amer. **plow**
pole	**field**
pracovat na poli	**work in the fields**
polní práce	**farm work**
porážet (dobytek)	**slaughter** [slo:tə]
pšenice	**wheat** [wi:t]
pták (viz str. 352)	**bird**
půda	**land, soil** (zemina)

PŘÍRODA – ZEMĚDĚLSTVÍ
NATURE – AGRICULTURE

rolník	**farmer**
rostlina	**plant**
roubovat	**graft**
rýč	**spade**
rýt	**dig (dug, dug)**
rýže	**rice** [rais]
řepa	**beet**
řepka	**rape**
sad	**orchard** [o:čəd]
sázet	**plant**
secí stroj	**sower, sowing machine**
sekačka	**reaper**
sekat (obilí)	**reap**
sekera	**axe** [æks]
sele	**piglet**
semeno	**seed**
seník	**hayloft**
seno	**hay**
senoseč	**haymaking**
setba	**sowing** [səuiŋ]
sít	**sow (sowed, sowed/ sown)**
skleník	**hothouse**
sklizeň; sklízet	**harvest**
sklizeň obilí	**corn ~**
skopec	**wether**
sláma	**straw** [stro:]
sója	**soya** [soiə]
srp	**sickle** [sikl]
stáj	**stable** [steibl]
statek	**farm**
strom (viz str. 353)	**tree**
škůdce	**pest**
tele	**calf**, mn. č. **calves**
traktor	**tractor**
tráva	**grass**
třtina: cukrová ~	**cane: sugar ~**

359

PŘÍRODA – ZEMĚDĚLSTVÍ
NATURE – AGRICULTURE

úl	**beehive** [bi:haiv]
úroda	**crop**
včela	**bee**
vepř	**pig**
vepřín	**pig farm**
vinná réva	**vine**
vinice	**vineyard** [vinjəd]
vinobraní	**vintage** [vintidž]
vůl	**ox**, mn. č. **oxen**
záhon	**flowerbed**
zahrada	**garden**
na zahradě	**in the ~**
zajíc	**hare** [heə]
zalévat	**water**
zavlažovat	**irrigate, water**
zavodňování	**irrigation**
zelenina (viz str. 221)	**vegetables** (zpravidla mn. č.)
zemědělec	**farmer**
zemědělský	**farm, agricultural**
agrotechnik	**agricultural engineer**
zemědělské výrobky	**farm produce**
zralý	**ripe**
zrát	**ripen**
zvadnout	**wither** [wiðə]
zvěř (viz str. 220)	**big game**
lovná ~	**game animals**
vysoká ~	**deer**
žací stroj	**mower**
žito	**rye** [rai]
žně	**harvest (time)**

VEŘEJNÝ ŽIVOT
PUBLIC LIFE

STÁT | **THE STATE**

Británie je parlamentní demokracie. Má sice v čele panovníka – **Queen Elizabeth II**, ale ve skutečnosti hlavní politickou institucí v zemi je parlament. Anglický parlament se skládá z Dolní sněmovny – **the House of Commons**, která má 650 členů – **Members of Parliament, MPs**, a ze Sněmovny lordů – **the House of Lords**. Volby se konají každých pět let. Ve vládě se střídají dvě nejsilnější politické strany: konzervativní – **the Conservative Party** – a labouristická – **Labour Party**. Spojené království Velké Británie a Severního Irska – **the United Kingdom of Great Britain and Northern Ireland, UK** – se skládá ze čtyř zemí – Anglie – **England**, Skotska – **Scotland**, Walesu – **Wales** [weilz] – a Severního Irska – **Northern Ireland**. Rozlohou je přibližně třikrát větší než naše republika a má 59 milionů obyvatel.

Česká republika – **the Czech Republic** [ˌček riˈpablik]), v jejímž čele je prezident – **the President,** volený na pět let, vznikla 1. ledna 1993. Parlament má dvě komory: Poslaneckou sněmovnu – **the Chamber of Deputies** [čeimbər əv ˈdepjutiz] – a Senát – **the Senate** [senət]. Česká republika se skládá z Čech – **Bohemia** [bəuˈhiːmiə], Moravy – **Moravia** [məˈreiviə]) – a Slezska – **Silesia** [saiˈliːziə].

Spojené státy americké – **the United States of America** – vznikly 4. července 1776 z bývalých britských kolonií. Je to demokratický federální stát v čele s prezidentem, voleným na 4 roky. Federaci tvoří 51 států. Kongres – **the Congress** – se skládá ze Sněmovny reprezentantů – **The House of Representatives** – a Senátu – **the Senate**. Sněmovna reprezentantů má 435 členů – **Congressmen** – a senát 100 členů – **Senators**, dva z každého státu.

Odkdy existuje Česká republika?
Od 1. ledna 1993.

| **When was the Czech Republic established?**
On 1st January 1993.

VEŘEJNÝ ŽIVOT
PUBLIC LIFE

Vznikla po rozdělení Československa na dva samostatné státy.	It was established after the splitting of former Czechoslovakia in two independent states.
Máte užší styky se Slovenskem než s ostatními sousedními zeměmi?	Are your contacts with Slovakia closer than with the other neighbouring countries?
Jak se jmenuje váš prezident?	What's your president's name?
Kdo je předsedou vlády?	Who's the Prime Minister?
Které politické strany tvoří vládu?	What political parties form the cabinet/ government?
Kdy budou v Anglii příští volby do parlamentu?	When will the next general election be held in England?
Která strana podle vás získá největší počet hlasů?	Which party, do you think, will win most votes?
Jaké jsou cíle vaší zahraniční politiky?	What are the goals of your foreign policy?
Co si myslíte o Evropské unii a o NATO?	What do you think of the European Union and (the) NATO?

CÍRKEV | CHURCH

Které náboženství je u vás nejrozšířenější?	Which is the most widespread religion in your country?
Nejvíce je katolíků.	Roman Catholics are the most numerous.
Podle posledního sčítání (lidu) je jich v naší zemi 39 procent.	According to the latest census there are 39 per cent of Catholics in this country.
Chodí hodně věřících do kostela?	Do many believers go to church?

VEŘEJNÝ ŽIVOT
PUBLIC LIFE

Jsou u vás také protestanti?	Are there protestants in your country as well?
Ano, říkají si čeští/ moravští bratři.	Yes, they're called Moravian Brethern.
Vedle protestantských církví existují i různé sekty.	Apart from the protestant churches there are also various sects.
Je tu poměrně početná židovská komunita.	There's quite a large Jewish community.
Je ve vašem městě synagoga nebo mešita?	Is there a synagogue or mosque in town?
Ráda bych šla na večerní mši.	I'd like to go to evening mass.
Můžete mi poradit, do kterého kostela bych mohla jít?	Can you advise me what church to go to?

SOCIÁLNÍ PROBLÉMY
SOCIAL PROBLEMS

Máte velké sociální problémy?	Are there any major social problems?
Jsou starobní důchody valorizovány?	Are old-age pensions valorized?
Jsou u vás časté stávky?	Do you often have strikes?
Nedávno stávkovali železničáři.	The railway men have recently gone on strike.
Jak velká je u vás nezaměstnanost?	What's the unemployment rate in this country?
Je poměrně nízká.	It's rather low.
Kolik máte procent nezaměstnaných?	How many per cent of jobless/ *Amer.* unemployed are there?
Jak dlouho pobírají podporu v nezaměstnanosti?	How long do they get unemployment benefit?
Chodí mladí lidé pracovat do zahraničí?	Do young people go to work abroad?

VEŘEJNÝ ŽIVOT
PUBLIC LIFE

Jaký je příliv cizinců do vaší země?	What's the immigration rate in your country?/ How many immigrants come to your country per year?
Je u vás hodně drogově závislých/ narkomanů?	Are there many drug addicts?
Jaká opatření děláte proti šíření drog?	What measures do you take against drug trafficking?
Kolik lidí je postiženo AIDS?	How many people are afflicted by AIDS?
Existuje ve vašich školách sexuální výchova?	Is there sex education in your schools?
Děláte něco pro tělesně postižené?	What do you do for the physically handicapped?
Existují u vás bezbariérové domy?	Are there any special homes for the physically handicapped?

ARMÁDA
ARMY

Armáda u nás není ve velké oblibě.	The army isn't very popular in this country.
Jak dlouho trvá povinná vojenská služba?	How long is compulsory military service?
Mnoho chlapců nemá zájem naučit se zacházet se zbraněmi.	A lot of boys have no interest in how to handle guns/ arms.
Místo vojenské služby vykonávají raději civilní službu.	They prefer community services to military service.
Mohou si také u vás branci vybrat mezi vojenskou a civilní službou?	Can recruits also choose between military and community service in your country?

VEŘEJNÝ ŽIVOT
PUBLIC LIFE

KRIMINALITA

Kriminalita u nás stoupá/ klesá.

Jak funguje vaše policie?
Daří se jí účinně zasahovat proti kriminálním živlům?
Mezi policisty je mnoho mladých (mužů).
Doufejme, že budou schopni úspěšně bojovat proti organizovanému zločinu.
Existuje u vás trest smrti?

Ne, byl zrušen.

ZTRÁTA – KRÁDEŽ – OZNÁMENÍ POLICII

Pomóóc!
Co se děje?

Byla jsem přepadena a okradena.
Ukradli mi kabelku.
Kde je nejbližší policejní stanice?
Chci ohlásit krádež.

Co všechno vám ukradli?
Jakou hodnotu měly ukradené věci?
Viděla jste pachatele?

Můžete ho popsat?

CRIMINALITY

Criminality in this country is increasing/ dropping.

How are the police organized?
Are they successful in their action against criminals?
There are many young men in the police force.
Let's hope they will be able to succeed in their fight against organized crime.
Does the death penalty exist in your country?
No, it was abolished.

LOSS – THEFT – REPORTING TO THE POLICE

Help! Help!
What's the matter?/ What's going on?
I've been mugged.

My handbag was stolen.
Where's the nearest police station?
I want to report a robbery/ theft.

What was stolen?
What's the value of the stolen articles?
Did you see the offender/ thief/ culprit?
Can you describe him?

VEŘEJNÝ ŽIVOT
PUBLIC LIFE

Byl jsem na trhu a ztratila se mi náprsní taška.	I was at the market and I lost my wallet.
Sepíšeme oznámení krádeže/ protokol o krádeži.	We'll write a report about the theft.
Kde a kdy jste ztrátu zjistil?	When and where did you become aware of the loss?
Měl jste tam kromě peněz i nějaké doklady?	Were there also any papers/ documents besides money?
Ano, pas a řidičský průkaz.	Yes, there was my passport and my driving licence/ *Amer.* driver's license.
Vloupali se nám do auta a odcizili autorádio, videokameru, fotoaparát a dvě bundy.	Our car was broken into and the car radio, video camera and two jackets were stolen.
V noci nám zmizelo auto, které bylo zaparkováno před hotelem.	Our car, which was parked in front of the hotel, disappeared at night.
Potřebuji kopii tohoto protokolu pro pojišťovnu.	I need a copy of the police report for my insurance company.

■

aliance	**alliance** [əˈlaiəns]
arcibiskup	**archbishop** [a:čˈbišəp]
armáda	**army**
biskup	**bishop**
car	**tzar**
církev	**church**
císař	**emperor**
císařství	**empire** [empaiə]
daň	**tax**
debata	**debate** [diˈbeit]
debatovat o čem	**discuss sth**
demise	**resignation** [ˌrezigˈneišn]
podat demisi	**resign** [riˈzain], **hand in ~**

VEŘEJNÝ ŽIVOT
PUBLIC LIFE

demokracie	**democracy** [di'mokrəsi]
demokrat	**democrat** [deməkræt]
demokratický	**democratic** [,demə'krætik]
demonstrace	**rally** [ræli], **protest meeting**
diktátor	**dictator** [dik'teitə]
diktatura	**dictatorship** [dik'teitəšip]
diplomat	**diplomat** [dipləmæt]
diplomatický sbor	**diplomatic corps** [,diplə'mætik ko:]
dohoda	**agreement** [ə'gri:mənt]
uzavřít dohodu	**make an agreement**
důchod: národní ~	**national product**
fašismus	**fascism** [fæšizəm]
fašista	**fascist** [fæšist]
federace	**federation**
finance	**finance** [fai'næns]
hlas (volební)	**vote**
hlasování	**voting**
tajné ~	**~ by ballot**
zdržet se ~	**abstain from ~**
hlasovat	**vote**
hlava státu	**head of the state**
hospodářství	**economy** [i'konəmi]
tržní ~	**market ~**
kancléř	**chancellor** [ča:nsələ]
kapitalistický	**capitalist**
kardinál	**cardinal**
komunistický	**communist**
konference	**conference**
tisková ~	**press ~**
konzul	**consul** [konsl]
konzulát	**consulate** [konsjulit]
kraj	**region** [ri:džn]
krajan	**countryman**
král	**king**
královna	**queen**

VEŘEJNÝ ŽIVOT
PUBLIC LIFE

královský	**royal** [roiəl]
království	**kingdom**
krize: hospodářská	**depression** [di'prešn], **economic crisis** [ˌiːkəˌnomik 'kraisis]
vládní ~	**cabinet crisis**
levice	**left wing**
krajní ~	**the extreme left**
menšina	**minority**
minimum: životní ~	**subsistence** [səb'sistəns] **level**
ministerstvo	**ministry** (v ČR), **department** (v GB, USA)
~ dopravy	**the Ministry of Transport** (v ČR), **the Department of Transportation** (v GB, USA)
~ financí	**the Ministry of Finance**
~ obchodu a průmyslu	**the Ministry of Trade and Industry** (v ČR), **Board of Trade** (v GB), **the Department of Trade** (v USA)
~ obrany	**the Ministry of Defence**
~ práce a sociálních věcí	**the Ministry of Labour and Social Affairs**
~ spravedlnosti	**the Ministry of Justice**
~ školství	**the Ministry of Education, the Education Department** (v GB, USA)
~ vnitra	**the Ministry of the Interior, Home Office** (v GB), **the Department of the Interior** (v USA)
~ zahraničních věcí	**the Ministry of Foreign Affairs, Foreign Office** (v GB), **the State Department** (v USA)

VEŘEJNÝ ŽIVOT
PUBLIC LIFE

~ zdravotnictví	**the Ministry of Health, the Department of Health and Human Services** *(v USA)*
~ zemědělství	**the Ministry of Agriculture**
ministr	**minister, secretary** *(v GB, USA)*
ministr zahraničí USA	**Secretary of State**
mír	**peace**
mluvčí	**spokesman**
moc	**power**
soudní ~	**jurisdiction** [ˌjuərisˈdikšn]
výkonná ~	**executice** [ikˈzekjutiv] ~
zákonodárná ~	**legislative** [ledžisləˈtiv] ~
monarchie	**monarchy** [monəki]
náklady	**cost**
životní ~	**the ~ of living**
národní, celostátní	**national**
národnost	**nationality** [ˌnæšəˈnæliti]
nařízení	**regulation** [ˌregjuˈleišn]
návrh	**proposal** [prəˈpəuzl]
nezaměstnanost	**unemployment** [ˌanimˈploimənt]
nezávislost	**independence** [ˌindiˈpendəns]
občan	**citizen**
občanský	**civic** [sivik]
občanství	**citizenship** [sitiznšip]
obec	**community** [kəˈmju:nəti]
obecní	**municipal** [mjuˈnisipl]
obvod	**district**
obyvatelstvo	**inhabitants** [inˈhæbitənts]
odzbrojení	**disarmament** [disˈa:məmənt]
okres	**district**
opozice	**opposition** [ˌopəˈzišn]
organizace	**organization** [ˌo:gənaiˈzešn]
OSN (= Organizace spojených národů)	**UN** (= United Nations)

VEŘEJNÝ ŽIVOT
PUBLIC LIFE

papež	**pope**
parlament	**parliament**
rozpustit ~	**dissolve** [diˈzolv] ~
parlamentní	**parliamentary** [ˌpaːləˈmentəri]
politický	**political** [pəˈlitikl]
politik	**politician** [ˌpoləˈtišn],
	statesman, mn. č. **statesmen**
politika	**policy**
poslanec	**deputy** [depjuti]
poslanecká sněmovna	**the House/ Chamber of**
	Deputies
povstání	**uprising**
pravice	**right wing**
právo	**law**
hlasovací ~	**the vote, the right to vote**
stanné ~	**martial** [maːšl] **law**
lidská práva	**human rights**
premiér	**premier** [premiə]**, the Prime**
	Minister
prezident republiky	**the President of the republic**
privatizace	**privatization** [ˌpraivətaiˈzeišn]
kuponová ~	**voucher** [vaučə] ~
předseda, předsedkyně	**chairman**
ministerský předseda,	**the Prime Minister**
předseda vlády	
přidělenec	**attaché** [əˈtæšei]
kulturní ~	**cultural** ~
obchodní ~	**commercial** ~
vojenský ~	**military** ~
rada (městská)	**council (municipal)**
radnice	**town hall,** Amer. **city hall**
rozpočet	**budget** [badžit]
schválit ~	**approve the** ~
senát	**senate** [senət]
senátor	**senator** [senətə]
shromáždění	**gathering** [gæðəriŋ]

VEŘEJNÝ ŽIVOT
PUBLIC LIFE

schůze	**meeting**
smlouva	**contract**
podepsat ~	**sign** [sain] **the ~**
ratifikovat ~	**ratify** [rætifai] **~**
uzavřít ~	**make ~, sign ~**
socialistický	**socialist** [səušəlist]
soud	**court (of law), lawcourt**
soudit	**judge** [džadž]
soukromý	**private** [praivit]
správa	**administration** [əd͵miniˈstreišn]
starosta	**mayor** [meə]
stát	**state**
státník	**statesman,** mn. č. **statesmen**
stávka	**strike**
strana (politická)	**party**
styky	**contacts, relations**
diplomatické ~	**diplomatic relations**
obchodní ~	**business contacts**
kulturní ~	**cultural contacts**
navázat ~	**establish contact**
přerušit ~	**break a contact**
svoboda	**freedom**
tajemník	**secretary**
tisk	**press**
trh	**market**
událost	**event** [iˈvent]
úroveň: životní ~	**standard of living**
úřady (úřední místa)	**authorities** [oːˈθorətiz]
místní úřady (v GB)	**local ~**
ústava	**constitution** [͵konstiˈtjuːšn]
ústavní	**constitutional**
válka	**war** [woː]
vedoucí pracovník	**(chief) executive** [igˈzekjutiv]
velvyslanec	**ambassador** [amˈbæsədə]
velvyslanectví	**embassy**
veřejný	**public**

VEŘEJNÝ ŽIVOT
PUBLIC LIFE

většina — **majority**
   nadpoloviční ~ —   **absolute ~, over fifty per cent**

vláda — **the Government** [gavənmənt]
   pověřen sestavením vlády —   **authorized to form ~**
volby (všeobecné) — **(general) election**
volič — **elector** [iˈlektə]
volit — **vote**
vrah — **murderer** [məːdərə]
vražda — **murder**
výbor — **committee** [kəˈmiti]
zákon — **the law**
   ~ vstupuje v platnost —   **~ ~ comes into effect**
zákoník — **code of law**
   občanský ~ —   **Civil Code**
   obchodní ~ —   **commercial ~**
   trestní ~ —   **criminal/ penal ~**
zákonodárný — **legislative** [ledžislətiv]
zaměstnanec — **employee** [imˈploiiː]
   státní ~ —   **civil servant**
zasedání — **session** [sešn]
zloděj — **thief**, mn. č. **thieves**
zvolen — **elected**
   ~ většinou hlasů —   **~ by majority vote**
   ~ všemi hlasy —   **~ unanimously** [juːˈnænimǝsli]

zvýšení mezd/ platů — **rise in wages, pay increase** [inkriːs], Amer. **raise**

OBCHOD – EKONOMIE
BUSINESS – ECONOMICS

OBCHODNÍ JEDNÁNÍ | BUSINESS DEALS

Dovolte mi, abych se představil: jsem George Williamson, zástupce společnosti Export-Import.
Těší mě, že vás poznávám osobně.
Posaďte se.
Právě včera nám došel váš fax, takže jsem informován o předmětu vaší návštěvy.

Můžete mi ukázat vaši novou kolekci vzorků?
Prohlédněte si náš nejnovější katalog.
Naše ceny jsou stejné jako v loňském roce.
Jaká je vaše dodací lhůta?
Abychom vyhověli vašim požadavkům, zkrátili jsme dodací lhůtu na jeden měsíc.
Jaké jsou vaše platební podmínky?
Žádáme placení akreditivem, otevřeným u Obchodní banky.
Prodáváme obvykle proti zaplacení ihned po dodání zboží.

Vaši konkurenti nabízejí nižší ceny a kratší dodací lhůty.

Allow me to introduce myself. I'm George Williamson, representative of the Import-Export Company.
Pleased to meet you.

Sit down, please.
We received your fax yesterday so I'm informed about the purpose of your visit.
Can you show me your new collection of samples?
Have a look at our latest catalogue.
Our prices are the same as last year.
What are the delivery terms?
To meet your demands we have shortened the term of delivery to a month.
What are your conditions of payment?
Payment should be effected by a letter of credit, open at the Commercial bank.
We usually sell our goods by payment effected immediately after the delivery.

Your competitors offer lower prices and faster delivery terms.

OBCHOD – EKONOMIE
BUSINESS – ECONOMICS

Mohli byste snížit ceny?	**Could you cut the prices?**
V případě, že byste odebrali větší množství, mohli bychom uvažovat o slevě 20 %.	**If you ordered/ In case you ordered a larger number, we might consider a discount of 20 per cent.**
O jaké množství by se jednalo?	**What amount would be convenient?**
Informoval jste se o výrobních možnostech té firmy?	**Have you obtained any information about the production possibilities of the firm?**
Bohužel vám nemohou vyhovět, protože výrobní kapacita jejich továrny je kryta objednávkami až do počátku příštího roku.	**I'm afraid I can't meet your demands because the orders cover the capacity of the factory until the beginning of next year.**
Jaké výrobky vyváží vaše společnost?	**What products does the company export?**

OBCHODNÍ KORESPONDENCE
BUSINESS CORRESPONDENCE

Obdrželi jsme Váš dopis ze dne 20. 9. a sdělujeme Vám, že…	**We have received your letter of 20th September and inform you that…**
V odpověď na Váš fax z 15. t. m. vás žádáme, abyste prodloužili platnost svého akreditivu o 14 dní.	**In reply to your fax of 15th of cm (= current month) we ask you to prolong the validity of your letter of credit by a fortnight.**
Odvoláváme se na náš včerejší telefonický rozhovor.	**We refer to our yesterday's telephone call.**
Těšilo by nás, kdybyste se s námi spojili, abychom mohli…	**We would like you to contact us to be able to…**

OBCHOD – EKONOMIE
BUSINESS – ECONOMICS

Doufáme, že budete moci odeslat zboží, jakmile dostanete tuto objednávku, a prosíme, abyste nás o datu dodávky zpravili faxem.

We hope that you will be able to dispatch the goods as soon as you receive this order and ask you to let us know about the delivery date by fax.

Potvrzujeme obsah dnešního faxu, ve kterém jsme vám sdělili, že Vámi avizovaná úhrada dosud nedošla.
V příloze Vám zasíláme…
Velmi litujeme, že kvalita zaslaných výrobků dala podnět k reklamaci.

We confirm the contents of today's fax informing you that the refund you have notified has not arrived yet.
We are enclosing…
We regret that the quality of the products delivered gave you cause to demand a refund.

Přijměte, prosím, naši omluvu a srdečně Vás zdravíme.
Děkujeme za pochopení.

Please accept our apology. With our best regards,
Thank you for your cooperation.

Děkujeme vám předem a zdravíme Vás…
Očekáváme Vaše objednávky a uctivě Vás zdravíme.
Přijměte naše srdečné pozdravy.
S úctou

Thanking you in advance, with our regards…
Awaiting your orders, we are sending you our best regards.
With our kind regards,
Yours faithfully

Příloha
Na vědomí
(Viz Pošta str. 264)

Enclosure [inˈkləužə]
To your attention

U NOTÁŘE

AT THE NOTARY

Potřeboval bych napsat plnou moc pro pana O'Briana.
Vy jste jeho klient?

I need to give Mr O'Brian power of attorney.
Are you his client?

OBCHOD – EKONOMIE
BUSINESS – ECONOMICS

Ano, chci ho pověřit, aby mě zastupoval na valné hromadě naší společnosti.	Yes, I'd like to authorize him to represent me at the shareholders' meeting of our company.
Řekněte mi, prosím, příslušné údaje.	Will you please give me the necessary data?
Můžete mi ověřit fotokopii tohoto potvrzení výpisu z obchodního rejstříku mého rodného listu?	Can you authenticate the photocopy of this legal document from the commercial register of my birth certificate?
Kdy můžeme sepsat kupní smlouvu?	When can we draw up the deed?
Jaký je předmět smlouvy?	What's the subject of the contract?
Jde o prodej nemovitosti.	It's a property sale.
O ceně jsme se již dohodli.	The price has already been agreed on.
Zdědil jsem ten dům po rodičích.	I've inherited the house from my parents.

INFORMATIKA | COMPUTER SCIENCE

Máte doma počítač?	Have you got a computer/ PC at home?
S jak velkou pamětí, s jak velkým diskem?	How large is the memory and the disc?
Jaký máte monitor? Jaký procesor?	What monitor have you got? What processor?
Pracuji s textovým/ tabulkovým procesorem.	I'm working with the word/ table processor.
Mám zajímavé programy na CD-ROMech.	I've got some interesting programmes on CD-ROMs.
Který textový editor používáte?	What word editor do you use?
Nemáte strach z virů?	Are you afraid of viruses?

OBCHOD – EKONOMIE
BUSINESS – ECONOMICS

Používám antivirový program.	I'm using an antivirus programme.
Máte v kanceláři počítačovou síť?	Is there a computer network in your office?
Spojení máme přes modem.	There's a connection via a modem.
Jste napojeni na Internet?	Are you connected to the Internet?
Ukládáte si na disketu vše, co napíšete?	Do you save everything you write on a diskette?
Zálohuji všechna důležitá data.	I store all the important data on diskette/ floppy disc.
Jak otevřu tento soubor?	How do I open this document?
Musíte kliknout myší.	You have to click the mouse.
Zmáčkněte Enter.	Press Enter.
Potřebovala bych zkopírovat něco z této diskety.	I need to copy something from this diskette.
Ale musíte nejprve novou disketu zformátovat.	But first you must format the new diskette.
Tato disketa je zajištěná proti zápisu.	This diskette is ensured against input/ receiving data.
Můžete mi vytisknout tuto stránku?	Can you print this page for me, please?
Máte laserovou tiskárnu?	Have you got a laser printer?
Mám jenom jehličkovou tiskárnu.	I've only got a jet printer.
Musím si koupit novou klávesnici.	I must buy a new keyboard.
Jakou máte zvukovou kartu?	What sound card have you got?

OBCHOD – EKONOMIE
BUSINESS – ECONOMICS

akcie — **share**
akcionář — **shareholder**
akciová společnost — **corporation company**
akreditiv — **letter of credit**
   neodvolatelný ~ —   **irrevocable** [iˈrevəkəbl] **~**
balení — **packaging**
bankrot — **bankruptcy**
   udělat ~ —   **go bankrupt**
   být na mizině —   **be broke** hov.
běžný — **current** [karənt]
bilance — **balance**
cena — **price**
   maloobchodní ~ —   **retail ~**
   ceny stoupají —   **prices are rising/ going up**
   ceny klesají —   **prices are falling/ going down**
   zvýšit/ snížit cenu —   **raise/ cut the price**
   kupní ~ —   **purchase** [pəːčəs] **~**
   velkoobchodní ~ —   **wholesale ~**
   výrobní ~ —   **cost ~**
ceník — **pricelist**
clo — **customs**
částka — **amount** [əˈmaunt]
činnost — **activity**
   vyvíjet ~ —   **perform ~**
čistý (zisk) — **net (profit)**
daň — **tax**
   darovací ~ —   **gift ~**
   dědická ~ —   **inheritance ~**
   ~ z nemovitosti —   **property ~**
   ~ z převodu majetku —   **property transfer ~**
   ~ z přidané hodnoty, DPH —   **value added ~, VAT**
   ~ z příjmu —   **income ~**
   silniční ~ —   **road ~**
data (údaje) — **data**
disketa — **diskette** [disˈket], **floppy disk**

OBCHOD – EKONOMIE
BUSINESS – ECONOMICS

dividenda — **dividend**
dlouhodobý — **long-term**
dluh — **debt** [det]
dodávat — **deliver** [di'livə]
dodací list — **delivery note**
dodavatel — **supplier**
dodávka (zboží) — **delivery**
dohoda — **agreement** [ə'gri:mənt]
doklad — **certificate** [sə'tifikət]
   vydat ~ — **issue** [išu:] ~
doprava — **transport** [træn'spo:t], Amer. **transportation**
dovoz — **import**
dražba — **auction** [o:kšn]
   koupit/ prodat v dražbě — **buy/ sell at ~**
družstvo — **cooperative** [kəu'opərətiv]
expert — **expert**
faktura — **invoice**
   proplatit fakturu — **pay/ settle an ~**
   vystavit ~ — **make out an ~**
fakturovat komu co — **invoice sb for sth**
filiálka — **branch**
financování — **financing** [fai'nænsiŋ]
finanční — **financial** [fai'nænšl]
   ~ úřad — **tax office, the Revenue Office** [,revənju: 'ofis] (v GB)

firma — **firm**
hodnota — **value** [vælju:]
hospodářský — **economic** [,i:kə'nomik]
hotově (platit), v hotovosti — **(pay) (in) cash**
hypotéka — **mortgage** [mo:gidž]
inflace — **inflation** [in'fleišn]
inventář — **inventory**
inventura — **stocktaking**
investice — **investment** [in'vestmənt]

OBCHOD – EKONOMIE
BUSINESS – ECONOMICS

investovat	**invest** [inˈvest]
inzerát	**advertisement** [ədˈvəːtismənt]
jakost	**quality** [kwoliti]
dobrá ~	***good/ high ~***
špatná ~	***bad/ poor ~***
jednání	**proceedings** [prəˈsiːdiŋz]
jednatel	**director**
jmění (základní), kapitál	**capital**
kancelář	**office**
advokátní ~	***lawyer's*** [loːjəz] ~
realitní ~	***real estate*** [ˈriəl iˌsteit] ~
kolek	**revenue stamp**
komerční	**commerical** [kəˈməːšl]
komise, výbor	**commission** [kəˈmišn]
revizní ~	***auditing ~***
komora: obchodní ~	**Chamber** [čeimbə] **of Commerce**
konkurence	**competition** [ˌkompəˈtišn]
konkurovat komu	**be in ~ with sb**
kontrola	**check**
koupě	**purchase** [pəːčəs]
koupit	**buy (bought, bought)**
~ za hotové	***~ by/ for cash***
~ co z druhé ruky	***~ sth second hand***
~ co levně	***~ sth cheap***
kupující	**buyer** [baiə]
lhůta	**term**
dodací ~	***~ of delivery***
prodloužit lhůtu	***prolong the ~***
limit	**limit**
překročit ~	***exceed*** [ikˈsiːd] **the ~**
loděnice	**dockyard** [dokjaːd]
majetek	**property**
nemovitý ~	***land and buildings, real estate***
majitel	**owner** [əunə]

OBCHOD – EKONOMIE
BUSINESS – ECONOMICS

množství — **amount** [əˈmaunt]
moc — **power** [pauə]
   plná ~ —   ~ **of attorney**
nabídka; nabídnout — **offer**
nájem — **leasing** [liːsiŋ]
náklady (výrobní) — **costs**
nákladní list — **freight bill** [freit]
   (lodní) —   **bill of lading**
nákup — **purchase** [pəˈčəs]
nalodit — **embark** [imˈbaːk]
naložit — **load** [ləud]
návrh — **proposal** [prəˈpəuzl]
nemovitost — **real estate** [ˈriəl iˌsteit]
obal — **packaging** [pækidžiŋ]
obchod — **business**
   (prodejna) —   **shop,** Amer. **store**
   (obchodní transakce) —   **business deal**
   obchodovat s kým —   **do business with sb**
   uzavřít obchodní dohodu —   **conclude a trade agreement**
obchodní (čtvrť) — **business (district)**
obchodník — **businessman,** mn. č. **businessmen**
objednat; objednávka — **order**
   podat objednávku —   **place an ~**
   zrušit ~ —   **cancel an ~**
   vyřídit ~ —   **carry out an ~**
obrat — **turnover** [təːnəuvə]
obsahovat — **contain** [kənˈtein]
odbyt — **sales, market**
odpovědnost — **responsibility** [riˌsponsəˈbiləti]
odškodnění — **damages** [dæmidžiz]
  (jen mn. č.)
opis — **copy**
oprávnění — **authorization** [ˌɔːθəraiˈzeišn]
osoba — **person**
   fyzická/ právnická ~ —   **natural** [næčərl]/ **legal ~**

OBCHOD – EKONOMIE
BUSINESS – ECONOMICS

ověřit | **verify**
   (listinu) | **certify**
   ověřený podpis | **certified signature**
papír: cenné papíry | **securities**
patent | **patent** [peitənt]
placení, platba | **payment**
platit | **pay (paid, paid)**
platnost | **validity**
   vstoupit v ~ | **come into effect**
platný | **valid**
počet | **number**
počítač | **computer**
počítat | **calculate**
podepsat | **sign** [sain]
podíl (účastnický) | **share**
podmínka | **condition, terms**
   prodejní podmínky | **terms of sale**
   stanovit podmínky | **fix the terms**
podnik (firma, závod) | **enterprise, business, establishment**
   stavební ~ | **construction business**
   (závod) | **plant, works**
podnikatel | **entrepreneur** [ˌo:ntrəprəˈnə:]
podpis | **signature** [signičə]
pojistit | **insure** [inˈšuə]
pojištění | **insurance**
pokladna (instituce) | **treasury** [trežəri]
poplatek | **charge, fee, payment**
poptávka | **demand**
poslat | **send (sent, sent)**
postup | **procedure** [prəˈsi:džə], **method** [meθəd]
   (výrobní) | **technique** [tekˈni:k]
potvrdit | **confirm** [kənˈfə:m]
   (úředně) | **certify** [səˈtifai]
potvrzení (úřední) | **certificate** [səˈtifikət]

OBCHOD – EKONOMIE
BUSINESS – ECONOMICS

~ o zaplacení	**receipt** [riˈsiːt] **(of payment)**
proclít co	**clear sth through the customs**
prodávat	**sell (sold, sold)**
~ na úvěr	**~ on credit**
prodej	**sale**
~ ve velkém/ v malém	**wholesale** [həulseil]**/ retail** [riːteil]
výhradní ~	**exclusive** [ikˈskluːsiv] **~**
produkt	**product**
hrubý národní ~	**gross** [grəus] **national product**
produktivita práce	**productivity** [ˌprodakˈtivəti] **of labour**
pronájem	**rental, leasing, hire**
~ auta	**car hire service**
protokol	**proceedings**
sepsat ~	**write down ~**
provize	**commission** [kəˈmišn]
průmysl	**industry**
chemický ~	**chemical** [kemikl] **~**
textilní ~	**textile ~**
strojírenský ~	**machine ~**
předpisy	**regulations**
přepravce	**dispatch service** [diˈspæč səːvis]
příjem (zboží)	**receipt** [riˈsiːt]
příjmy/ vydání	**receipts/ expenses**
příkaz	**order**
přiložit	**enclose**
půjčka	**loan**
původ	**origin**
rada	**council** [kaunsl]**, board**
správní ~	**board of directors**
dozorčí ~	**supervisory board** [s(j)uːpəvaizəri]
razítko s datem	**date stamp**

OBCHOD – EKONOMIE
BUSINESS – ECONOMICS

rejstřík — **index**
reklama — **advertisement** [əd'və:tismənt]
reklamace — **complaint** [kəm'pleint]
   uznat reklamaci — **comply with/ meet the ~**
rekonstrukce — **reconstruction**
rekonstruovat — **reconstruct**
rentabilita, výnosnost — **profitability** [ˌprofitə'bilətɪ]
rentabilní — **profitable** [profitəbl]
riziko — **risk**
rozpočet — **budget** [badžit]
   schválit ~ — **approve** [ə'pru:v] **~**
   předběžný ~ — **estimate** [estimət] **~**
rozvoj — **development**
   vědecko-technický ~ — **~ of science and technology**

ručit — **guarantee** [ˌgærən'ti:]
servis — **service**
seznam — **list**
sídlo (hlavní), ředitelství (firmy) — **headquarters** [hedkwo:təz]
síla: pracovní síly — **labour force, manpower**
sklad — **store, storeroom** *(místnost)*, **storehouse**

sleva — **reduction, discount**
   sleva při placení v hotovosti — **cash discount**
   dát slevu 30 % — **offer a discount of 30 per cent**

směnka — **bill of exchange**
   ~ je splatná — **~ is payable**
   vystavit směnku — **make out ~**
smlouva — **contract**
   ~ na dobu určitou — **fixed-term ~**
   kupní ~ — **~ of purchase, deed**
soukromý — **private** [praivit]
spis — **paper, document**
   notářský ~ (zápis) — **notarial deed/ statement**
splátka — **instalment** [in'sto:lmənt]

OBCHOD – EKONOMIE
BUSINESS – ECONOMICS

na splátky	**in/ by instalments**
splatnost	**maturity** [məˈtjuərəti]
splatný	**payable** [peiəbl]
společník	**partner**
společnost	**company**
~ s ručením omezeným	**limited (liability) ~**
akciová ~	**corporatin ~**
založit ~	**set up a ~**
sponzorovat	**sponsor** [sponsə]
spořitelna	**savings bank**
spotřeba	**consumption** [kənˈsampšn]
spotřebitel	**consumer** [kənˈsju:mə]
správa	**administration** [ədˌminiˈstreišn]
stanovy společnosti	**articles of association,** Amer. **by-laws**
stavebnictví	**construction industry**
staveniště	**building site**
storno	**annulment** [əˈnalmənt], **reversal**
stornovat	**take back, reverse**
stvrzenka	**receipt** [riˈsi:t]
surovina	**raw material** [ˌro: məˈtiəriəl]
šek	**cheque,** Amer. **check**
škoda, škody	**damage** [dæmidž] *(jen j. č.)*
způsobit škodu	**cause** [ko:z] ~
trh	**market**
tržba	**receipts** [riˈsi:ts], **takings**
tuzemský	**inland**
účet	**account**
běžný ~	**current ~**
otevřít ~ v bance	**open an ~ with a bank**
účetní (osoba)	**accountant** [əˈkauntənt]
účetnictví	**bookkeeping, accountancy**
vést ~	**keep the accounts**
úhrada	**payment**
úpadek	**decline**

OBCHOD – EKONOMIE
BUSINESS – ECONOMICS

upozornit hoho — **bring to sb's attention, notice sb**

úrok — **interest**
úspora — **saving** [seiviŋ]
úvěr — **credit**
   krátkodobý ~ —   **short-term ~**
uzávěrka (účetní) — **closing date**
valná hromada — **general meeting**
veletrh — **trade fair**
velkoobchod — **wholesale** [həulseil]
veřejný — **public**
věřitel — **creditor**
vklad — **deposit**
   termínovaný ~ —   **~ account**, Amer. **time ~**
vlastnictví — **ownership** [əunəšip]
vlastník — **owner**
vrácení peněz — **refund** [ri'fand]
výběr — **selection** [sə'lekšn]
výbor — **committee** [kə'miti]
vydání, útrata — **spending**
vydělávat — **earn** [ə:n]
výdělek — **earnings** mn. č.
výhoda — **advantage** [əd'va:ntidž]
výkonnost — **efficiency** [i'fišnsi]
výlohy — **expenses**
výměna (zboží) — **exchange** [iks'čeindž]
výpis z účtu — **statement of account**
výprodej — **sale, sales**
   ve výprodeji —   **at the ~**
vyrábět — **produce, manufacture** [ˌmænju'fækčə], **make (made, made)**

výroba — **production** [prə'dakšn]
výrobce — **producer** [prə'dju:sə]
výrobek — **product** [prodakt]
výše (částka) — **amount** [ə'maunt]

OBCHOD – EKONOMIE
BUSINESS – ECONOMICS

vývoz	**export**
vzorek	**sample, specimen**
zakázka	**commission** [kəˈmišn]
zákazník	**customer** [kastəmə]
zakládat	**establish, found, set up**
zakladatel	**founder**
záloha	**deposit** [diˈpozit], Amer. **down payment**
zápis (ze schůze)	**minutes**
(do rejstříku)	**entry**
zaručit; záruka	**guarantee** [ˌgærənˈtiː]
zásilka	**consignment** [kənˈsainmənt], **shipment**
zaslat	**send (sent, sent)**
zásoba, zásoby	**supply, stock**
zastoupení	**representation** [ˌreprizenˈteišn]
zástupce	**representative** [ˌripriˈzentətiv]
závod (podnik)	**plant, works**
zboží	**goods** (jen mn. č.)
(druh zboží)	**article**
zbytek	**rest, remainder** [riˈmeində]
zbytky (neprodané zboží)	**remainders**
zdroj	**source** [soːs]
zisk	**profit, gain**
zprostředkování	**mediation** [ˌmiːdiˈeišn]
zprostředkovatel	**intermediary**
ztráta	**loss**
žádost	**application** [ˌæpliˈkeišn]
podat ~ o	**apply for**
živnost	**trade**
živnostenský list	**trading licence**
živnostník	**tradesman,** mn. č. **tradesmen, small businessman/** mn. č. **businessmen**

(Viz Banka str. 189, 191, Nákupy str. 232–239, Povolání str. 126–133)

ABECEDNÍ REJSTŘÍK

A

adresa	119, 200, 265, 270–271
akreditiv	193
alergie	330, 331, 333
anglická abeceda	17
anglická výslovnost	17
architektura	304, 306
atletika	314–315
auto	147–161
světla	159
autobus	178, 179
autoopravna	150–152
autostop	149

B

balík	265–266, 271
banka	189–194
bankomat	192, 193
barva	56–57, 245
baterie	205, 258
benzinová pumpa	149–150
běh	319
blahopřání	101–102
bolest	329, 333
bouřka	346
brýle	257
bunda	249
bydlení	118–125
byt	119–125

C

CD-přehrávač	293, 294
celní kontrola	143
cena zboží	234–235, 374
cesta	
autem	146–161
letadlem	168–174
lodí	175–177
vlakem	161–168
účel cesty	107
dotazy na cestu	148–149
cestování	142–146
cestovní kancelář	187
cestovní pas	107, 143, 192, 366
cigarety	239
církev	362, 366
cukr	237

Č

čaj	223
čas	58–59, 84–85
časové údaje	60–71
časopis	241, 296, 297, 298
čerpací stanice	149
četba	296–300
čísla desetinná	52
číslo telefonní	170, 274–277
číslovky	48–52
čistírna	263
člun	175

D

dálnice	155
dárek	242–244
daň	136, 137, 378
datum	69
den – noc	66, 67
desetinná čísla	52
déšť	347

ABECEDNÍ REJSTŘÍK

deštník	236, 249
dieta	209, 331, 333
disketa	377, 378
diskotéka	286, 307
dítě	113, 114, 115
divadlo	279–283
loutkové	307, 310
dny v týdnu	64–65
dodací lhůta	373, 380
dopis	198, 264, 265, 267–270
úvodní fráze	268–269
závěrečné fráze	269–270
doporučené zásilky	264
doporučující posudek	134
doprava	146–180
městská	178–180
dopravní přestupky	152–153
dotazník	106–108
dotazy na cestu	148–149
dovolená	65, 136, 142
drogy	292, 364
drůbež	220, 356
důchod	136, 137, 363, 367
dům	121
dveře	121

E

ekologie	350, 354
ekonomie	373–387

F

fakulta	126–127, 129
fax	264, 373
filatelie	266, 310
film	284–286
fotbal	315–316
fotografie	255–257
fotografování	255–257
fyzický vzhled	109–111

G

galanterie	246–247
galerie	303
garáž	150, 155
gramofon	293, 294
gymnázium	126, 130

H

herec	281
hlad	207
hlavní města	73–77
hlášení na letišti	170–171
na nádraží	164–165
hmyz	327, 350
hodinářství	257–258
hodinky	63, 257–258
hodiny	60–64
kolik je hodin?	60
holič, kadeřnictví	258–260
hora	349, 350
horečka	330, 333, 342
hotel	196–200
houby	213, 227, 349
hra	
divadelní	279–281
společenská	307–308
hranice (státní)	143, 145
hudba	286–291

ABECEDNÍ REJSTŘÍK

CH

charakterové vlastnosti	111–112
chata	349
chléb	208, 211, 213, 237–238
chov (koní)	355, 357
chyba, omyl	89

I

informace na cestu	148–149
na nádraží	162–163
ve městě	57–58, 178
informatika	376–377
injekce	330, 332, 334

J

jak se máte?	96
jazyky	77, 92–95, 127
jídelní lístek	225–229
jídelní vůz	163, 168
jídlo	207–229, 329
při jídle	210–211
jízda autem	146–161
na kole	321
jízdenka	163–164, 166
jízdenkový automat	162
jízdní řád	163, 166

K

kadeřník	258–260
dámské oddělení	259–260
pánské oddělení	259
karta	
hrací	307, 311
kreditní	152, 193, 234
platební	193
telefonní	275, 276, 277, 309
káva	99, 208, 224, 228, 229
kazeta	243, 293, 294
kdy?	59
kempink	204–206
kino	284–286
klenoty	242–244
klíč	156, 197, 200, 201
kniha	240, 296–300
knihkupectví	240
knihovna	297
kolo (jízdní)	156, 314
kolikrát?	52
koncert	286–287, 289
konfekce	247
konference	103–105
konzulát	145
korespondence	267–273
obchodní	374–375
kostel	57, 180, 181, 182, 184, 302
koupání	317–319
koupelna	119, 122, 196, 200, 201
kouření	100
kožené zboží	253
krádež	365
krém	260–261, 319
kresba	303
kriminalita	365
kufr	144, 145, 165
kuchyně	212–219
kultura	279–306
kurs (výuka)	93, 94, 128, 130
(měnový)	189, 193
květiny	254–255

ABECEDNÍ REJSTŘÍK

L

látky	244–246
lehátko na pláži	318
lehátko ve vlaku	166
lehátkový vůz	163, 168
lékárna	342–345
lékař	329, 332, 335
les	349, 351
let	168–174
letadlo	168–174
letecká společnost	168
letenka	169, 170, 174
letiště	170, 171
lidské tělo	109–111
lihoviny	229
lístek (vstupenka)	279–280, 284
lítost	87
loď	175–177
loučení	78, 100
luštěniny	221
lůžkový vůz	163, 168
lyže	316, 317

M

magnetofon	293, 294
malířství	301, 302, 303
manželství	113–114, 115
mapa	148, 187
maso	214
mast	342, 344
matematické úkony	49–50
maturita	126, 127, 130
měsíc (na obloze)	349, 351
měsíce (kalendářní)	68
město	180–187
hlavní města	73–77
městská doprava	178–180
dotazy na cestu ve městě	180–181
metro	178, 179
mínění	90
ministerstvo	138, 368
minutky	227–228
míry	53–55
místenka	164, 165, 167
místo	
kde?	57–58
kam? kudy?	58
mléko	214, 238
mlha	347
mluvíte anglicky?	92–95
mluvnické minimum	20–39
moře	176, 317–319, 351
motor	151, 156
moučník	215, 228
muzeum	58, 185
mužstvo	315, 322

N

náboženství	107
nábytek	122
nádraží	167
nájemné	120, 122, 200
nákupy	232–235
náměstí	58, 180, 181, 182, 185
nápisy	40–44, 161
nápoje	223–225, 228–229
národnost	73–77, 106

ABECEDNÍ REJSTŘÍK

narozeniny	71, 101, 116
nástupiště	164, 167
návštěva	97–99
nehody (dopravní)	153–154
nekuřáci	164, 167
nemoc	327–333, 336
nemocnice	328
neporozumění	92–94
nepravidelná slovesa	35–36
nesouhlas	86
nespokojenost	88
nevolnost	327, 331, 337
nezaměstnanost	363, 369
noc	66–67
nosič	144, 146
notář	375–376
noviny	241, 296, 299
novinový stánek	240
nula	49

O

obálka	269, 272
obava	88
oběd	208–210
obchodní domy	232
obchodní jednání	373–374
obchody (prodejny)	230–232
obraz	122, 301, 304
obuv	251–253
obyvatelé cizích zemí	73–77
oděvy	247–251
odjezd z hotelu	199–200
okružní jízda	187
omluva	80–81
omyl	89
opalování	319

oprava	236
hodinek	257–258
obuvi	252
optik	257
ořechy	223
oslovení osob	78–79
oslovení v dopise	268
osobní údaje	106
otázky	83–85
otvírač konzerv	206
otvírač láhví	206
ovoce	215–216, 222–223
oznámení policii	365–366

P

papírnictví	241–242
parfumerie	260–263
parkování	150, 157
pasová kontrola	143
peníze	192–194, 197, 266
americké	190–191
britské	190
drobné (mince)	190–191
směna	189–191
penze v hotelu	196, 197, 202
placení	382
u lékaře	331
v hotelu	199–200
v obchodě	234
v restauraci	212
plán města	181, 185
planety	351–352
plat	135, 139
platební podmínky	373
plavání	318, 322
plavky	250

ABECEDNÍ REJSTŘÍK

pláž	317–319, 322
pletené zboží	247–248, 250, 251
počasí	346–348
počítač	309, 376–377, 382
poděkování	80
podnebí	352
pohlednice	197, 267–268, 272
pohotovost (první pomoc)	41, 328, 338
pochyby	89
pojištění	143, 154, 158, 331
pokladna	
na nádraží	161, 164, 167
v divadle	279
v kině	284
v obchodě	234
pokoj	123, 202
v hotelu	196–200
v soukromí	200
pokuta	152, 153, 158
pokyny při jízdě	147–148
polévka	209, 211, 216
policie	152, 365–366
politika	361–362, 370
poste restante	265
posudek	134
pošta	84, 198, 241, 264–273
poštovní poukázka	266
poštovní schránka	267
potraviny	236–239
povolání	126–141
pozdrav	78, 96
psaný pozdrav	267–269
pozvání	96–97
do divadla	279
k jídlu	96–97
k tanci	308
na návštěvu	96–97
práce	134–141
pracoviště	134–141
prádelna	263
prádlo	247, 250
prázdniny	128
procenta	52
prohlídka města	182–183, 302
průkaz	
občanský	107, 158, 265
řidičský	107, 143, 146, 147, 148, 152, 158, 366
totožnosti	107, 146, 191
průmysl	383
průvodce (kniha)	187, 240
(osoba)	187, 188
první pomoc	328, 338
přání	101–102
představování	91
překvapení	89
příbuzenstvo	113–118
příjmení	106, 133, 265
přílet	173
přípitek	105
příroda	348–355
přístaviště	175, 177
ptáci	352–353
půjčovna aut	148

R

rady	90
rádio	291–292
radost	87–88

ABECEDNÍ REJSTŘÍK

recepce	103
recept	331, 342, 344
restaurace	207–212
rezervace místa v letadle	169–170
pokoje	196
vstupenek	279
roční období	70
rodina	113–118
rok	68, 69
román	296, 299
rozhlas	291–292, 295
rozhořčení	88
rozměry	55–56
rozvod	113, 116
ryby	217, 220–221, 353
rýma	329, 339

Ř

řada (v divadle)	279–280, 283
řadové číslovky	50–51
řeka	58, 353

S

salát	210, 217
sázka	308, 312
sbírka básní	297
sbírka známek	310
servis, autoopravna	150–152
schůzka	67, 312
sleva	235, 300, 374, 384
slib	90
sloh (umělecký)	183, 304, 306
slovník	94, 95, 240
slunce	319, 327, 346, 348, 353
služby	236, 252, 255–260, 263
v hotelu	199
směr	57–58
směnárna	189–191
smlouva	371, 376, 384
snídaně	208, 217–218
sníh	347
sociální problémy	363
socha	183, 186, 302, 304–305
souhlas	85–86
soustrast	102
spokojenost	87–88
sport	314–326
zimní sporty	316–317
sprcha	119, 196, 203, 205
spropitné	203
stanice metra	178, 180
stát	361–362
stávka	363, 371
stížnosti v hotelu	198
v restauraci	211
století	51, 68–69, 183, 306
stolování	99–100, 212–219
strana politická	361, 362, 371
světová	72–73
strážník	180, 181
strom	353–354
studium	126–134
svatba	113, 117
svátek	70–71
světadíly	73
světové strany	72–73
sýr	218, 238

ABECEDNÍ REJSTŘÍK

Š

šachy	307, 313
šatna	280, 283
šek	192, 193, 385
šicí potřeby	246–247
škola	126–133
školy v GB a USA	128–129
školní předměty	127–128, 131
šperky	197, 242–244

T

tabák (prodej)	239
táboření	204–206
tanec	308, 313
taxi	179, 200
telefon	273–278
telefonní automat	276
číslo	170, 274–277
karta	275, 276, 277, 309
telegram	198, 266
televize	292–293
tělo (lidské)	109–111
teplota (vzduchu)	347–348
(horečka)	330, 333, 340
tlumočník	93, 95
toaleta	203
topení	120, 124
tranzit	173
tvary	55
týden	64, 65

U

ubytování	195–204
v soukromí	200–204
účet	124, 199, 218, 385
ujištění	90
umění (výtvarné)	300–305
úmrtí	114
univerzita	126–134
upozornění	81–83
úraz	327–328
určení místa	57–58, 84
úschovna zavazadel	144–145
uzeniny	221

V

váhy	53–55
vařič	206
večeře	207, 208–210, 218–219
vejce	219
věda	132
věk	108–109
velikost (oděvu)	247, 248, 251
velvyslanectví	146
veřejný život	361–372
vesmír	354
víno	210, 211, 225
vítr	347
vlak	161–168
vlastnost (charakterová)	111–112
vlasy	109, 111, 259–263
voda	198, 203, 225, 318, 323
toaletní	262
vojenská služba	364
volejbal	316
volný čas	307–314
vstupenka	283
vstupné	188, 300

ABECEDNÍ REJSTŘÍK

vyhýbavá odpověď 87
výchova 132
výlet 188
výměna
  peněz 189–190, 192
  zboží 235, 386
vypůjčování
  aut 148
  knih 297
  loděk 318
výrobek 386
výstava 301, 305
výtvarné umění 300–305
vyvolání (filmu) 255, 257
vzdělání 126–133
vzhled (fyzický) 109
vzkaz 97, 198, 276, 278
vzorek 373, 387

Z

zábava 307–314
záliby, zájmy 308–314
zaměstnání 134–141
zánět 341
zápalky 206, 239
zasahování do hovoru 103
zastávka (autobusu) 178, 180
závady
  v hotelu 198
  v restauraci 211
zavazadla 144–146
záznamník 276
zboží 387
zbraň 364
zdědit 376
zdraví, nemoc 327–345

zelenina 219, 221–222, 360
země (státy) 73–77
zemědělství 355–360
zimní sporty 316–317
zkouška (ve škole) 128, 129, 133, 134
zkratky 45–47
zlomky 51
zmrzlina 210, 219
známka (poštovní) 241, 264, 266, 267, 310
  (ve škole) 127, 129, 133
zranění 328, 341
ztráta 366
zub 111, 332–333, 341
zubní lékař 332–333
zvěrokruh (znamení) 71–72
zvěřina 220–221
zvíře 220–221, 355, 356–360

Ž

žádost (prosba) 81–83
  písemná 133–134
žehlení 205
žízeň 207

POZNÁMKY

POZNÁMKY

Australia

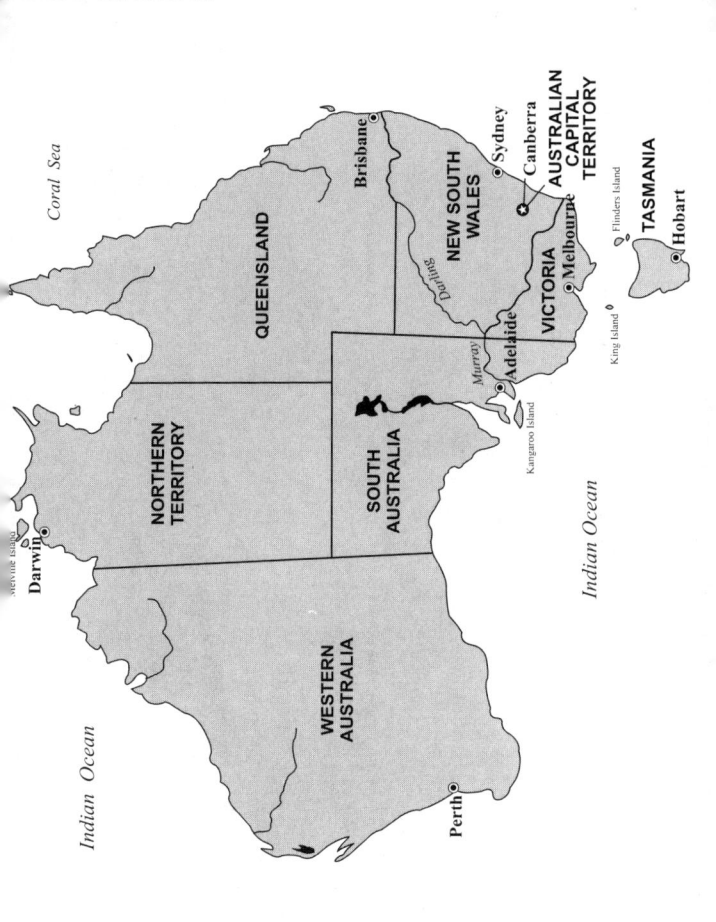

Canada

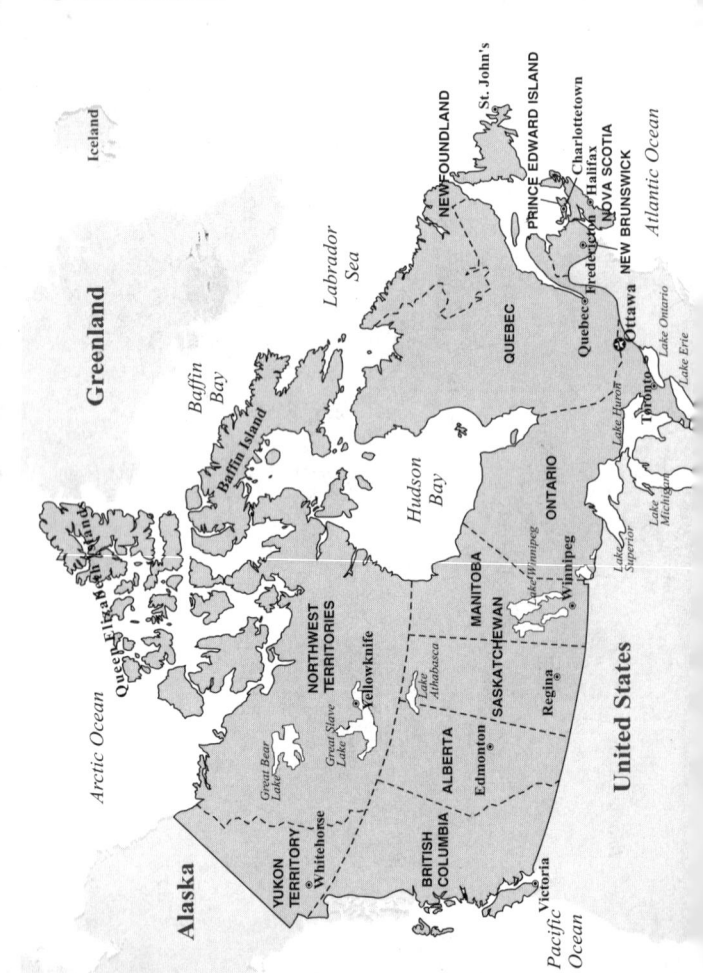